なぜ外国人に「ちゃんと」が伝わらないのか

日本企業で外国籍人材に力を発揮してもらうために

株式会社エイムソウル
稲垣隆司 著

三修社

はじめに

筆者には六歳の息子がいるのだが、朝から晩まで「ちゃんと」を連発してしまう。

「ちゃんと起きなさい」

「ちゃんと見なさい」

「ちゃんと言いなさい」

子どもに投げかけている言葉を書き出すと、親としての教育姿勢を反省し冷や汗が出る次第だが、「ちゃんと」という言葉がなんとも便利な言葉だと実感する。

英語では、伝えたい内容に応じて、"early"（早く）や"carefully"（注意深く）、"clearly"（はっきりと）などの具体的な言葉を使う。

Wake up early.

Watch carefully.

Say it clearly.

そう考えると、どんな状況でも「ちゃんと」の一言で伝えられる日本語は面白い。

外国籍の方と仕事をしている日本人が、「彼らはちゃんと仕事をやってくれない…」と嘆いているシーンをよく見かける。私自身、英語もろくに話せない状態で、二〇一四年三十九歳にしてインドネシアに移住し、初めて海外で働くという経験をした。言葉の問題がなかったとしても、仕事の仕方が違うことに苦戦し、失敗をたくさんしてきた。

日本のグローバル化は加速する。二〇二三年十月には、外国人労働者数は二百四万人を突破し、過去最多となった。少子高齢化の一途をたどる日本としては、外国籍人材に力を発揮してもらうことが欠かせない。さらには、労働力やマーケット、技術、ネットワークなどを得るために、国境を超えて活躍する日本人が増えていくだろう。

この本を手に取っていただいた方は、海外で働こうとしている方、外国籍の方と仕事をしている方、また興味のある方だと思う。

私がこれまでの仕事で経験したことや、大学の先生方と積み重ねてきた研究結果、クライアントや外国籍の方と向き合い見えた解決策などを余すことなくお伝えしたい。

この本をきっかけの一つとして、グローバルに活躍する日本人、日本企業が増えていくことが何よりの望みである。

グローバル化は明るい日本そのものである。

二〇二四年初秋

著　者

目次

「なりたい自分になる」外国人エンジニアを増やす
（ヒューマンホールディングス代表取締役社長佐藤朋也） 243
国の後押しを引き出すグローバル化（パソナグローバル事業本部副本部長小林景子） 253
高度移民政策で日本をグローバル化させる
（フォースバレー・コンシェルジュ代表取締役社長柴崎洋平） 265
法律の整備で日本の外国人雇用を進化させる
（Global HR Strategy 代表社員弁護士杉田昌平） 277
国境を越えたONE TEAM（元ラグビー日本代表キャプテン廣瀬俊朗） 291
もう一つのD&I、女性活躍が経済発展の鍵となる（morich 代表取締役社長森本千賀子） 304
もう一つのD&I、障がい者とシニアがもたらす光
（ダイアローグ・ジャパン・ソサエティ代表理事志村季世恵
ダイアログ・イン・ザ・ダーク・ジャパン創始者志村真介） 316
異文化コミュニケーションとは（東京女子大学准教授正木郁太郎） 337
自由であれ！　無駄なことはない！（一橋大学名誉教授米倉誠一郎） 350

おわりに 366

第一章

なぜ外国人に「ちゃんと」が伝わらないのか（文化編）

英語もろくに話せない三十九歳が海外に飛び込んだ

私は二〇〇五年、三十歳のときに日本で（株）エイムソウルという人事コンサルティング会社を創業した。インドネシアに移住をしたのは二〇一四年七月三十九歳のときで、会社は十年目を迎えていた。実は移住前は、経営者として大変恥ずべきことなのだが仕事にモチベーションが上がらない時期だった。私は日常に疲弊しており、最低限の業務をこなしながら、日々淡々と過ごしていた。自分自身が変わらなければならないという意識を持ちながらも、なかなか解決の糸口を見出せなかった。経営コンサルタントの大前研一氏はこう言う、「自分を変えるのには三つしか方法がない。一番目は時間配分を変える。二番目は住む場所を変える。三番目は付き合う人を変えること（大前研一『時間とムダの科学』）」と。この言葉は知っていたものの、どれも実行に移すことはなくいたずらに時間だけが過ぎていっていた。

そんなある日、妻から「ニュー山王ホテル」という広尾にある在日米軍施設で開催される“Sunday Brunch”に誘われた。これは元米軍の方々と一緒に会話をしながら食事をする、というイベントだ。私は英語がほとんどできないこともあって、「外国」に対して興味がないどころか、むしろ「拒否」をしているタイプだった。このイベントには少しも興味がわかなかったのだが、妻の強い押しがあって渋々出かけた。

そこで、イベントをオーガナイズしている元軍人のRickという人物に出会った。英語がほとんど話せない私と、日本語がほとんど話せないRickだったが、不思議と意気投合し、イベントが終わった後もバーで何時間も話し続けた。そこで彼にこんなことを言われた。

「The most importance of human communication is "Empathy".」

（人の会話の中で最も大事なのは、〝共感する力〟だ）

「Takashi already has it, so you can communicate all over the world's people.」

（隆司はすでにそれを持っているから、世界中の人と会話ができる）

「How about expanding your HR consulting for globally?」

（人事の仕事を、もっとグローバルに広げてみてはどうだ？）

自分の心の扉がパッと開かれた気がした。

この瞬間私は、淡々とした日常を打破するために、行先も、どうやってやるかも、ど

RICK（右端）、筆者（左端）

んな仕事をするかも決まっていなかったが、海外に移り住むことを決めた。面白いもので、そうやって腹が決まるといろいろな縁が舞い込んでくる。十数年ぶりに偶然再会した大学の同期の縁で、彼が所属する大手経営コンサルティング会社と契約し、インドネシア支社の一席を借り人事コンサルティング部門を立ち上げることになった。急にわけのわからないことを言いだした私のわがままを受け入れてくれたエイムソウルメンバーには感謝しかない。私はそれまで日本以外で仕事をしたことがなかったし、インドネシア語はもちろん英語もろくに話せなかった。我ながら、そんな状態でよく飛び込んでいったなと思うが、今思えばこれが人生の大きな転機となった。

当時の私の心境は、みんなに迷惑をかけているし、年齢も四十歳手前だったし「絶対に海外事業を成功させないといけない」という気持ちで異常に肩に力が入っていたと思う。かっこよく言えば不退転の覚悟と言えるが、人間意気込みすぎるとろくなことが起こらない。

海外に駐在した日本人、外国籍の方と仕事をする日本人が陥る失敗のほぼすべてをしたんじゃないかと思うほど、一年目は恥をかき散らした。当時は必死で毎日生きた心地がしなかったが、**この失敗を積み重ねた経験こそが私の財産となり、現在、日本企業、日本人のグローバル化を促進するコンサルティングの土台となっている。**

「自分の価値観」を押し付けて大失敗する

さて、私が最初に起こした失敗は、「自分の価値観の押し付け」である。

当時、その経営コンサル会社で事業部を立ち上げるなか、仲間を増やすためにインドネシア人の採用を行った。私の人生初のインドネシア人の部下はFirmanという、インドネシア最難関のインドネシア大学を卒業した秀才だった。彼は日本語が堪能で性格も穏やか。頭もよく、いつも真面目に働いてくれた。日本人以外と仕事をする経験のなかった私だが、彼とはいいコミュニケーションが取れており、心強い相棒となってくれていた。「なんだ。インドネシアも日本も同じ。今までの経験は十分通用するぞ」と自信を持ちはじめたある日、突然Firmanが「辞めます」と言い出した。

私の数少ない自慢の一つは、日本では部下があまり退職しないことだった。社内の人間関係、仕事内容、夢と現実の乖離などで本人のモチベーションが低下してきていることを察知すると、時間をかけて深い会話をしたり、環境を変化させたり、本人自身の変化を促すことにより、問題を回避するように努めてきた。

しかしこのFirmanの一件は、寝耳に水だった。当時、彼しか部下がおらず、辞められると困るので必死に説得したが、時すでに遅し。決意は固く、笑顔で退職の意思を曲げない彼の前に私は心折れ、最後はお互いの今後を応援しようとさわやかに別れた。

さて、読者の皆さんはミルトン・ベネットの「異文化感受性発達モデル」(Benntt, 1988)という考え方をご存じだろうか。人は違いを感じると「否定」や「防御」をしてしまいがちだが、異文化を理解し「違いとの統合」に向かっていくことが重要、という考えだ。「違いとの統合」とは、さまざまな文化の中でも、まるで自分自身の文化の中にいるように対応し、周りの人と強い信頼関係を築いていくような状態をいう。この境地に至るまでの過程に、「Minimization：違いの矮小化」という段階がある。これは、「インドネシア人も日本人も皆おなじ！」とわかった風なことを言うレベルで、ある種の現実逃避をしている状態だが、まさに当時の私はそうだったと思う。確実にある「違い」に目を向けず自分の価値観を押し付け、なんとなくうまくいっていると自分を過信していたのだろう。

ミルトン・ベネットの「異文化感受性発達モデル」

“モノサシは自分だけ”			“自分だけではないモノサシ”		
自文化中心的段階			文化相対的段階		
Denial	Defens	Minimization	Acceptance	Adaptation	Integration
違いの存在否定	違いからの防衛	違いの矮小化	違いの受容	違いへの適応	違いとの統合
異文化を認識できない(否定ではない)	異文化を卑下し、自文化優越に浸る	「人はみな同じ」と分かった風なことを言う	違いを認識し尊重できる	異文化に合わせることができる	複数の文化を自分のものにできる

出典：ミルトン・ベネット「異文化感受性発達モデル」を基に加筆

実はこのFirmanとは四年の歳月を経て二〇一八年に日本で再会している。彼と都内のインドネシア料理店で食事をしながらしばしば思い出話に花を咲かせた。当時苦労したことも突然退職したことも、もう笑い話だ。そんな彼に、当時の私の印象を聞いてみた。

Firman「いやー、当時稲垣さんは典型的な日本人のイメージでした。いつもシリアスで細かくて厳しくてマルチタスクを振ってきて。仕事はこうあらねばならない！という強いこだわりを持っていた。率直に言ってインドネシアの文化を理解しようとはしていなかったです」

稲垣「う…」

うすうす分かってはいたことだが、改めてインドネシアに来たばかりの頃の自分の未熟さを突き付けられると、恥ずかしくなった。知らず知らずのうちに**自分の価値観を押し付けていた**のだろう。当時の部下たちに謝りたい気分だった。

インドネシア移住当初のメンバーたち。
右から２人目が筆者、左から２人目がFirman

イスラム教を理解せず、部下にたしなめられる

私が海外に出て感じた日本の特殊性の一つが「宗教リテラシーの欠如」だ。外国の方から、「なぜ日本人は宗教を信じないの?」「あなたの信仰は仏教ですか?」「神道って何ですか?」と聞かれてうまく答えられなかった。私自身、家には仏壇があり、実家に帰ると墓参りをする習慣があるが、純粋な仏教徒かと問われると自信はない。正月には初詣に行って神様に手を合わせ、七五三も厄払いも安産祈願も、一通りの通過儀礼は神道式に神社ですませてきた。けれども、クリスマスは家族を喜ばせるためにプレゼントとケーキを買う。そういえば、結婚式は妻の希望で海外のチャペルで挙げた。これでも自分は仏教徒なのか、というとはなはだ疑問である。

程度の差こそあれ、多くの外国の方は自身の信仰する宗教を語ることができる。信仰を持たない人でもそのポリシーを語る。これから日本人がより多くの外国人と接触する上では、語学力だけでなく、宗教に関する知識を持っておくべきなのだろう。決して、宗教を強く信じなければならないという意味ではなく、少なくとも、**信仰心を大切にする生き方の人たちの気持ちを理解できるような情報武装や、自分なりの意見をもっておくことは必要**だと、今

でこそ思うのだ。しかし当時の私はそんなことを考えもしなかった。

Firmanが辞めた後も、海外でたくさんの部下ができたが、そのうちの一人に敬虔なムスリム（熱心なイスラム教徒）の男性がいた。仮にAgusとしよう。Agusはとても優しい性格で思いやりのある人物だったが仕事がバリバリできるタイプではなかった。彼の仕事は予定から遅れることがよくあり、その度に周りのメンバーにしわ寄せがいった。当時、ある大きなプロジェクトがあって私はプロジェクトマネージャーとして案件を引っ張っていた。Agusはそのメンバーの一員。彼の同僚でAnisa（仮称）という非常に仕事のできるクリスチャン女性もプロジェクトのメンバーだった。

またもやAgusの仕事の遅延があった。その時はかなりひっ迫した状態で、今日中に他のメンバーの力も借りてリカバーしなければ、クライアントからクレームが出るような状態だった。

しかし、その日は金曜日。

イスラム教徒は一日五回アッラーに祈りをささげるのだが、金曜日は特別で「金曜礼拝」といって男性のムスリムは昼過ぎにモスク（礼拝堂）に出かけてお祈りをする。会社の外に行くので帰ってくるまで一～二時間はかかってしまう。もちろん金曜礼拝の事は私も知ってはいたし、Agusが毎週熱心にお祈りをしているのもわかっていた。しかし、一分一秒を争うこの大遅延をリカバーするために、みんなが自分の仕事を後回しにして力を合わせて乗り越えようとしているなか、彼は「お祈りに行ってきます」と言うのだ。まさか今日はモスクには行かないだろうと思っていた私は、思わず「自分の置かれている状況がわかっているのか？　本当に席を外してお祈りに行くのか？」と彼を責めてしまった。穏やかな彼はそれには反論しなかったが、クリスチャンのAnisaやムスリムの女性たちにこうたしなめられた。

「Inagakiさん。敬虔なるムスリム男性にとって金曜礼拝は大事な儀式なんです。リカバーは私たちもやりますから彼をモスクに行かせてあげるべきです」

私は自分の宗教に対する知識のなさを恥じAgusに申し訳ないと思うとともに、彼女らの思いやる気持ちに心が熱くなり、Agusをモスクに送り出した。

ちなみに、その遅延トラブルは、急いで礼拝から帰ってきたAgusの頑張りや、Anisaをはじめとするその他のメンバーの「絶対にリカバーしよう」という強いモチベーションをもって何とか乗り切った。私の宗教に関する知識の乏しさで彼らを困らせてしまい、私もずいぶんと恥をかいたが、人を思いやる熱い気持ちは世界共通なんだと確認できたことはとても大きい。**人の根本的な部分には、国や宗教を超えて共通したものがあるのだ。**

日本人の「ちゃんと」と外国人の「ちゃんと」の違い

さて、まだまだたくさんの失敗をし、恥をかいてきた筆者だが、この失敗の原因は私の未熟さに起因するだけではなく、誤解を恐れずに言うと、そもそも**「特殊な日本文化」による**ところも多いと考える。

インドネシアのある大手自動車部品メーカーでの話だ。

インドネシアに赴任したばかりの日本人がインドネシア人に「『ちゃんと』時間を守りなさい」という指導をしていた。その現場を偶然見ていたのだが、インドネシア人の彼は明らかに納得していない様子で頷いていた。

日本人駐在員に何があったのか聞くと、

「彼だけでなく多くのインドネシア人が会議開始の時間を守らないんです。十時に会議を開始するよ、と言っているのに十時の段階で来ている人はほとんどいないんです」

さて、本書をお読みの皆さんはどう感じるだろうか。十時から会議が開始されると言われたら皆さんは何時に会議室に集まるだろうか。恐らく、多くの日本人は十時の少し前に来ているだろう。これは、「五分前行動」という文化が根付いている日本人の常識だ。

そこで、注意されたインドネシア人に話を聞いてみた。

「さっき日本人に『会議の時間を守っていない』と注意されていましたが、そうなんですか？」

するとて彼はこう答えた。

「守っていますよ。私は十時になったら『ちゃんと』会議室に向かっています」

ここだな、と思った。インドネシア人の彼は、「ちゃんと」十時になった、と気づいたら自分の机でパソコンを閉じて、会議の準備をして会議室に向かう。タイミングによってはお祈りをしてお手洗いに行き、通りがかりでたまたま誰かにあったら軽く雑談や仕事の話をして、「あ、会議が始まってしまうからまた！」と言って「ちゃんと」会議室に入っているのである。それが五分過ぎていても**彼の中では「ちゃんと」時間を守っている**ということなのだ。

五分前に来ることを「ちゃんと時間を守る」ことだと考える日本人と、十時に会議室へ向かっていれば着くのが五分遅れても「ちゃんと時間を守っている」と考えるインドネシア人には、実に十分間の時間感覚の開きがある。

私がインドネシアに移住して間もない頃、こんな調査をした。

インドネシアに進出している日系企業三十三社の日本人と、日系企業に就職を希望するインドネシア人八十七名に対する調査だ。

その一つで、日本人には「インドネシア人が低いと思う能力は？」と聞いてみた。失礼な質問だが、日本人が感じるインドネシア人への課題感を知りたかった。一位は私の予想通り「時間管理能力」で全体の六十九・二％の方がそれに該当すると答えた。朝来ない、仕事の締め切りを守らない、こういうことに日本人はとてもストレスを抱えているのだ。

一方、インドネシア人の方には逆のような聞き方で「自分が高いと思う能力は？」という質問をした。すると私の予想を大いに裏切り、一位は「時間管理能力」で七十九・三％を占めたのだ。日本人が「インドネシア人の時間管理はなっていない！」と憤る傍ら、インドネシア人は「私は時間管理能力が優れている」と自己評価しているということだ。これほど興味深い回答が返ってくるとは予想していなかったが、ここに「文化の違いの本質」が隠されていると思う。

日本人は自分たちの「ちゃんと」の基準で良し悪しを判断してしまうが、インドネシア人はインドネシア人で、**日本人とは全く違う文化で育ってきた彼らの「ちゃんと」が存在しているのだ**。ここを押さえていないと、彼らは「ちゃんと」していないという自分基準の価値観で評価を下してしまう。彼らは彼らの基準で「ちゃんと」しているにもかかわらずだ。

インドネシアでのサーベイ

■ 日本人向けサーベイ
対象：　インドネシアに進出している日系企業の日本人
期間：　2015 年 9 ～ 11 月
回答数：　33 社

■ インドネシア人向けサーベイ
対象：　日系企業に就職を希望するインドネシア人
期間：　2015 年 9 ～ 10 月
回答数：　87 名

■ 対日本人：インドネシア人が低いと思う能力は？
■ 対インドネシア人：自分が高いと思う能力は？

インドネシア人に対して評価の低い能力ランキング

1	時間管理能力	69.2%
2	計画性	57.7%
3	スピード感	53.8%
4	正確性	50.0%
4	論理的思考力	50.0%
4	報連相	50.0%
7	伝える力	30.8%
7	緊張感	30.8%
9	主体性	26.9%
9	目標達成意欲	26.9%
7	理解力	19.2%
7	チームワーク	3.8%

自分自身に対して評価の高い能力ランキング

1	時間管理能力	79.3%
2	目標達成意欲	74.7%
3	正確性	72.4%
3	報連相	72.4%
5	計画性	69.0%
6	チームワーク	67.8%
7	理解力	65.5%
8	主体性	62.1%
9	スピード感	26.9%
10	論理的思考力	56.3%
11	緊張感	48.3%
12	伝える力	41.4%

世界の文化分類に属さない特殊な日本文化

ここに面白いデータがある。オランダの社会心理学者であるヘールト・ホフステード博士がIBMの組織開発のため七十二か国二十言語十一万六千人を対象とする意識調査を実施し導き出した「六次元モデル」という異文化理解の指標である。博士曰く、結果や意識、行動の違いは職種・性別・年齢などよりも、文化の違いによって生まれるということだ。「権力格差」「個人主義／集団主義」「男性性／女性性」「不確実性の回避度」「長期志向／短期志向」「人生の楽しみ方」という六つの指標で各国の特徴を比較したものが六次元モデルだ。ホフステード・インサイツでは、ホフステードの六次元の価値観スコアで百一か国を分析しているが、どうやら「世界の働き方」は六つの文化パターンに分類できるということがわかっている。六つの文化パターンはそれぞれ、①コンテスト、②ネットワーク、③家族、④ピラミッド、⑤太陽系、⑥機械と呼ばれている。

アメリカとイギリスは似ているんだな、とか北欧諸国はやっぱり同じような文化圏なんだとか、韓国と中国は全然違う文化で、中国は東南アジアと近いんだ、などホフステード博士の分析は興味深い。しかし、この表を見て皆さんは何か違和感を覚えないだろうか。

6つの文化圏

コンテスト	
イメージ	競争／自己責任／分離／リスクへの対応／野心／結果重視／イノベーション
指標	個人主義 **強** 男性性 **強** 権力格差 **弱** 不確実性回避 **弱**
主な国	アメリカ／イギリス／アイルランド／オーストラリア／ニュージーランド／カナダ

ネットワーク	
イメージ	コンセンサス／協調／分権／リスクへの対応／信頼／社会倫理／繁栄
指標	個人主義 **強** 男性性 **弱** 権力格差 **弱**
主な国	デンマーク／ノルウェー／オランダ／スウェーデン／フィンランド

機械	
イメージ	構造化／自己責任／分権化／手続き／プロセス標準化／専門家
指標	個人主義 **強** 男性性 **強** 不確実性回避 **強** 権力格差 **弱**
主な国	オーストリア／チェコ／ハンガリー／ドイツ／スイス（ドイツ系）

ピラミッド	
イメージ	ヒエラルキー／忠誠／中央集権／形式化／尊敬／間接的コミュニケーション
指標	権力格差 **強** 不確実性回避 **強** 個人主義 **弱**
主な国	アラブ諸国／ブラジル／イラク／韓国／ロシア／台湾／タイ／トルコ

太陽系	
イメージ	ヒエラルキー／中央集権／ルール／形式化（官僚主義）／分析的／名誉
指標	権力格差 **強** 個人主義 **強** 不確実性回避 **強**
主な国	ベルギー／フランス／北イタリア／スペイン／スイス（フランス系）／ポーランド

家族	
イメージ	ヒエラルキー／忠誠／中央集権／柔軟性／調和／間接的コミュニケーション
指標	権力格差 **強** 個人主義 **弱** 不確実性回避 **弱**
主な国	中国／香港／インドネシア／マレーシア／シンガポール／フィリピン／ベトナム

そう、日本が入っていないのだ。

ホフステード博士は日本を調査し忘れたのか？　いや日本IBMという冠たる企業が日本にあった。ではなぜ日本がこの六つの文化圏に分類されないのか。その理由はなんと、日本は特殊すぎてこの六パターンには入れることができなかったからだという。**日本は⑦クラフトマンという新たな文化パターンを独自に設定するしかない**ということになり、世界には「七つ」の文化圏があるということになったのだ。

やはり、日本は**「特殊な文化を持つ」**ということだ。

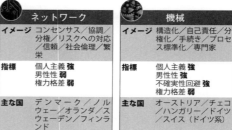

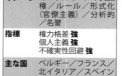

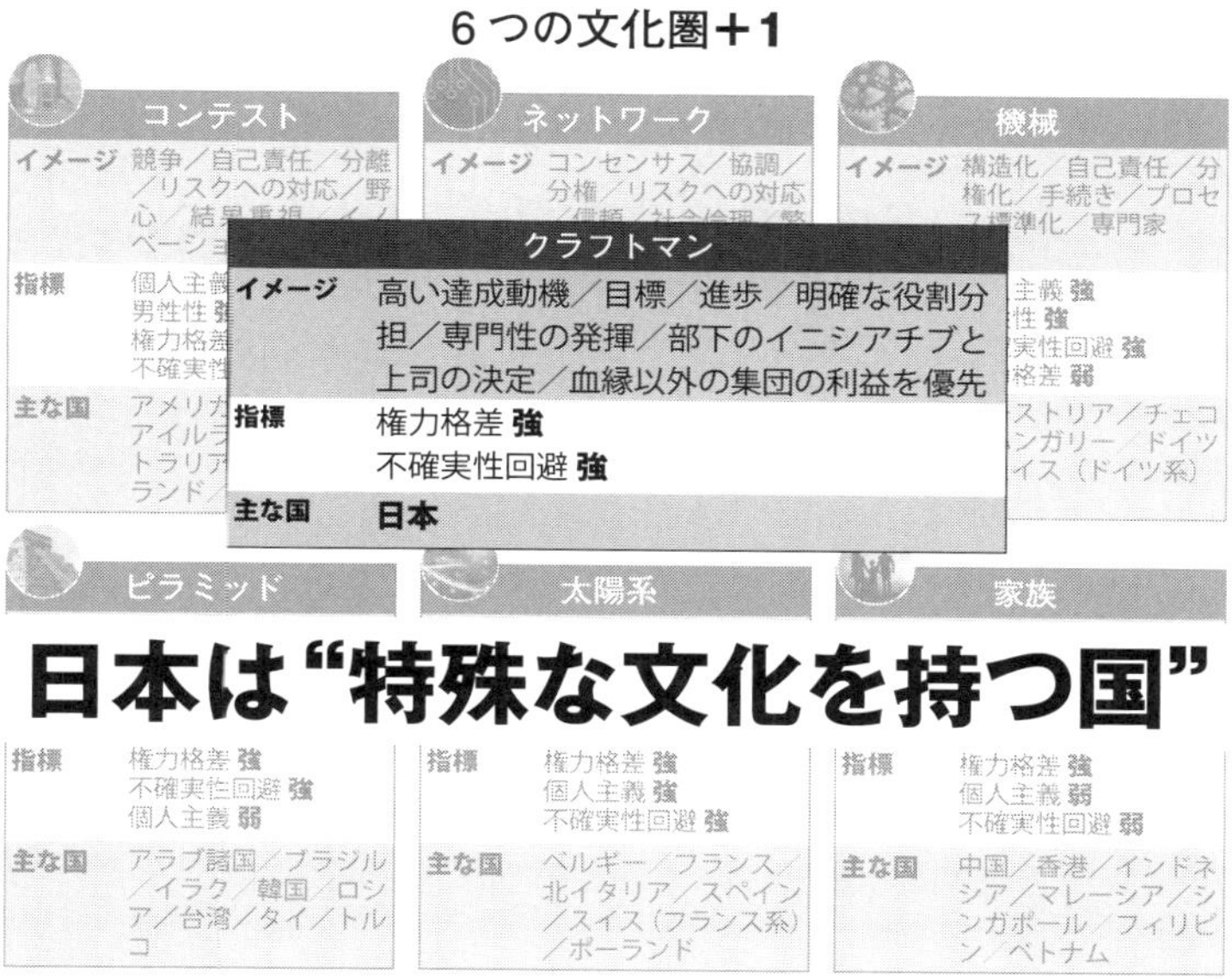

文明と文化の違い

さて、日本の文化がどれくらい特殊なのか、という話に入る前に「文明」と「文化」の違いについて触れておきたい。

まず「文明」とは何か。辞書を引くと

人知が進んで世の中が開け、精神的、物質的に生活が豊かになった状態。技術・機械の発達や社会制度の整備などによる経済的・物質的文化をさす（小学館「デジタル大辞泉」／Weblio）

とある。

人類はサルから進化して直立二足

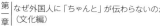

歩行になり、農耕・牧畜をしてメトロポリタン（都市）を構築し、青銅器を作って文字を開発し、馬車を引いてランプを発明した。さらには鉄の塊を走らせ人や物を遠くに短時間で運んだ。これが文明であり、**文明とは主に物質的なもので、上下関係がある。**

　では「文化」とは何か。同じく辞書を引くと

　人間の生活様式の全体。人類がみずからの手で築き上げてきた有形・無形の成果の総体。それぞれの民族・地域・社会に固有の文化があり、学習によって伝習されるとともに、相互の交流によって発展してきた。（小学館「デジタル大辞泉」／

Weblio）

と書いてあった。**文化は主に精神的なもので、そこに上下関係はない。**

文化の違いの例でわかりやすいのが死者を弔う「葬儀」のやり方だ。日本では火葬が一般的で、遺体を焼却して死者を弔う。筆者も家族・友人のお葬式に何度か参列したことがあるが、火葬場で焼いていただき最後のお別れをした。

一方、一神教であるユダヤ教、キリスト教、イスラム教は土葬をする。我々日本人からすると、死体をそのまま土に埋めるというのは抵抗感があるが、その国や宗教からすると、それが常識である。また現在はあまり行われていないというが、死体を埋葬せず外気中に晒して自然に還す「風葬」という葬儀もある。かつては北アメリカ、オーストラリア、東南アジアなど世界各国で行われ、現在でもインドネシアのボルネオ島やバリ島で行っているところもあるという。

インドのヒンドゥー教では、遺体を海や川・湖に葬る「水葬」という儀式を行うことがあるし、チベット仏教では鳥によって魂の抜け出た遺体を「天へと送り届ける」ため「鳥葬」という手段を取る。いやはやなんとも、我々からすると「残酷」と感じるが、チベット仏教徒にとっては崇高な儀式なのである。逆に彼らからすると、遺体を焼くなんて残酷だ、と感じるかもしれない。
これが本書で取り扱っている文化である。

日本人は外国人と比べて時間に正確だとか、書類の誤字脱字にこだわるとか色々特徴があるのだが、これは文化の違いであって日本人が優れているとか劣っているということではない。もちろん、**複数の文化が重なり合って、ある局面ではその国の強みとなったり弱みとなったりする。**

例えば「ルール遵守」において、二〇一一年の東日本大震災の混乱時にも我先にと行かず、きちんとルールや列の順番を守った日本の文化は世界から称賛された。
また、「緻密性」においても日本は世界から称賛される。年間約十三万本運行する東海道新幹線の平均遅延時間は二十四秒だ。これは自然災害時の遅延を含めての平均時間で、平常時では更に短い秒単位での定時運行が実現されている。

一方、日本人は決められたルールを守ったり、緻密に仕事を進めようとするため、クリティカルシンキング（批判的思考）が育たない、前例主義でイノベーションが起こらない、という課題もある。
そのときの状態や人との組み合わせで、日本人の考え方ややり方がうまく機能するときとそうでないときがあるが、**文化そのものに良し悪しはない。**

月一回しか遅刻を許さない日本と、月四回許されるインド

具体的に国家間で、どの程度「ちゃんと」の感覚が異なるのだろうか。要は国の文化ギャップだ。

筆者の携わる株式会社エイムソウルでは一橋大学名誉教授・デジタルハリウッド大学大学院特命教授の米倉誠一郎先生、東京女子大学准教授の正木郁太郎先生らとともに、研究チームを組んでいる。そこでさまざまな調査や分析をしているのだが、この文化の違いを明らかにすべく過去数回にわたり調査をした。

調査方法はリターン・ポテンシャル・モデル（RPM）という手法を用いた。RPMは、集団や組織の暗黙のルールである規範を、定量的に測定する手法の一つである（Jackson, 1960）。「行動の程度」を横軸、「行動に対する評価の程度」を縦軸とする二次元グラフを用いて、集団・組織でどの行動が是認（ポジティブ評価）・否認（ネガティブ評価）されるかを示す。具体的

リターン・ポテンシャル・モデル

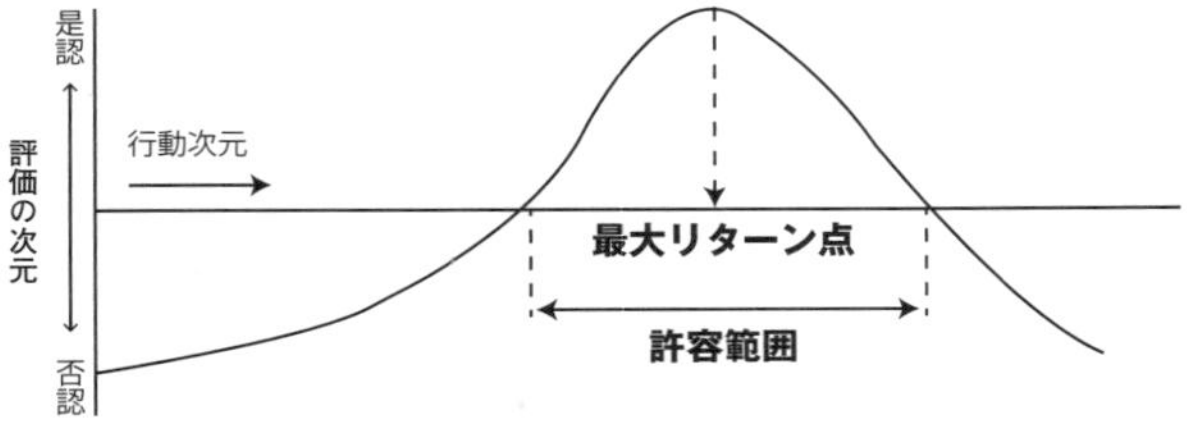

リターン・ポテンシャル・モデルの指標

最大リターン点	暗黙のルールの中で、 最も評価・承認される行動の程度。
許容範囲	暗黙のルールの中で、容認される行動の範囲。
是否認比 (ポテンシャル・リターン差)	特定の場面である行動を取ったときに、 ポジティブに評価される割合が高いのか、 ネガティブに評価される割合が高いのか、 を表しています。 ・数字が正の場合： 所属する集団・組織からポジティブに評価される ・数字が負の場合： 所属する集団・組織からネガティブに評価される
規範の強度	数値が大きければ、暗黙のルールを意識する 傾向が強いことを示します。

には、ある状況における行動に対して、是認から否認までの程度を七段階で評価してもらい、その結果を前ページの図のようなリターン・ポテンシャル・モデルとして表現する。

「遅刻」に対する考え方を調査した結果をご覧に入れよう。※調査詳細①

「会社の就業時間は九時に設定されています。職場の部下が、一か月の間で就業時間に遅れて出社する回数が以下の場合、あなたの国の人は、一般的にどう感じると思いますか？」という質問をし、零回の遅刻から十五回の遅刻までそれぞれを「とても良いと思う」「良いと思う」「まあ良いと思う」「普通」「あまり良くないと思う」「悪いと思う」「かなり悪いと思う」の七段階で評価をしてもらった。

質問　遅刻の許容範囲

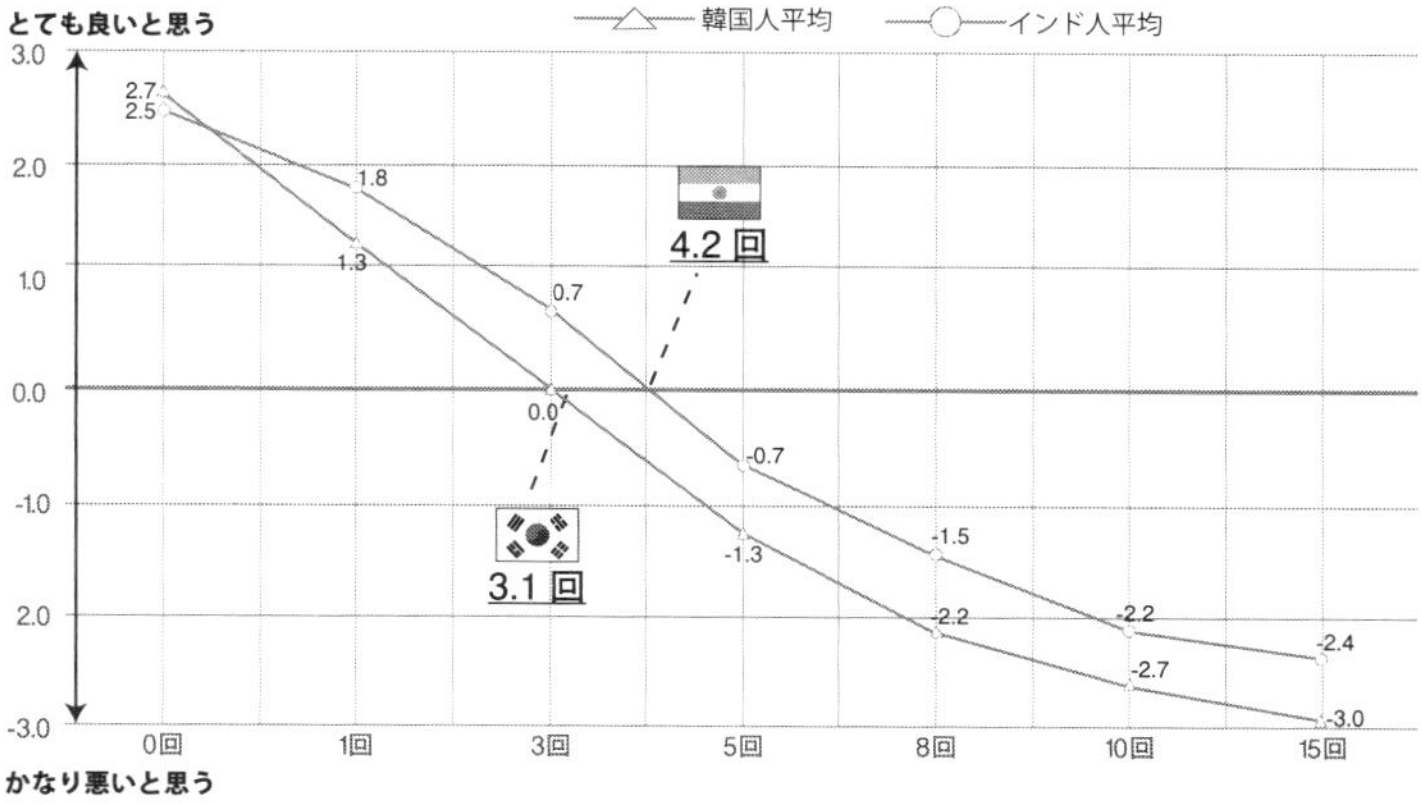

まず、韓国・中国・インドネシア・インド・アメリカの五か国で、一番遅刻に厳しいのは韓国だった。図の三・一回という数字は、一か月で許される遅刻の限界を表す。一方、一番遅刻に寛容なのはインドで、四・二回の遅刻が限界値となった。平たくいうと、韓国では三回まで、インドでは四回までの遅刻が許容されるというわけだ。

ここに我が国日本を重ね合わせるとどうなるのか。**限界値は一・五回となった。**やはり、圧倒的に遅刻に対しては厳格であることがわかる。歴史・規模の異なるさまざまな業界業種、さまざまな地域でこの調査を行ったが、二回の遅刻が許容される会社は日本にはほとんどなかった。

さらに面白いのは、遅刻が零回でも他国と比

質問　遅刻の許容範囲

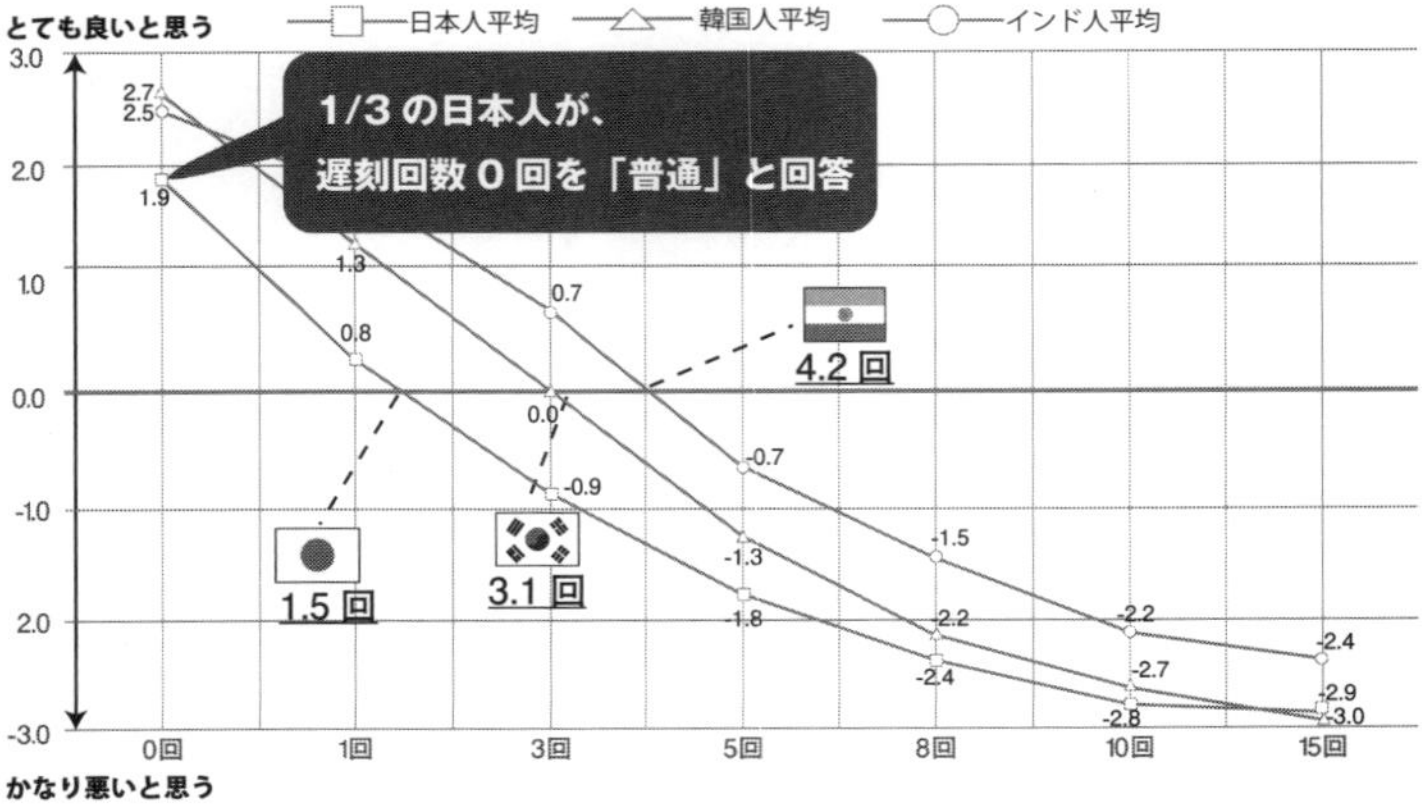

べて評価が高くないことである。これは、回答した三分の一の日本人が、遅刻回数零回に対する評価を「普通」と回答したことによる。

つまり、**日本では遅刻しないことは評価されることではなく、当たり前のこと**なのだ。これが日本の「ちゃんと」の基準である。

インド人は四回までの遅刻は許容範囲であるため、月に遅刻を三回に抑えていれば上出来だが、日本だと「けしからん！」となり、ここにコミュニケーションギャップが発生するわけだ。

もう一つ事例をお出ししよう。

これは「ルール遵守」に対する考え方を調査した結果だ。※調査詳細②

「メーカーの工場に勤務しています。安全と品質管理のために作業のルールが細かく決まっています。中には必要性が理解できないルールがあり、ルールを守っている従業員の割合が以下の場合、あなたの母国のビジネスパーソンは、一般的にどう感じると思いますか？」という質問をし、遵守率百％から零％に対して同じように七段階で評価をしてもらった。

韓国・中国・インドネシア・ミャンマー・フィリピン・アメリカで分析をしたところ、この中で一番ルール遵守に厳しい国はアメリカで七十三％だった。一方、ルール遵守に対して一番緩いのはインドネシアの五十三%だった。アメリカでは約七割はルールを守ることを求められるが、インドネシアは半分守ればいいという感覚ということだ。

さて、ここに日本を重ね合わせるとどうなるのか。日本の許容範囲は七十九%ということで、やはりルール遵守を一番厳しくとらえていた。

私がインドネシアに駐在していたとき、日系企業の日本人が「インドネシア人はルールを守らない……」と嘆いている声をよく聞いた。その声を受けて私はインドネシア人に「なぜルールを守らないのか?」と聞いたが彼らは「ルールを守っている」と胸を張って答えていた。今考えれば、八割は守るべきと考える日本人と、

質問　ルール遵守

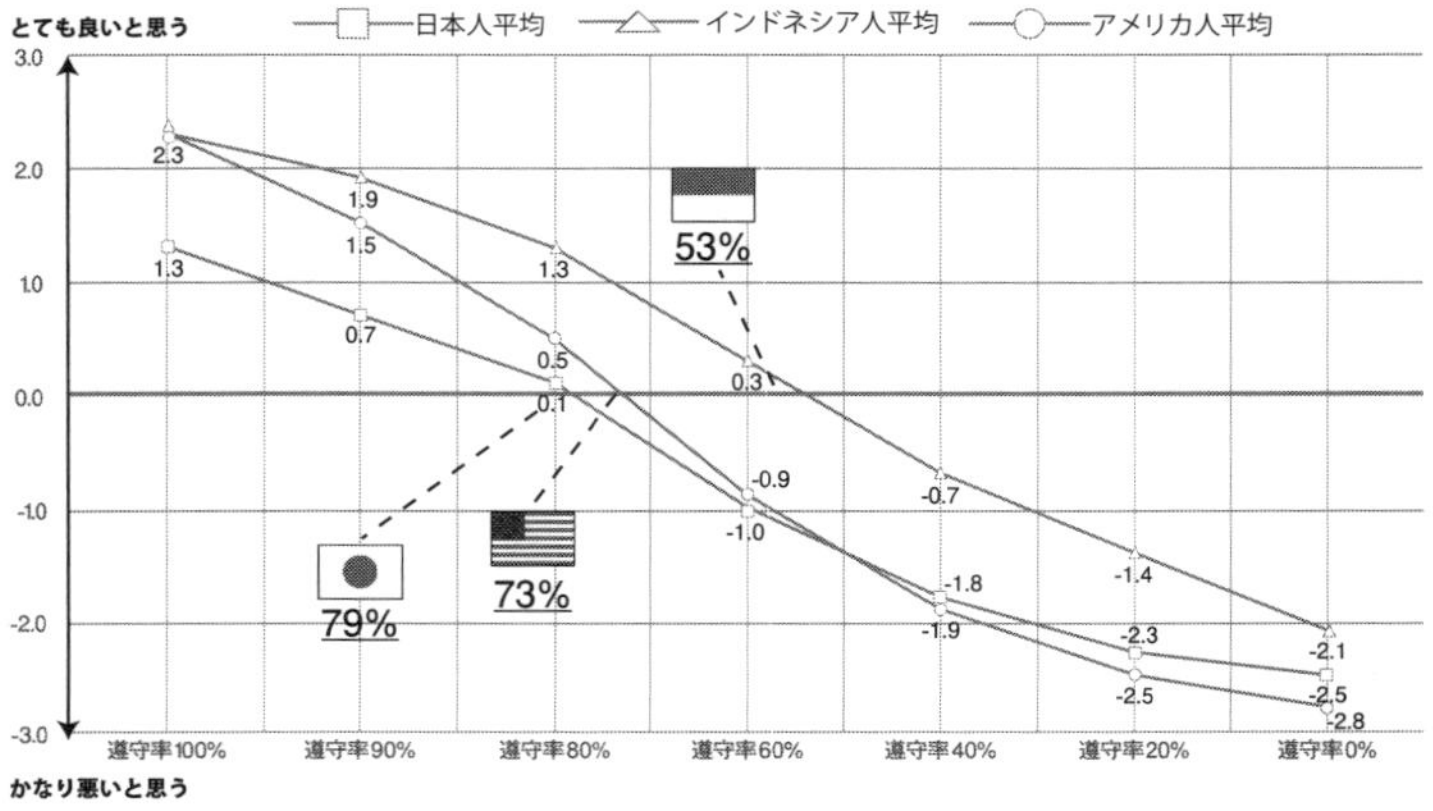

五割守っていればＯＫと考えているインドネシア人の「ちゃんと」守るの差だったように思う。

さらに面白いのは、アメリカではルールを百％守ると高い評価になる一方、日本はそれほど評価が高くならないことだろう。やはり、**ルールを守ることを「当然」と考える節がある。**

しかし、このルール遵守に関しては日系企業にとっては「文化の違いだね」と楽観視できることではない。海外は日本と勝手が違うとはいえ、日本本社はたとえ軽微であっても事故が起こることを非常に問題視する。軽微な事故の積み重なりが大きな事故につながることがあるためだ。私が海外に住んでいた数年間でも、いくつかの大きな工場事故が起こっている。

安心・安全は、国外でも日本人としては徹底

質問　ルール遵守

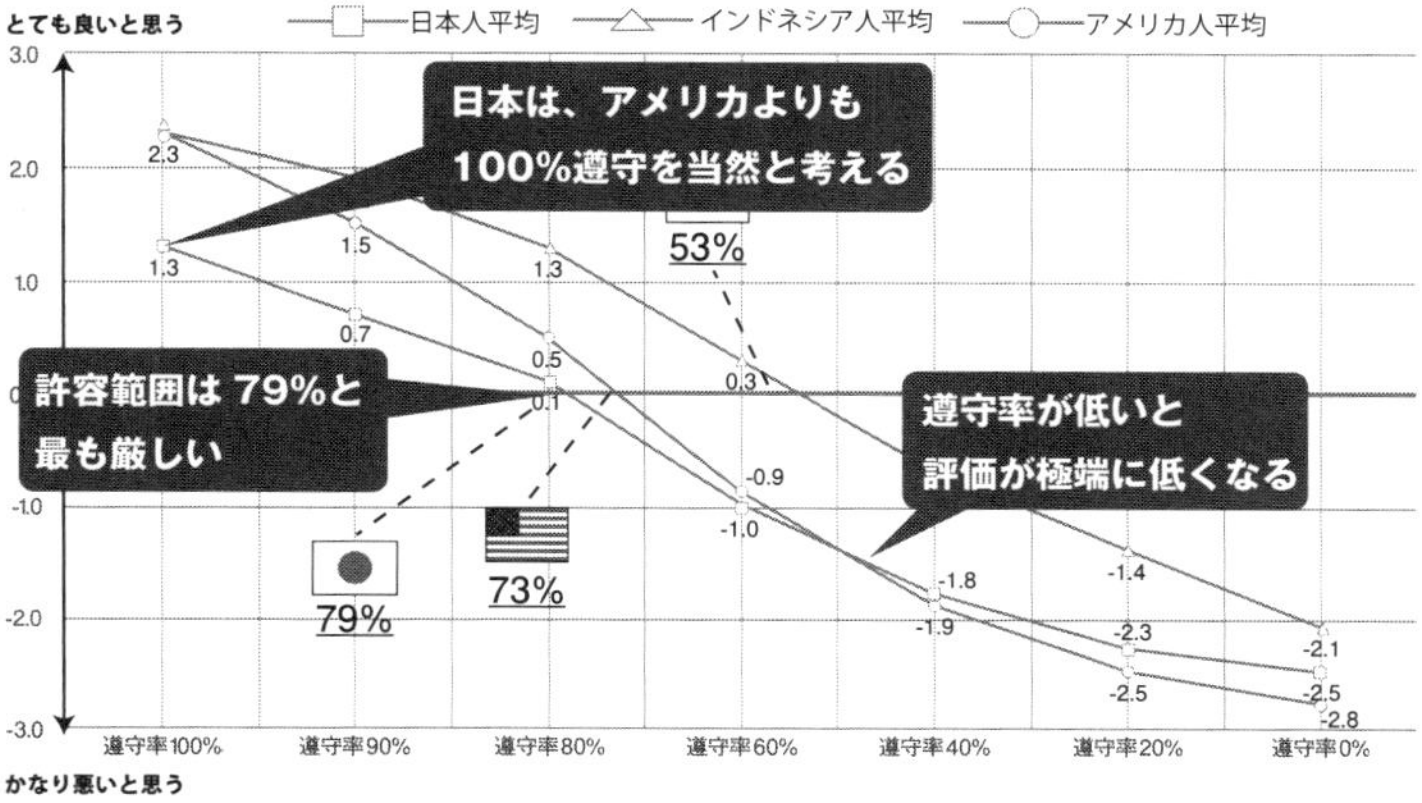

したい、日系企業の一つの特徴だ。そのためには「ルールを守ることが当たり前」という考えからは脱して、日本人並みにルールを遵守するオペレーションや教育に力を入れなくてはならない。

本章では、外国人に「ちゃんとやって」と依頼しても伝わらない理由を「文化」の側面から考えてきた。次章ではこの理由を「コミュニケーション」から紐解いてみる。

※調査詳細①
調査期間：二〇二〇年一月十五日～二月七日
六か国、三百八十一名からアンケート回収

※調査詳細②
調査期間：二〇二三年六月一日～六月三十日
四十八か国、千四百七名からアンケート回収

本章のまとめ

1. 文化は主に精神的なもので、そこに上下関係はない。
2. 日本の文化は特徴的である。
3. 日本人の「ちゃんと」と外国人の「ちゃんと」は異なる。

第二章

なぜ外国人に「ちゃんと」が伝わらないのか（コミュニケーション編）

日本人の特殊能力「空気を読む力」

Jonというイギリス人の友人がいる。彼は一九九〇年に来日し、日本人女性と結婚して人事コンサルタントとして活躍している。日本語も堪能で日本文化もよく知っている。彼が面白いことを言っていた。Jonが来日して間もない頃、仕事のメンバーでバーベキューに行ったらしい。初夏の川辺でビール片手に仕事の話から趣味の話と、みんなで談笑しながら最高の時間だったという。

しかし、ふと気が付けば周りに人がいなくなっていた。あれ?と思ってあたりを見渡すと、テントを立てる人、薪を集める人、火を起こす人、水を汲みに行っている人、野菜を切っている人、お米を研いでいる人。誰が何をするかというルールなど決まっていなかったはずなのに、みんな自ら「仕事」を探して動き、無駄のない絶妙な役割分担がなされ、いつの間かバーベキュー会場が「会社」になっていた。のんきにダイニングチェアに腰かけてビールを飲んでいたのはJonだけだったという。

筆者は日本人なのでその感覚はわかる。仲間とのバーベキューを楽しんでいるものの、頭のどこかに「やるべきこと」と「時間」の感覚があって、誰が言いだすわけでもなく、なんとなくの空気感で一人二人と立ち上がりアクションを起こし、その動きと連動するようにそれぞれが自分の仕事を探して動きだす。ルールや役割を決めていなくても、周りの「空気」を読んで今やるべきことをやる。

これは、恐らく日本人の特殊能力だと思う。Jon はその状態を目の当たりにして「日本人はテレパシーが使えるんじゃないか」と半ば本気で思ったらしい。空気を読む習慣がなかった Jon の目には、日本人が言葉以外でコミュニケーションを取れる特殊な民族に映ったことだろう。

この**日本人の「空気を読む力」は、ときにとてつもない競争力になる。**「一を聞いて十を知る」というが、上司が「例の件しっかり頼むよ」と一言言えば「はい！」と言って上司の望むことを予測し成果をあげるのだ。自分の仕事が終わって帰ろうとしたとき、周りを見て困っている人がいれば、頼まれなくても声をかけて仕事を手伝おうとする。「何も言わなくても」それぞれが状況を察し、今必要なことを考え発言し、てきぱきと動く。まさにこのバーベキューのときのように。

日本が世界に誇る「おもてなし」。これは相手の立場に立ち、先回りしてお客様から求められる前に動くことである。

ビジネスパートナーで浜本亜実さんという接遇のプロフェッショナルがいる。浜本さんに伺ったところ、どうやら「サービス」と「おもてなし」は一線を画すようだ。

サービスは英語で「service」で、日本語の直訳は「仕える」だが、語源はラテン語の「servitus」（セルヴィタス）から来ており、それは「奴隷」を意味する。サービスという行為は、画一的で効率性を目指し、一対Nに対するマニュアル化されたものであり、必要最低限のことを行い対価をいただくというサービス提供側の利益を追求したものである。一方で、おもてなしという行為は、相手に対価を求めず、敬意をもって、一人ひとりに合わせた心づくしであり、表裏のない心で接するという、サービスを受ける側への配慮を追求するものだという。お客様をお迎えするに当たり、どうやったら喜んでもらえるかを想像をしながら、心をこめて準備をするところから始まっている。このおもてなしこそ「空気を読む」日本人の真骨頂であるように思う。

しかし、何事も行き過ぎると良くない面もあるというのが世の常だ。過度に空気を読みすぎると、憶測が憶測を呼び、当初の前提や課題意識からかけ離れたところで大きくなった問題が発生することがある。

数年前、日本の政治スキャンダルが世界中で話題になった。本筋とはずれるので詳細は記載しないが、ある政治家一家が、国有地を市場価格より大幅に低い価格で取得したというのだ。これはその政治家一家からの直接的な指示ではなく、勝手に国が便宜を図ったとされている。日本外国特派員協会で記者会見が開かれた際、これを「忖度」という言葉で説明した。記者会見は通訳を介して英語と日本語で行われたが、「忖度」の英語表現について、通訳の方は苦心し、このように述べた。

「忖度」という言葉が英語通訳で少々混乱を招いているようです。何通りかの言い方がありますが、「conjecture（推測）」「surmise（推測する）」「reading between the lines（行間を読む）」「reading what someone is implying（誰かが暗示していることを汲み取る）」などがそれに当たります。英語で「忖度」を直接言い換える言葉はありません。念のため申し上げました（泉谷由梨子／HUFFPOSTより）

ここで世界にお披露目した「忖度」という言葉には英語の直訳がなかったようだ。騒動の影響で「悪い意味」に捉われないように、通訳の方は苦心して伝えたのだが、その努力むなしく後日ニューヨーク・タイムズで忖度はこのように表現された。

SONTAKU means“powers at work behind the scenes”（舞台裏で働く力）

この件をきっかけにしてか、日本でも「忖度」という言葉が独り歩きして、世間ではネガティブな言葉のように受け止められている節があるが、もともと忖度というのはネガティブな表現ではない。意味としては「相手の気持ちや考えを推し量ること」で、空気を読む日本人らしい美しい考え方だ。ただ、このような世界から厳しい目で見られたときの記者会見で使われ、それにぴったりとくる英語の表現がなく、外国人記者たちにその言葉の意味が正しく伝わらなかったのは残念でならない。

日本人のハイコンテクストに戸惑う、ローコンテクストな欧米人

日本の英会話スクールで働いていたアメリカ人のStephanという友人がいる。昔、彼に日本人のコミュニケーションの特徴をインタビューしていたときにこんな話をしてくれた。

稲垣　「日本人とのコミュニケーションで困ったことはありましたか?」

Stephan「ちょうどいいエピソードがあります。私が長い夏休みを取った後の話です。夏休み中一度もひげをそらなかったので結構なボリュームでしたが、そのまま会社に出社しました。すると上司に呼び止められてこう言われたんです。『Hi, Stephan Hmm… You look like Santa Claus...（んー、なんだかそのひげはサンタクロースのようだね…）』と。最初はなんだかよくわかりませんでしたが、少しして〝ひげが長すぎるのでそりなさい〟という意味だと気づき、ちょっとショックを

覚えました」

稲垣「直接はっきりとは言ってくれなかったんですね」

Stephan「はい。注意するならはっきりと言ってほしかったです…」

この手の話は本当によく耳にするが、外国籍の方はこういう日本人のコミュニケーションにストレスを感じているという。

「You look like Santa Claus.」の意味するところが「ひげをそってください」となるわけだから、Stephan からするとこれは一種の「なぞなぞ」である。

しかし、私は日本人としてこの Stephan の上司の気持ちもよくわかる。もちろんこれはわざと意地悪をしてわかりにくく伝えたのではなく、Stephan への「配慮」だ。休暇から戻ってきた Stephan にいきなり「ひげをそりなさい」というのは、彼の気分を害するだろうから、間接的に柔らかく指摘をしたというところだろう。

英語の先生だった夏目漱石。実話かどうかは定かではないらしいがこんなエピソードが残っている。

「I love you.」を「我君ヲ愛ス」と訳した生徒に「月が綺麗ですね、とでも言っておきなさい。それで伝わりますから」と伝えたという話。なんと日本人らしい趣のある言葉だろうか。

私はこのエピソードが好きだし、このような表現で奥行きを出す日本語の表現力は素敵だと思う。しかし、文化背景の異なる外国籍の方に、仕事の場でこういうコミュニケーションを取ってはならない。

「みなまで言わなくてもわかるよね？」というやり取りは、日本人同士では一種のマナーや配慮であっても、外国籍の方からしたら非常にストレスのある会話なのである。

私がインドネシアで設立したPT Bridgeus Kizuna Asiaという人事のコンサルティング会社がある。メンバーはインドネシア人が主だが、カナダ人でNicolasというシステムエンジニアがいた。インドネシアに移住して間もなく、現地企業のeラーニングシステムの開発プロジェクトを受注した。私は英語もままならず、システムのことも詳しくなかったため二重の苦しみだったが、このプロジェクトを成功させるために必死だった。しかし、プロジェクトを開始してしばらくは、Nicolasとの打ち合わせをうまく進めることができなかった。もっと平たく言うとNicolasは私の仕事の仕方にストレスを感じているようで、それは私も同様だった。

ある日、Nicolasに依頼する業務説明が時間内に終わらなかったため、「Nicolas, 明日同じ時間にもう一度ミーティングできるかな？」と聞いたところ、彼は「明日のミーティング？

いったい何を話し合うんだ？」と不満の声を上げた。

私は心の中でこう思った。

（いやいや、今の会議を聞いていたらわかるじゃないか。まだ話し合えていない業務説明があるからその続きだよ…。仕事を避けようとする人なんだろうか。今後彼と仕事をするのは不安だな…）

当初、Nicolasとのコミュニケーションではこういうことがたびたび起こった。


しかしあるとき、昔読んだ本で「ハイコンテクスト／ローコンテクスト」というコミュニケーションスタイルの違いがあると聞いたのを思い出した。ご存じの方も多いと思うが簡単に言うと、ハイコンテクストは間接的な表現をする手法で日本人がその典型であり、ローコンテクストは逆に直接的な表現をとり、欧米人が好むコミュニケーションだ。そもそも欧米人は、昔から多様な人種や文化が混在しており、異なるバックグラウンドを持つ人々とのコミュニケーションが頻繁に発生するため、明確なコミュニケーションを求められてきた。だから彼らはローコンテクストのアプローチが身に染みているのだ。

そのことを思い出してからNicolasとミーティングをするときには、**5W1H**（**「When：いつ」「Where：どこで」「Who：だれが」「What：何を」「Why：なぜ」「How：どのように」**）のフレームワークを意識して、やるべきことを明確にして会話をするように心がけた。するとNicolasの対応の仕方は百八十度変わった！　彼は仕事を避けようとする人ではなく、コミュニケーションギャップでストレスを感じなければ、どんなタフな仕事もガッツでやりきってくれるナイスガイだった。彼は今でも私の良き友人で良きビジネスパートナーである。

ハイコンテクスト同士でも会話がズレてしまうワケ

前節で述べたように、ハイコンテクストコミュニケーションを好む日本人は、ローコンテクストコミュニケーションを好む欧米人と会話をする際は、明確に物事を伝えるべきだ。多くの異文化コミュニケーションの本でもここまではよく書かれている。しかし、私は経験上、これでは不十分だと思っている。

PT Bridgeus Kizuna Asiaの経理にJefriという心優しいインドネシア人がいた。彼は一般的なインドネシア人がそうであるようにハイコンテクストコミュニケーションを得意とする。Nicolasとは真逆だ。彼との会話はお互いストレスがなかった。日本人と会話をするように

稲垣「Jefri, あの会社の請求書出しておいて！」

Jefri「オッケー！」
稲垣「できるだけ早めに頼むね！」
Jefri「オッケー‼」
と返ってくるのだ。先ほどまで話し合っていたから、「あの会社」や「早め」を細かく説明しなくても通じるのだ。Jefriは私の言いたいことをすぐに察して動いてくれた。これは楽だった。
しかし、私はすぐに地獄を見ることになる。
Jefriにお願いしていた仕事が全然終わっておらずお客さんからの問い合わせやクレームが相次いだ。
稲垣「Jefri, あの会社の請求書出してくれてないの？　お客さん困っているよ」
Jefri「ん？　もうずいぶん前に出したよ」
稲垣「え？　A社からまだ届いていないって連絡が入ってるよ」
Jefri「A社はまだ出してないよ。Inagaki-sanが出してって言ったのはB社でしょ？」
これである。
ちなみに「今週中に」早めに出してほしい私と「今月中に」早めに出そうとしていると

ころでもギャップがあった。残念ながらJefriとの仕事も最初はトラブルが頻発して私は後処理に奔走することになった。

会議の話を聞いていれば、「あの会社」が「A社」であり、「早め」が「今週中」であることはわかるであろうという私の思い込み。しかもローコンテクストのNicolasのように、ハイコンテクストのJefriはそこにストレスを感じないからぶつかることもない。肝心の中身がすり合っていないことに、トラブルが起こってから気づいたのだ。

だから私はこう言いたい。

文化背景が異なる人と仕事をするときは、ハイコンテクスト文化であれローコンテクスト文化であれ、すべて5W1H

コンテクスト（文脈）を察知するかどうか

コミュニケーションの各国分布図（抜粋）

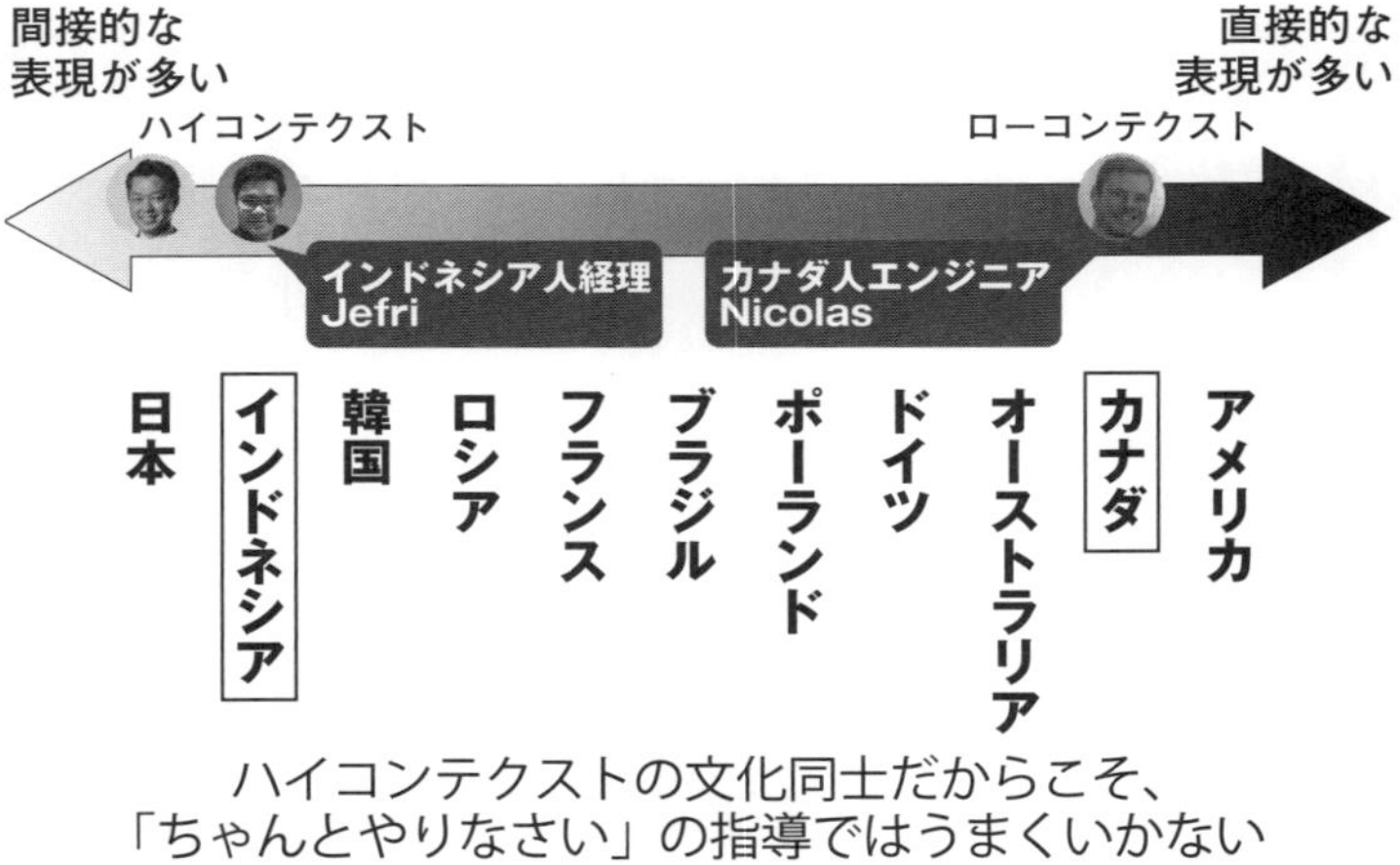

ハイコンテクストの文化同士だからこそ、
「ちゃんとやりなさい」の指導ではうまくいかない

で明確にコミュニケーションをとること！ これが重要なのだ。

ちなみに、数か月も真剣に仕事をしていれば、大体「お互いのあんばい」がわかってくる。稲垣の言う「ここは重要」ってこれくらい注意を払う必要があるんだな、Nicolasの「難易度が高い」って前のタスクのときのようなこれくらいの難しさだな、Jefriの「早めにやるね」はこれくらいのスピード感だな、といった具合に。チームの中で**「お互いのあんばい」がわかってくれば意思疎通のスピードは上がり、仕事のミスは減っていく。**

日本企業の競争力の源泉、暗黙知

もう少し、この「お互いのあんばい」を紐解いてみよう。

「暗黙知」という言葉がある。ハンガリー出身の学者、マイケル・ポランニーが提唱し、「個人の経験や勘に基づく、簡単に言語化できない知識」と定義される。例えば日本でも、飯炊き三年握り八年といわれる寿司職人はじめ、宮大工、工芸品職人などの世界では、弟子は師匠の背中からこの暗黙知を学び、日本の伝統技術を継承している。

この「暗黙知」が属人的に、もしくは特定のメンバーだけにとどまっているのは、職人の世界だけでなく、ビジネス界においても散見される。

皆さんの会社にもあるのではないだろうか。例えばトップ営業マンの営業トークや、敏腕経理担当者の処理作業、経験の長い採用面接官の人を見極める眼、などだ。

ポランニーの暗黙知を、このビジネスの分野で広めたのが、経営学者の野中郁次郎氏である。野中先生は、一九八〇年代の日本の経済成長の理由に「暗黙知から形式知への転換」をあげており、「暗黙知」を共有する「ナレッジマネジメント」のフレームワーク「SECIモデル」を提唱した。野中先生の研究について興味のある方は、『知識創造企業』(東洋経済新報社)をお読みいただきたい。日本企業の強さの源泉、知識創造の重要性を説いた骨太の一冊だ。

特筆すべき成果を上げる社員の「暗黙知」を形式知化し共有することで、成果の「属人化」を防ぐ。どのような行動・発言をすれば再現性高くその成果を出せるかを紐解くことで、従業員のスキルの底上げ、組織の成果を高めることにつながるという。

さて、前段が長くなったがここからが本題だ。

暗黙知は、特定の人や組織が培ってきた経験値から形作られ、そこに属する特定の人たちの「常識」となるわけだが、その常識を共有する範囲は大小さまざまだ。

部署異動をしたときに「人単位」で仕事の仕方が違って困った、という経験はないだろうか。前の部署の上司には許容されていたことなのに今度の上司はダメだと言う、前の部署では厳しく徹底されていたこともこの部署ではそんなにこだわっていない、というようなことは多々あると思う。これは人単位、上司単位の暗黙知の差だ。

さらにある程度大きな会社であれば、「チーム単位」でも暗黙知があるだろう。営業部の中でもA部署とB部署では、共有している暗黙知が微妙に異なっていることはよくある。

体育会系のA部長がマネジメントするA部署の所属メンバーが大事にしているのは「スピード感」。お客さんからの問い合わせに関しては即レスが徹底されており、メール受信後一時間以内に返信することが暗黙のルールとなっている。A部署が社内でトップの売上数字を作ることができる理由の一つはこの「スピード感」であり、これが他部署を寄せ付けない競争力となっている。

一方お隣のB部署をマネジメントするのは穏やかなB部長。B部長が若いころから大事にしてきたのは「正確性」だ。メンバーはその仕事の仕方を徹底されている。お客さんから質問や問い合わせがあった際、慌てて不十分な情報を返すことはよろしくない。時間がかかったとしても、しっかりと調べ上げた正しい情報をお客さんに提供する。この「正確性」こそB部署が圧倒的な顧客のリピート率を誇ってきた競争力の源泉。

といった具合に、同じ会社でも部署ごとに大切とする暗黙知が異なることがあり、これがチームカラーになっていく。

もっと大きな単位での違いを見ていくと、「会社単位」の差がある。同じ業界なのに全然仕事の仕方が異なり、同業界内の転職であっても一から仕事の仕方を覚えないといけなかった、というのはよく聞く話だ。

よく知られている社風の違いといえば、トヨタ自動車とホンダ自動車が挙げられるだろう。同じ「自動車」を作っていても社風は全く異なる。「トヨタ生産方式」で有名なトヨタは、効率と品質の向上に焦点を当てている。チームワークや連携が重視され、従業員は問題の解決に心血を注ぐ。「なぜ」を五回繰り返す、というのは有名な話で、筆者もトヨタグループと研修の仕事をさせていただいたが、担当者の方とは研修プログラムの目的や意図、そこから期待される効果、分刻みでのタイムテーブルなどをかなり綿密に侃々諤々と議論した。

一方ホンダはイノベーションと柔軟性が特徴だ。以前宇都宮の工場にお伺いしたとき、受付の正面に本田宗一郎さんの手書きの「夢」という文字が大きくモニュメントされているのを見た。晩年に書かれたその文字自体に、何とも言えない「迫力」のようなものを感じ、筆者は驚いたのだが、そんな私を見て社員の方が嬉しそうにされていたのを覚えている。当時はホンダグループの採用プロジェクトをお手伝いしたのだが、トヨタグループとは異なり、課題を見つけ細かく潰していく進め方ではなく、なぜ人を採用するのか、どんな組織にしたいのか、という想いをずいぶんと語った記憶がある。それがホンダのカラーなのであろう。

この二社に代表されるように、**会社ごとに大切にしている「暗黙知」は異なり、それが「社風」の違いとなる。**

さらに大きな単位で見ると、今度は「業界単位」の暗黙知があるだろう。特定の業界ごとの常識は全く異なっており、他業界の仕事の仕方などを聞くと驚くことがたくさんあって楽しい。

筆者は数年前からビルメンテナンス業界のグローバル化をサポートしている。ビルメンテナンス業は、「建築物の快適な環境の確保」を目的としている四兆円産業で、経済活動では欠かせない業界だ。仕事の一つに「ビル清掃」があるが清掃の技術は奥が深く、実はビルクリーニング技能士という国家資格がある。ビルクリーニング技能士の資格には長い時間をかけた訓練が必要で、厳しいトレーニングを積まなければ取得できない。

さらに「全国ビルクリーニング技能競技会」という大会もあり、これは全国のビルクリーニング技能士約五万人を代表して二年に一度、九地区の予選大会を突破した十八名の代表選手が集い「ビルクリーニング技術の日本一」の座をかけて競う。各地域の代表となった人は、会社・地域の威信をかけて競技会に臨む。設定された空間を一糸乱れぬ動きでてきぱきと清掃をし、その正確性や動き、仕上がり、時間などで評価され、トーナメントを勝ち上がっていく。見ているこちらが手に汗を握り、ある種のプロスポーツを見ているような感覚に陥る。「ビルクリーニング技能士たるものはその頂点を目指す」ことが暗黙知化されている。最初に見たときは筆者も驚いたが、業界ごとの習わしや常識は、他業界にいると知らない「暗黙知」として存在している。

これだけさまざまな単位で暗黙知があるわけだから、日本人でも部署異動や転職でその場に適応するのが困難なときが出てくる。

さらにさらに、もう少し大きな単位で見ると、今度は「国単位」に暗黙知がある。これは第一章の遅刻が許される範囲や、工場のルール遵守で述べた通りだ。

文化背景や言葉に慣れ親しんでいない外国籍人材が適応するというのは、とてつもなく困難なことであるのは言うまでもないだろう。外国籍人材はどうしたらその文化や常識の違いを乗り越えられるのか、どうしたら我々日本人は彼らを受け入れ、活躍できる土台を作ることができるのか。具体的な手法論は第三章に述べることとする。一足先に知りたい方は第三章を先に読み始めてもらってもいいと思う。第二章ではもう少し文化の違いについて、事例をあげて説明しよう。

メタ認知能力を高め、自分の「暗黙知」に気づく

「自分とは何者か」

読者の皆さんは、これを自分に問いたことはあるだろうか。筆者がこの手の問いを初めて自分に投げかけたのは小学校六年生のときだったと思う。兄弟が多く、父親の仕事が忙しくてなかなかまとまった時間を取れなかった我が家だが、家族全員で思い切ってグアム旅行に行こう、ということになった。私は「やったー」と喜びはしたが、「海外に行く」ということがにわかに信じられなかった。自分が行ったことのない世界とはどんなところなんだろうか。そもそも本当に日本以外に街や人が存在しているんだろうか。自分は自分が存在していること、自分の周りの人が存在していることはわかっているが、自分が見たことがない人が今この瞬間も生きて生活しているのだろうか。そんな人たちが暮らすというグアムというところは本当にあるのだろうか。ひょっとしたら、我々が行くことになってから、慌てて誰かがグアムを作っているのかもしれない！

今振り返ればかなりひねくれた子どもだったなと思うが、このときのことはよく覚えていて、結構本気だったと思う。

旅行当日、慣れない海外旅行ということもあり、かなり早めに空港に着いた。そのときだ。

祖母が「パスポートを忘れた！」と叫んだ。いま取りに戻ったら間に合うかもしれない、と父親と二人でタクシーに飛び乗った。そのタクシーをみんなで見送り、もし間に合わなければ仕方がないね、残念だけど今回は全員あきらめよう、と母親が言った。

私は思った。

「グアム…作るの間に合わなかったんだ。」

横にいた姉に自分の考えを話したが、「あんた何言うてんの？　大丈夫？」と一蹴された。私はこの頃から人の存在に不思議さを感じ、「そもそも自分とは何者か」を考え出したように思う。

当然今は、当時のような考え方からは成長したが、いまだに「自分とは何者か」には答えが出ない。私には尊敬する叔父がいる。京大卒で総務省の事務次官まで務めた人で、昔からどんな質問をしても即座に本質的な意見を返してくれる。社会人になったあるとき、叔父に「自分とは何者か」を問うてみたら「それは死ぬときにわかる」という回答だった。叔父の言うことが正しいのならば、自分とは何者かの答えは死ぬまで分からない。しかし、もう少し客観視して、**自分という人間を知る努力**はしたいと感じた。

後にそれが「メタ認知」という概念であることを知った。

メタ認知は、一九七六年にジョン・H・フラベルというアメリカの心理学者が「**自らの認**

知（考える・感じる・記憶する・判断するなど）を認知すること」と定義した。この能力が高まれば、自分自身をコントロールし、冷静な判断や行動ができるということだ。

長年研修をしてきて感じることだが、メタ認知できていない、自分を客観視できていない人が多いと思う。メタ認知能力の度合いを可視化する「ジョハリの窓」という心理学モデルがある。サンフランシスコ州立大学の心理学者ジョセフ・ルフトとハリ・インガムが考案し、二人のファーストネームを取って名付けたモデルであるが、人にはOpen self（開放の窓）とHidden self（秘密の窓）が存在する。加えて、自分の知らない視点からのBlind self（盲点の窓）やUnknown self（未知の窓）があるという。研修でチームを組んでさまざまな共同作業をした後に、チームのメンバーから自分に対して感じたことをフィードバックしてもらい、四つの窓を使って分類していくと、「盲点の窓」に分類される内容が多い。自分が思っている自分と他人から思われている自分にギャップがあることで、「周りからはそんな風に見えていたんだ」と驚く受講生が多い。これはまだまだメタ認知ができていないということだ。当然日々仕事をする中で客観的に振り返る機会はなかなか取れないため仕方のないことだが、読者の皆様には上司との面談やワン・オン・ワン、研修、家族・友人との会話などで、自分を客観視する機会を作ることをお勧めしたい。

繰り返しになるが、**自分を客観視しメタ認知能力を高めることで、自分自身をコントロー**

ルし、冷静な判断や行動ができるようになるのだ。

筆者の会社では「グローバル化」をテーマとしたさまざまな研修を行っている。日本の会社に在籍する外国人社員からは日本企業の素晴らしい点も耳にするが、「日本の文化が異質で適応することに苦労する」という話をよく聞く。

一方、外国人社員を受け入れる日本人社員からは、同じように外国人社員が入社したことによるメリットも聞くが、「会社のルールを守らない、当たり前のことをやらない」という不満の声もあがる。

日本に適応しようとする外国人社員も、外国人社員を受け入れようとする日本人

ジョハリの窓

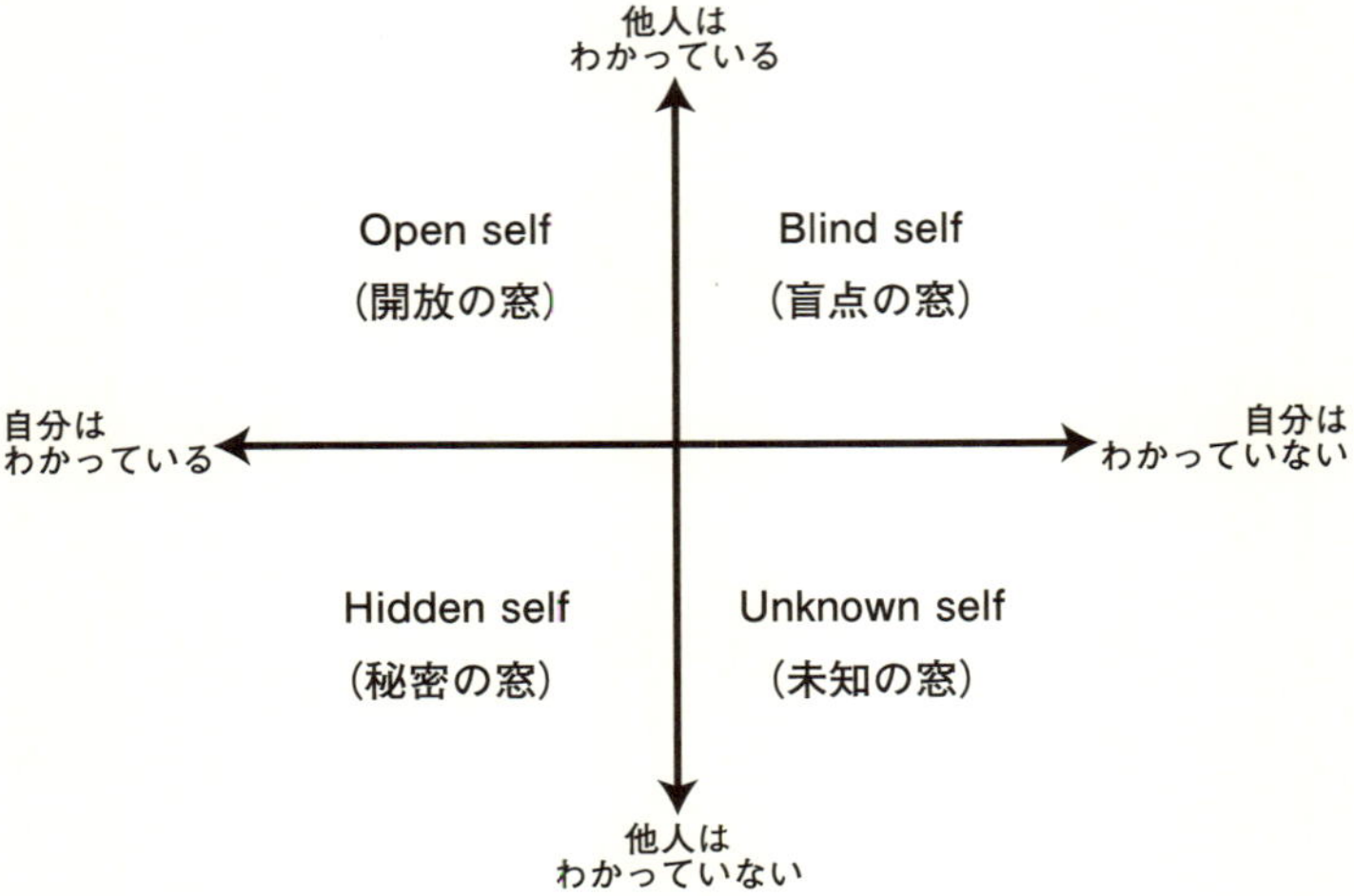

社員も、全然違う文化背景を持った人同士が一緒に仕事をするわけなので、おたがいにズレを感じるのは当然だ。そんな皆さんに言いたいことは、**メタ認知能力を高め、自分の「暗黙知」に気づくことが大事**だということである。

日本人同士の「ちゃんとやって」という感覚では伝わらない。

※ちなみに、筆者の人生初海外だが、その日は高速道路が空いていて、父親と祖母はパスポートを握りしめて戻ってきた。グアムは実在した。

本章のまとめ

1. 日本人の空気を読む力は特殊能力である。

2. 文化背景が異なる人と仕事をするときは5W1Hで明確にコミュニケーションをとろう。

3. メタ認知能力を高め、自分の「暗黙知」に気づこう。

第三章

「ちゃんとやって」からの脱却法

早期離職の実態

ここまで、日本人同士の「ちゃんとやって」というコミュニケーションがなぜ外国籍人材に伝わらないのかを説明してきた。

この章では、このコミュニケーションを続けているとどんなトラブルが起こるのか。またどうやって脱却するのか。さらには、逆にこの違いから生まれる力について説明していきたい。

筆者の経営する（株）エイムソウルでは二〇二一年八月に、外国籍人材の離職とモチベーションダウンの実態を把握し、受け入れで工夫するべきポイントを明らかにすることを目的に調査を行った。日本での在留・就労経験のある外国籍人材を対象に、六十一か国四百七十七名の回答を得ている。こちらの結果を抜粋してお伝えしたい。

まず「早期離職の実態」だが、**外国籍人材の二十八%が、入社後一年以内の早期離職を経験**していた。さらに、「離職したかったが、制度や契約にしばられてできなかった」十六%を加えると、実に**全体の四十四%が早期離職とその予備軍**に値する。

厚生労働省が公表している「新規学卒就職者の就職後三年以内離職率」によると、平成三十年卒の大学新卒における三年離職率は三十一・二%でいわゆる「三年三割」という数字だが、入社一年目に絞った離職率で比較すると、大学新卒では十一・六%であるから、外国籍人材の早期離職率の高さが浮き彫りになる。

また、**下図の通り、半数以上の早期離職は入社半年未満で発生**しているため、最初の半年のフォローアップがいかに大事かを考えさせられる。

では、なぜ早期離職に陥ってしまうのであろうか。給与面以外の大きな原因は、や

早期離職の実態

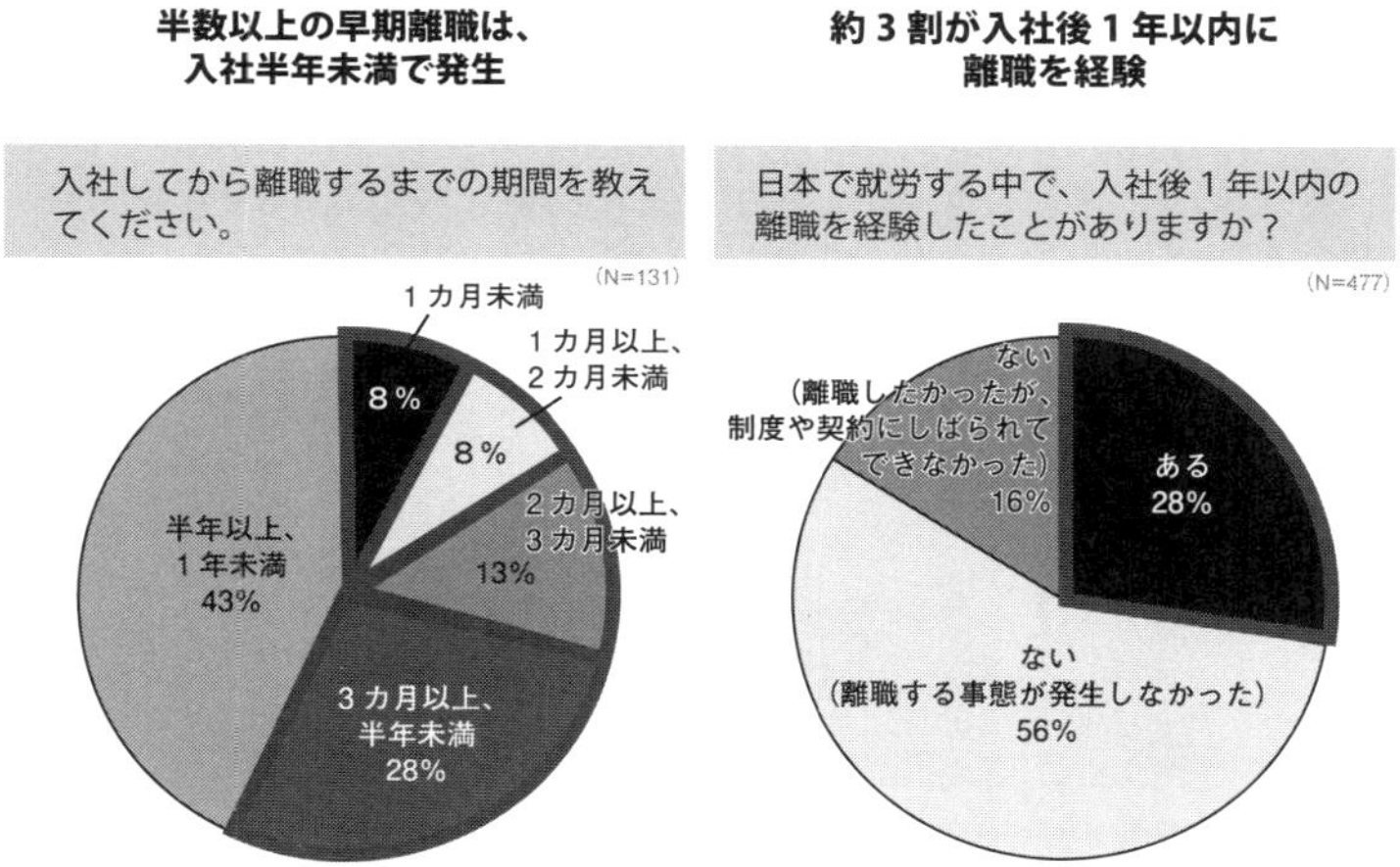

はり第一章・第二章で伝えた「ちゃんとやって」のコミュニケーションが主因で、細かく見ていくと**「上司のマネジメント・指導に対する不満」「業務内容のミスマッチ」「職場の人間関係に対する不満」が上位**にあがった。

さらに、高度外国人材と呼ばれる技術・人文知識・国際業務の在留資格に絞ってみると、第二位に「業務内容のミスマッチ」があげられる。これは、入社時に説明された業務内容と実際行う業務内容に違いがあると感じているということで、日本独特な「業務範囲のあいまいさ」が浮き彫りになった結果であろう。

日本では、「総合職」という言葉が一般的に使われており、営業や管理や企画、技術開発など、会社のどの業務に就くことになるかは採

新規学卒就職者の就職後３年以内離職率（大卒）

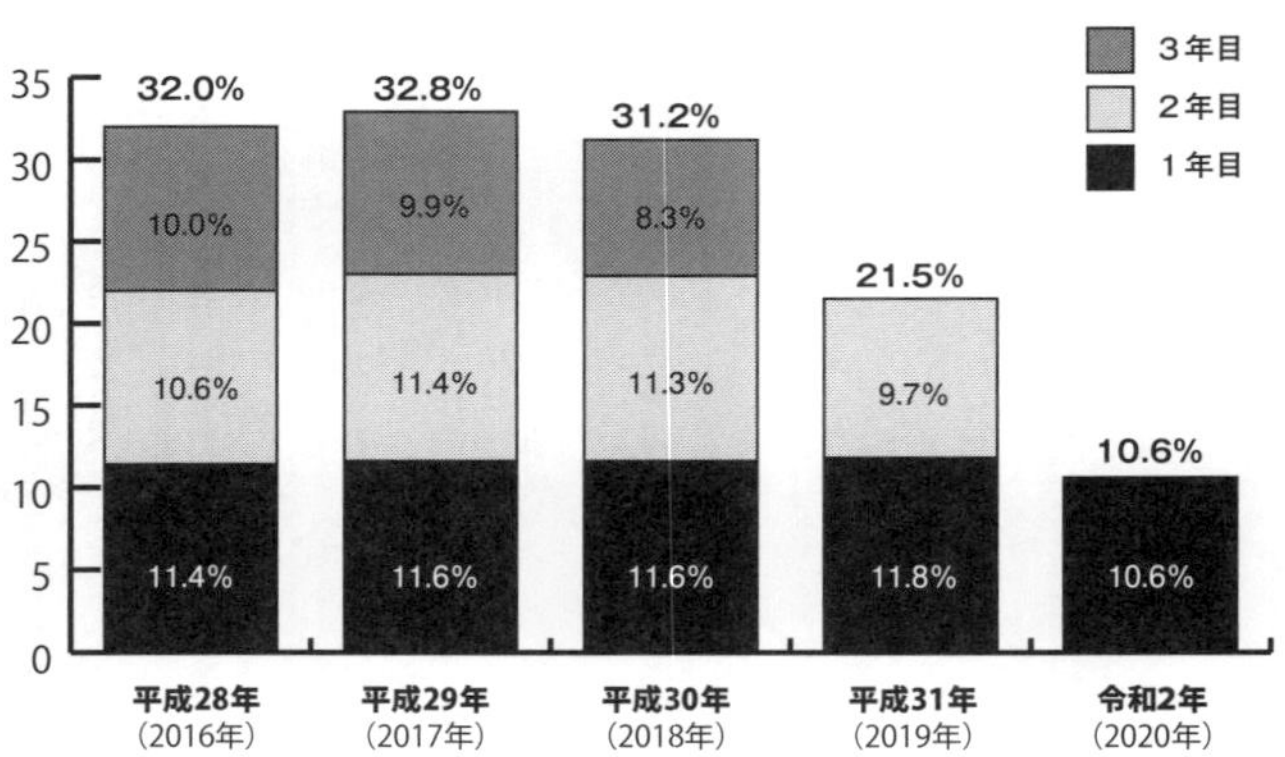

用時には決められていない。研修期間中の適性や、事業部との調整で配属場所が決められる。しかし海外にこの概念はない。基本的にはノンキャリアの採用であっても職種別採用が行われ、最初から自分の専門性をもって仕事をする。業務内容も予め決められており、その範囲内で仕事に従事する。日本は仕事内容を明確に定める、という意識が他の国と比べて弱いため、このような問題が起こってしまうのだろう。外国籍の方を採用する際に業務内容を明確に伝えることはとても重要になる。

早期離職の原因

「上司のマネジメント・指導に対する不満」が最も多く、次いで「業務内容のミスマッチ」「給料が安い、残業代が支払われない」「職場の人間関係に対する不満」など原因は多岐に渡る

その時の離職の原因を教えてください。（複数選択可能）

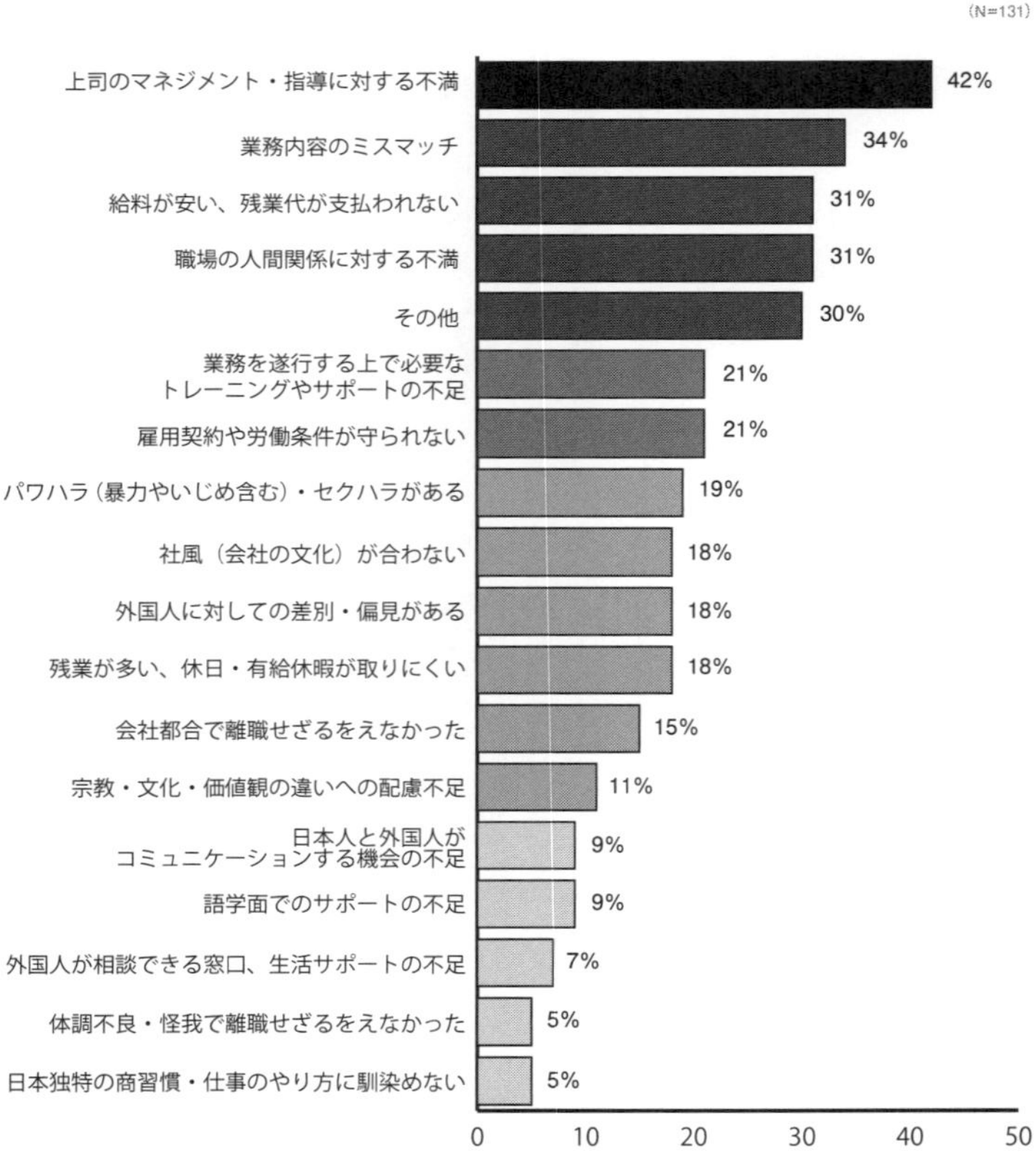

技術・人文知識・国際業務における
早期離職の原因

その時の離職の原因を教えてください。（複数選択可能）

（N=71）

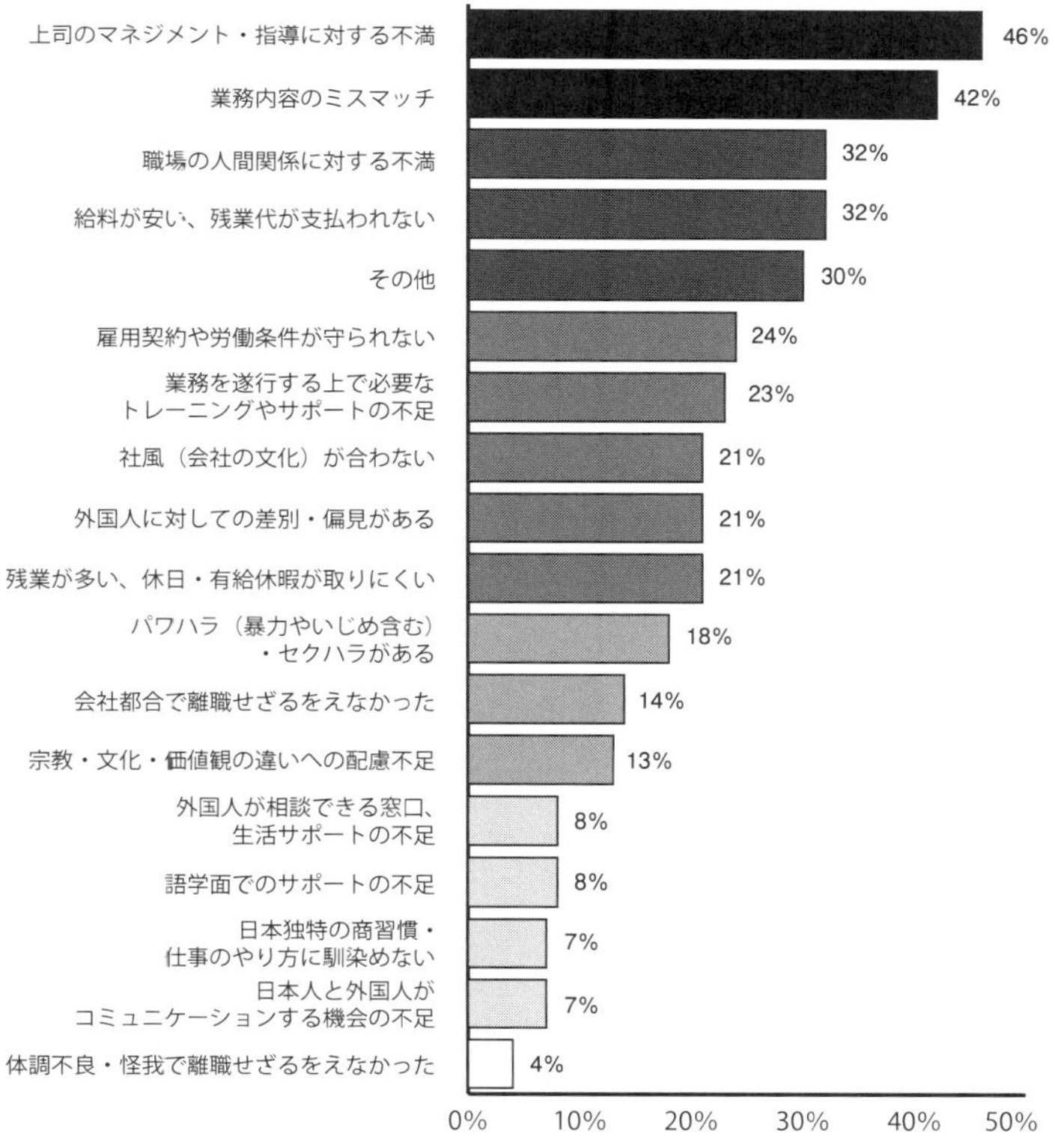

モチベーションダウンの実態

さらに、入社後一年以内に大幅なモチベーションダウンをどれくらいの外国籍人材が経験しているかを調べたところ、なんと**半数以上の五十三％**にものぼった。

しかも、三割の人が入社後三か月以内にモチベーションダウンを経験している。早期離職の結果と合わせみて、外国籍人材の採用に際しては、**入社してから三か月〜半年のフォローアップがいかに重要であるか**がわかるだろう。

モチベーションダウンの要因と離職の要因はほぼ近しいが、離職の時は十八％しかなかった「外国人に対しての差別・偏見がある」がモチベーションダウンの理由としては三十九％と、二倍以上の割合で上位にあがっている。つまり、**「外国人に対しての差別・偏見がある」ことで、早期離職するまでには至らないが、多くの人が傷ついている**ということだ。当然離職しなかったからいいわけではなく、モチベーションダウンは生産性に影響する。三十九％ということは十人いたら四人。半数近い方がそう感じていると思うと見逃せない数字である。

当然、多くの日本人が差別・偏見をしている意識はないと思うが、これは数的マイノリ

モチベーションダウンの実態

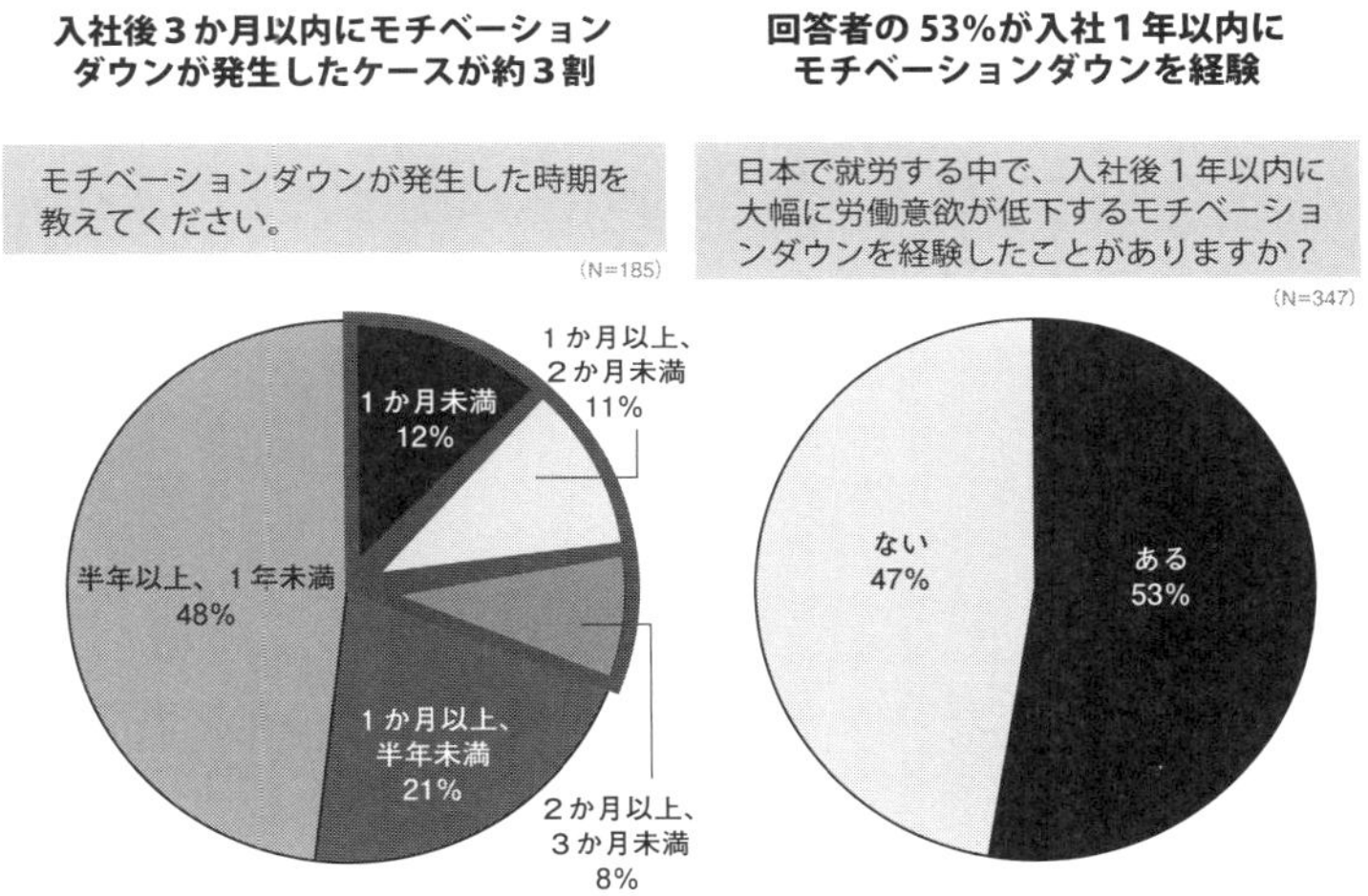

ティになった人が感じている実情。筆者自身も自分の言動を振り返らねばと感じた次第である。

この差別・偏見はなぜ起こるのか。これは第一章で記載したミルトン・ベネットの「異文化感受性発達モデル」における自文化中心的段階で違いを否定したり、違いから防衛したりすることで起こる。

では、どうすれば人は自文化中心的段階から脱することができるかというと、その鍵の一つが「知識」だ。これも第一章で述べた通りだが、筆者はイスラム教のお祈りの大切さを十分理解しておらず失敗した。この時筆者が取った言動は、差別・偏見と捉えられてもおかしくないだろう。これは無知から起こった失敗だった。

ソクラテスは「無知の知」として、「自分がいかにわかっていないかを自覚せよ」と説いた。文化背景が大きく異なる人と関わる上では、わかったつもりで何も知ろうとしないことがとても危険だ。異文化に対して知ること、相手に興味を持つこと。これが一緒に働く外国籍人材のモチベーションダウンを防ぐ第一歩である。


ただ、こういうデータもある。

「その後、モチベーションダウンの状況から、持ち直すことはできましたか？」という質問に対し四十七％がイエスと答えた。そしてその主要因は「**自身の適応努力**」であった。つまり自分から仕事や職場に適応していった、ということだ。

ここが本書の一番肝要な部分である。筆者の会社はこの「**適応力＝CQ**」**こそが日本のグローバル化の鍵**だと捉え、研究を重ねている。適応力に関する説明は第四章で詳しく述べよう。

モチベーションダウンからの回復

モチベーションダウンの状況から、持ち直すことができたのは 47%

その後、モチベーションダウンの状況から、持ち直すことはできましたか？

（N=185）

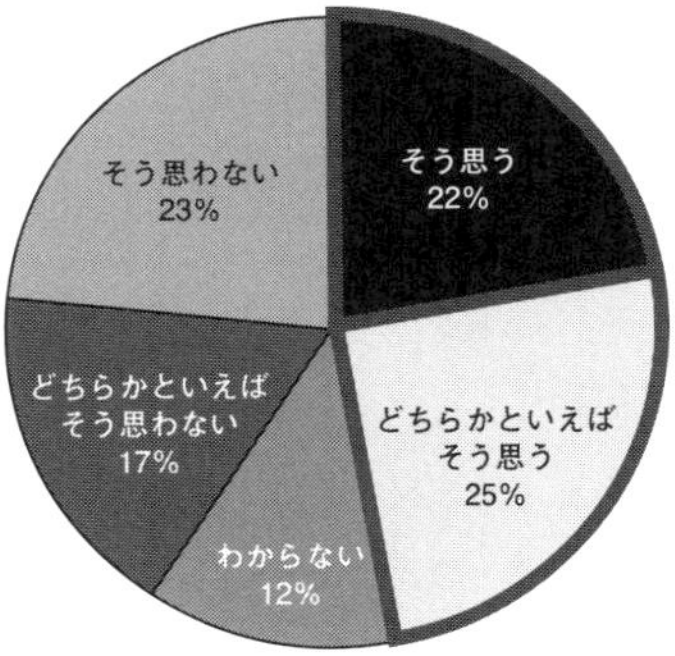

モチベーション持ち直しの主要因は「自身の適応努力」

前の質問で「そう思う」「どちらかといえばそう思う」と回答された場合、モチベーションを持ち直すことができた理由を教えてください。（複数選択可能）

（N=88）

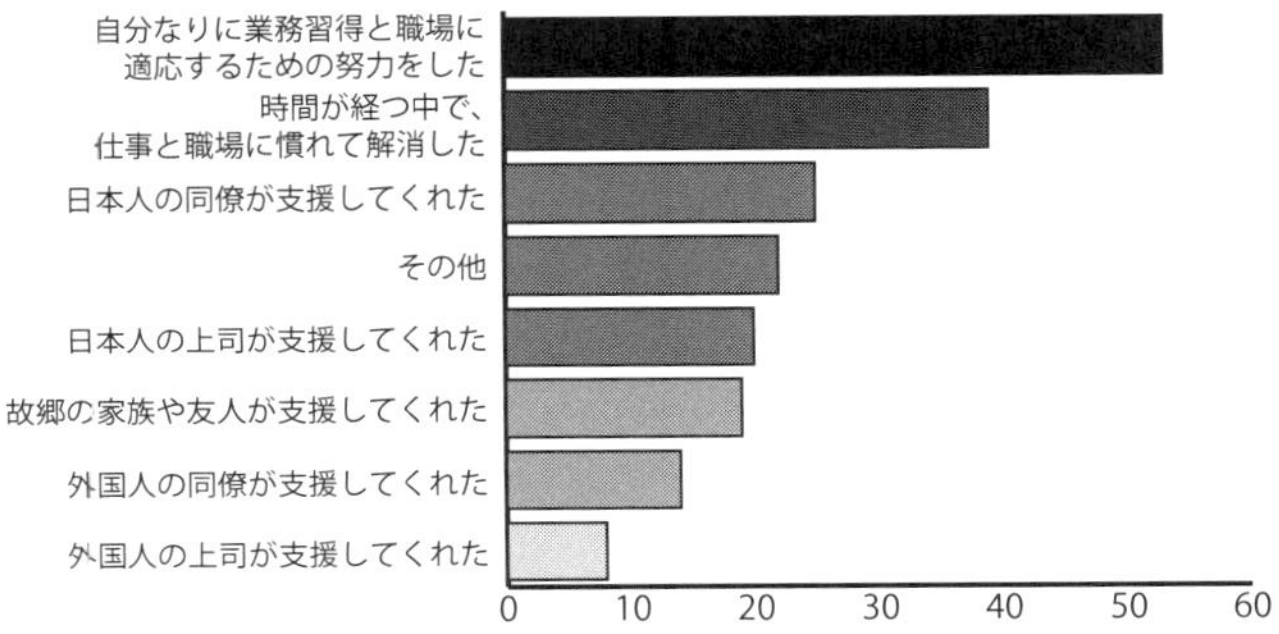

回答者の属性

国籍

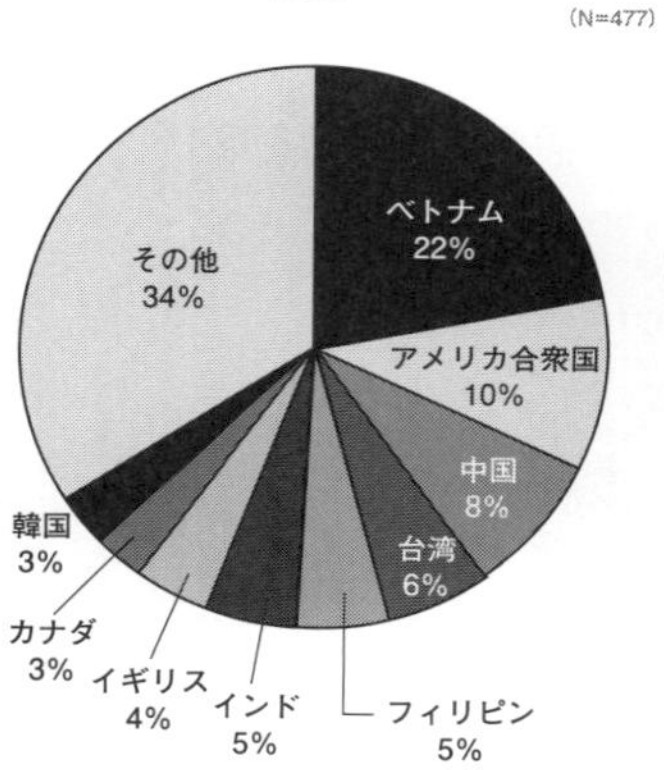

就労資格

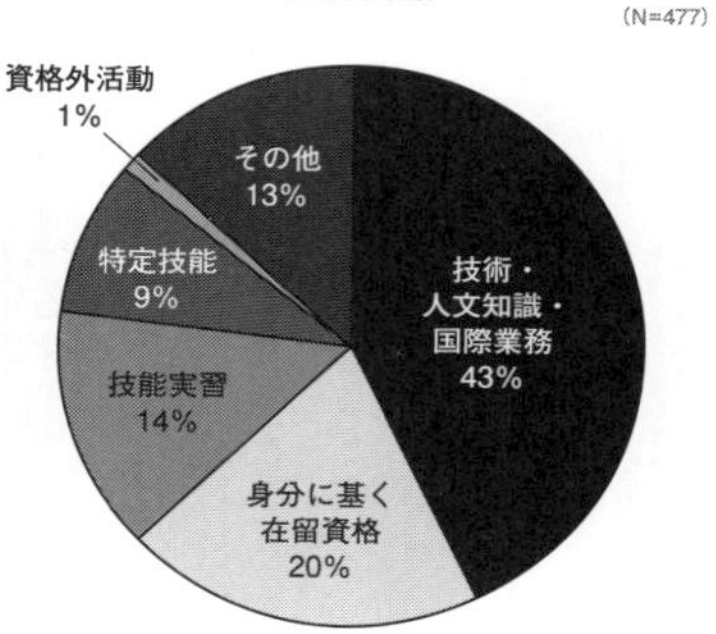

就労期間

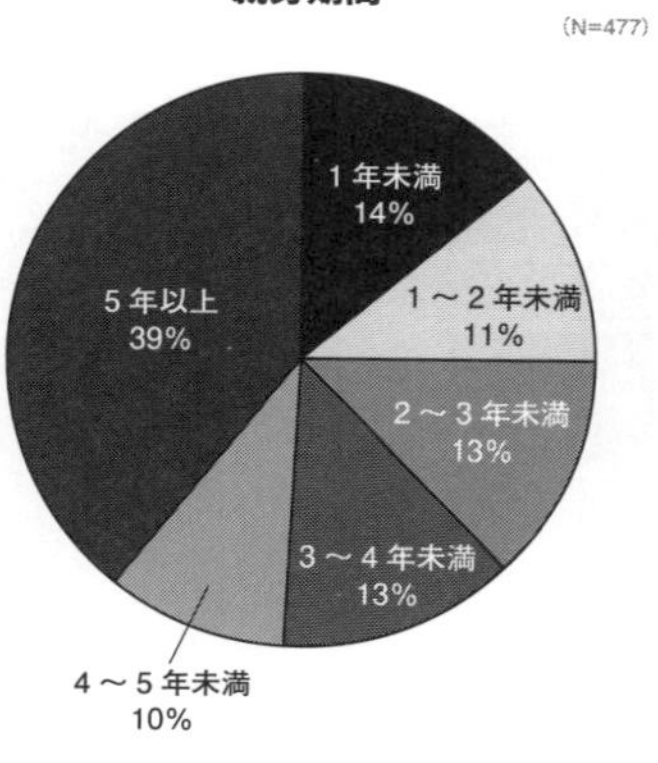

就業した会社数

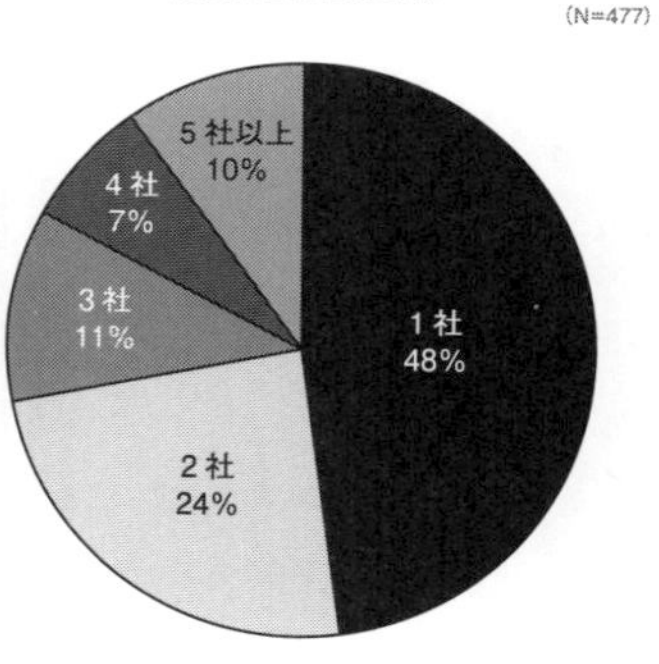

文化の違いから起こるトラブル

文化背景が異なることで、お互い嫌な思いをしたり、トラブルが起きたりすることがある（もちろん利点の方が多いのだがそれは追ってご説明しよう）。

では、どんなことが起こるのだろうか。

ここからは筆者が十年かけて調査・研究・インタビューを通じて集めたリアルなトラブル事例をお伝えする。内容に衝撃的な出来事があるため、国や企業・個人が特定できないようにアレンジしてお伝えするが、どれも筆者が見聞きした実際に起こったトラブルである。

・W国で起こった大手資材メーカーA社の不正問題

A社は日本でも有数の大手資材メーカー。海外展開をし、各国でも巨大サプライチェーンを築き上げ、各地域で大きな影響力を持っている。そのアジア拠点W国で起こった出来事である。

経理部門責任者で日本人のIさんは、半年ほど前にW国に赴任した。海外で働くことに不安を覚えていたIさんだったが、部下にCさんという人物が就いた。Cさんは経理担当として仕事面でも人物面でも皆からとても頼られていたため、次第にIさんもCさんと信頼関係を築くようになり、仕事だけでなく週末もサッカーをしたり互いの家を訪問するなどして親交を深め、Cさんのお陰で仕事もプライベートも充実した駐在ライフを送れるようになった。

しかし、ある時お金の流れでつじつまが合わないことがたびたび起こるようになったため、日本人の上司に相談し、水面下で調査をすることになった。経理部門の誰にも相談せず単独で調査をするように、もちろん信頼する部下Cさんにも内密にという指示を受けて調査したところ、発覚した不正使用の犯人はCさんだった。

信頼していたCさんが起こしたこの事件に、Iさんはショックを隠し切れずしばらく落ち込んだという。

国家腐敗認識指数（CPI）という指標があり、世界各地の公務員と政治家の汚職度を国別にランキングしている。今回の事例は経済界におけるものだが、国家間比較として参考にしてみると、二〇二三年度、日本は百八十か国のうち七十三点をマークして十六位だった。国内でも政治家の汚職や賄賂・横領が時折ニュースになり辟易とすることがあるが、CPIでは七十点台を「社会が全般的に透明な状態」としており、世界比較では日本は比較的クリーンだという評価を受けている。

W国のランキングは日本よりもはるかに下位に位置されている。

2023年国家別腐敗認識指数（CPI）ランキング

ランキング	国名	スコア
1	デンマーク	90
2	フィンランド	87
3	ニュージーランド	85
4	ノルウェー	84
5	シンガポール	83
6	スウェーデン	82
6	スイス	82
8	オランダ	79
9	ドイツ	78
9	ルクセンブルク	78
11	アイルランド	77
12	カナダ	76
12	エストニア	76
14	オーストラリア	75
14	香港	75
16	ベルギー	73
16	日本	73
16	ウルグアイ	73
19	アイスランド	72
20	オーストリア	71
20	フランス	71
20	セーシェル	71
20	イギリス	71

※スコアが高いほど腐敗が少ないことを示す

https://www.transparency.org/en/cpi/2023/index/dnk

もちろん、このCPIが低いからその国の国民は不正をする、ということではない。日本でも政治家だけでなく民間企業でも事件が取り沙汰されることがある。大切なことは**文化背景が異なる人と大事な仕事をするときは、「自分の思い込みで仕事をしない」**ということだ。今までの育った環境や人間関係で通じた仕事の仕方をもう一度見返す必要がある。**文化という常識が異なる**からだ。

・X国で起こった大手ゼネコンB社の建築基準問題

次にX国で起こった大手日系ゼネコンB社の事例をご紹介する。

B社は日本では大手ゼネコンの一社で、抜群の信頼と実績だけでなく「お客様にとってお買い得な価格」を提示することでブランドを築いている。

当然X国の中でも業界内では知らない人はいないB社だが、毎回入札価格では社内で問題が起こる。日本ではお買い得な価格設定をしているB社だが、積算部の出してくる見積もりがローカルゼネコンと比べて高すぎる、と営業部門が文句を言うのだという。日本クオリティーである程度高くなるのは当然だが、営業に言わせれば部材の一つひとつが高い。よく議論に上がるのは「足場」の費用高だ。ビルなどを建てるときには、まず高所で作業するための足場を組み立てる。足場とは、よく工事現場で目にする丸太や鋼管などで組んだジャングルジムのような通路や階段で、工事職人がそこを行き来して作業をするものだ。日本における足場の組み立てルールは、建築基準法で高さや間隔、強度などが細かく決められている。安全への配慮が必要だからだ。

日本の法律を遵守すると最低限必要な足場の量と価格が決められるわけだが、X国ではこの法律がないため、ローカルゼネコンは「彼らの安全基準」で必要最低限の足場を組む。当然積算すると大きな価格差となって表れる。

ここは建築基準法のないX国だから最低限の足場でいいと考えるローカル営業スタッフと、安全あってこそのB社ブランドであることを譲れない日本人経営陣とのつばぜり合いは枚挙にいとまがない。

・Y国で起こった大手化学メーカーC社のコンプライアンス問題

次に二〇一〇年代後半に、Y国で起こったコンプライアンス問題をご紹介する。

日本では二〇一四年に「コーポレート・ガバナンス・コード」が施行され、企業統治の強化を図るための各企業の取り組みが進んだ。

C社は日本の化学メーカーを代表する大手企業で、世の流れから、コーポレート・ガバナンスの強化を世界基準で求めることになった。その中の重要項目の一つがコンプライアンス遵守だ。日本本社では専門チームが立ち上がり、コンプライアンスポリシーやルール策定、説明会や管理職への研修が行われた。Y国の日本人幹部たちも幾度となくこの会議や研修に参加し、コンプライアンスに対する意識を高めた。ハラスメント・偽装表示・横領・不法投棄・不正会計・独占禁止法など、本社が作ったコンプライアンス方針や基準は、企業として遵守すべき内容であった。本社の指し示すルールをY国社員に研修することから始め、全社員がペーパーテストを受け知識を身につけ、会社の中でルール化されていなかった個人情報の管理やハラスメント、残業管理などはルールを見直し、徹底を図った。

しかし本社の決めたコンプライアンスルールを杓子定規に実行すると、仕事が進まないことが多々出てきた。日本だと信じられないだろうが、税関や警察に「融通を利かせてもらう」ということがまことしやかに行われている国は多々あるのだ。C社だけがそれをやめると、この国におけるビジネスは滞ってしまう。このY国の日本人幹部だけでなく、駐在する国の慣習や仕組みが日本と異なることで間に立たされ、頭を悩ませている日本人はまだまだ多い。

余談だが、二〇二一年十一月に中国では「個人情報保護法」が成立した。不正をした企業に対しては日本よりも徹底的に取り締まっており、懲罰が厳しい。中国ではこの法律成立から、国営・民営・外資問わず、コンプライアンスの意識が上がっている。今後中国をはじめとして、アジア各国でもコンプライアンス意識は高まっていくであろう。

・Z国で起こった大手家電メーカーD社工場内の事故

D社は世界を代表する大手家電メーカーで、Z国でも人気ブランドとして親しまれている。D社はZ国内に複数の工場を持っているが、海外で工場を運営する日系企業が神経をとがらせるのが「製品クオリティー」と「事故」である。

筆者も幾度となく海外ローカルの工場を訪れたが、日本の工場と比較すると、整理整頓が行き届いていない工場が多かった（もちろんとてもきれいなローカル工場もあった）。第一章で掲載した通りだが、日本のルール遵守に対する意識は各国と比較して断トツに高い。この安全基準の意識ギャップに日本人は頭を悩ませる。ルールを徹底したとしても、日本と同じレベルで事故を起こさない、ということは大変難しい。

そんな厳しい海外事情ではあるが、D社のS社長は長年「無事故」を貫いてきた。工場の壁には大きく「〇〇日連続無事故」というポスターがあり、毎日数字が増えていたのだが、ある年事故が相次いだ。一つ目はエレベーターでの事故。人が絶対に乗ってはいけない場所に誤って乗ってしまい従業員が怪我をした。不幸中の幸いで軽傷で済んだが大きな怪我につながりかねない出来事だった。S社長はショックを隠し切れず、エレベーターの利用ルールの改善を急いだが、その最中、今度はフォークリフトが正面衝突し、運転手が怪我をした。工場内のフォークリフトは一方通行でしか走れないため事故を起こすことは考えられなかったが、ルールをしっかりと把握していない新人が起こした事故だった。

このようなトラブルは枚挙にいとまがない。私が海外に住んでいた三年間だけでも大小多くのトラブルを目の当たりにしている。海外駐在の皆様には日本では経験をしないご苦労があると思う。日本を飛び出し数的マイノリティな環境に身を置き、その国や地域の文化に適応しながらも日本クオリティーを維持したサービスやプロダクトを提供、製造、販売したりするのは簡単なことではないと、私も身をもって体験している。海外に出て、数的マイノリティな立場で挑戦されている方々をリスペクトしている。

数的マイノリティという意味では、日本に来た外国籍の方も同様だ。彼ら彼女らも母国から遠く離れた日本に来て、文化間ギャップを感じながらその場に適応しようとしている。

では、このような文化間ギャップをどのようにして埋めていけばいいのか。次節ではそのコミュニケーションのフレームワークをお伝えしたい。

形式知化のフレームワーク「モノサシ・理由・メリット」

文化背景の異なる人は、常識が異なる。「ちゃんとやって」が通用しない。

第二章四節「日本企業の競争力の源泉、暗黙知」で、職人の世界には暗黙知があるということを書いたが、その世界も変わりつつある。例えば、十年以上かかる職人技術を短期間で効率的に学ぶ「寿司アカデミー」という寿司職人の養成学校が存在している。今の円安とアフターコロナのインバウンド需要で外国人観光客が日本に殺到しており、すし職人の数が足らないので早期に育てたいというニーズがあるからだ。

このような「暗黙知の形式知化」がさまざまな分野で起こってきている。

ではどうやって依頼・指示すれば伝わるのだろうか。当社が開発した「形式知化のフレームワーク」を事例と共にご紹介する。

以下の例題について考えてもらいたい。

「新しく入社した外国人が、いつも会議の開始時間に遅れてきます。開始前までには席についてほしいと思っているあなたは何と言って指導しますか？」

あなたなら何というだろうか。

これは筆者が研修をする際に、受講生の皆さんに問う例題だが、研修中に考えてもらうと、どうすれば伝わるのか考え、丁寧な解説を尽くそうとする。

しかし、実際私が目の当たりにしてきた多くの指導方法は、「ちゃんと会議開始前に来なさい（Please make sure to arrive before the meeting.）」「ちゃんと時間を守りなさい（Please be punctual.）」だ。「ちゃんと」の基準が違うため、この言い方では行動は改善されない。前章でお伝えした通り、インドネシアでは十時開始の会議であれば、「ちゃんと」十時過ぎに自分の席で準備を開始し、お手洗いに行ったり、仕事仲間に話しかけられたりしながら、十時五分から十分くらいにバラバラと集まってくる。会議前に集まることを伝えないと、五分前に全員がそろっているということはまずない。


皆さんの会社や仕事にも、国籍や年齢・性別・社歴が違えど「徹底しているルール」があると思う。モノづくりの会社であれば現場、現物、現実の「三現主義」だったり、スタートアップだったらタイムリーな返答を求める「クイックレスポンス」だったり、物流会社だったら納期を徹底する「時間厳守」だったり、工場だったら整理整頓などの「５Ｓ」だったり。会社や業界・職種によっていろいろだが、「徹底しているルール」があろうと思う。

ここでまず考える必要があるのは、そもそも本当にその仕事・ルールが必要なのか、そのルールは形骸化していないか、会社・仕事の強みになっているのか、ということだがそれは次の項でじっくりと考えるとする。まずはその「**徹底しているルール**」**を価値観や文化の違う人にどうやって守ってもらうかを考えたい。**

皆さんが通った学校やお子さんが通っている学校ではほうき・チリトリや雑巾を使った掃除の時間があるだろうか。少し前に、「生徒にほうきやチリトリを使って掃除をさせることの意味が分からない」と学校の先生がＳＮＳに書き込み、物議を醸し、テレビでも取り上げられて話題になった。私もそうだったが学校ではほうき・チリトリなどを使った掃除が義務付けられていた。私の場合は三十年以上前の事なのでそれが当たり前で疑問も持たなかったが、最近は生徒に意味のないことをさせたくないとか、掃除機や業者、ロボットによる掃除の方が効率的だ、という意見が出てきているらしい。その書き込みに対して親の意見も肯定派・反対派に分かれ物議を醸したのだ。

そんな中、福井県の永平寺中学校では「無言清掃」という三十年来続く昔ながらの掃除のルールを徹底しているらしい。永平寺中学校の担当者はその意味をこう話す。

永平寺中学校の「無言清掃」

「無言で掃除をすることが目的ではなく、一日のうち十五分間だけでもいいので、静かな心で自分自身と向き合い感謝の心や心地よさを感じてもらうのが目的だ」

この学校の生徒や親は、昔ながらの手法で行う無言清掃を大変好意的に受け取っているというのだ。

前述したが、筆者はインドネシアで自分がお願いしたいことの意味を理解してもらえず苦労した経験がある。このときに「どう言えば伝わるのだろうか」と頭を悩ませ、生まれたフレームワークが「**モノサシ・理由・メリット**」だ。当社ではこれを「形式知化のフレームワーク」と呼んでいる。価値観や文化背景の異なる人物に、何か自分が徹底したいことを伝えるときには、このフレームワークを使ってほしい。非常に簡単で今日からすぐに使えるテクニックだ。

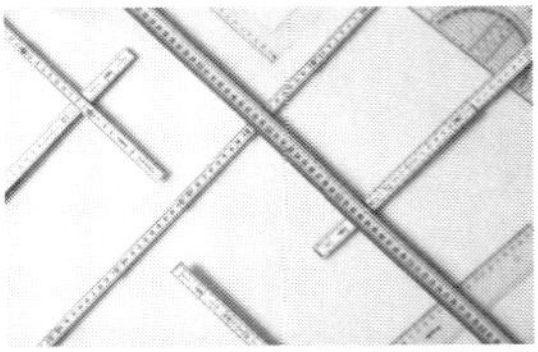

1. モノサシ

どの程度（どの頻度・質）でやればいいのか

2. 理由

なぜ必要なのか

3. メリット

自分にはどんなメリットがあるか

まず「モノサシ」はどの程度（どの頻度・質）でやればいいのかを伝える。同質的な価値観を持った人間同士では「ちゃんとやろう」と言えば意味する「程度」がそんなにずれることはあまりない。例えば、「ちゃんと歯を磨きなさい」と、何度も親から言われてきた子どもは「ちゃんと」の言わんとしていることが通じている。自分の家は朝・夜の二回だとか、朝は起きてすぐだとか、毎回の食事の後だとか、一回につき五分以上磨くとか、各家庭の「ちゃんとの程度」は理解しているはずだ（実際にやるかやらないかは別だが…）。

次に「理由」として、なぜ必要なのかを伝える。これは同じく子どもの教育でもよく目にする。「嘘をついてはダメだよ、なぜかというと…」

嘘をついてはいけないということは伝えていても、時にはそれがなぜなのかを時間をかけて（子どもの場合は本当に根気がいるが）理解させることが必要だ。そうしないと、注意する親がいなければやらない、ということになってしまう可能性がある。

最後に「メリット」だ。研修で問うた際にも「モノサシ」「理由」を考える受講生は多いが、そのルールを守ることで、守った本人にはどんなメリットがあるかを示そうとする人はあまりいない。しかし、自分の中になかったルールを徹底するよう言われた時、それを守るとメリットがある、というのは人のモチベーションに影響する。明確なメリットを伝えることが大事だ。

さきほど例に出した永平寺中学校の無言清掃の担当者の話をもう一度分解すると、見事に「モノサシ」「理由」「メリット」に分かれているのがわかる。

「モノサシ」…一日十五分間何も話さずに掃除をする
「理由」…静かな心で自分自身と向き合うため
「メリット」…感謝の心や心地よさを感じる人になる

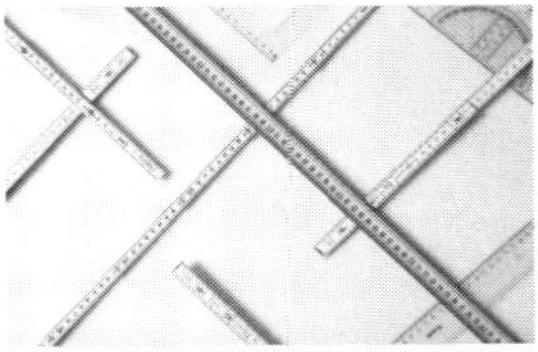

1. モノサシ

1日15分間何も話さずに掃除をする

2. 理由

静かな心で自分自身と向き合うため

3. メリット

感謝の心や心地よさを感じる人になる

さて、このフレームワークを使って、もう一度先の例題を考えてみよう。

「新しく入社した外国人が、いつも会議の開始時間に遅れてきます。開始前までには席についてほしいと思っているあなたは何と言って指導しますか？」

以下が回答例だ。

「モノサシ」…日本人は、五分前行動という意識を持っている人が多い。十時から会議であれば九時五十五分に来ることが基本である。

「理由」…相手を待たせることは、相手の時間を奪ってしまうこと。日本人は、遅刻をすることを「周りの人に迷惑をかける」と考え、信頼を落とすことになる。

「メリット」…全員が約束の時間を守ると、説明の二度手間もなくなり、会議の時間も短くなり、ミスコミュニケーションも少なくなる。結果的に、仕事が効率化されあなたも時間を有効的に使える！、という感じだろうか。

もちろん、この「モノサシ」「理由」「メリット」のフレームワークを使えば全員がルールを徹底するわけではないが、「ちゃんと会議開始前に集まりなさい！」よりも**相手の納得感を生み出すことはできる。**

では、筆者が実際にある日系企業から受けた相談の内容を、少々アレンジしてご紹介したい。一つ目はタイの物流企業だ。あるタイ人マネージャーの部署では、マネージャー本人は勤怠がとても良いのだが部下に遅刻が多い。問題は部下に対して遅刻がなくなるよう指導しないことだ。物流会社は物を運ぶ仕事のため、特に時間や納期に対する意識を強く持たなければならず、遅刻は言語道断。しかしタイ人は日本人と比較をすると勤怠が悪い社員が多く、この会社でも時間に対する考え方が問題であった。

筆者へのご相談は、まずはマネージャーの仕事として自分のタイムマネジメントだけではなく、部下の教育もしっかりと行い、時間厳守を癖づけてほしい。マネージャーである彼にどのように指導すればいいだろうかというものだった。今どのように伝えているかを聞くと「部下もあなたのように遅刻をしないように教育してください」と伝えているという。

これはもう少し具体的に伝えられそうだ。モノサシ・理由・メリットで分解してみよう。

まずは、モノサシで具体的に「どの程度遅刻が起こったら対処しないといけないのか」を明確にした。タイ人の風土や今までの状況を加味して、月に一〜二回の遅刻は許容範囲だが、三回以上遅刻した場合は厳重注意をして上司に報告してください、と伝えてもらうようにした。

お題

勤怠が悪く遅刻ばかりする部下に
全く指導しないタイ人マネージャーに対して、
部下指導をどのように促せばよいか

会社・仕事の状況

日系の物流企業。
納期厳守は非常に重要。
一般的なタイ人は時間に対して
ルーズだが、このマネージャーは
非常に勤勉で真面目。
しかし部下の勤怠に関する指導を
しない。

　次に理由だ。物流会社にとって時間を守る、ということが他の業種よりも大事なことだと改めて理解を求めた。材料や資材を運ぶ仕事が遅れると、お客様のその後の工程すべてに影響を及ぼすのだ。物流の時間管理はさまざまな外部要因が絡んでくるため納期を守ることが難しいこともあるが、出勤時間は自分でコントロールしやすい。まずは勤怠で時間を守るという癖づけをすることを依頼した。

　最後に伝えたのはメリット。タイでは日本と比較して物流会社でさえも時間に対する意識が低い。この状況を逆手に考え、この物流会社は納期に遅れないということになれば、お客様から信頼を得られる大きなチャンスである。会社の売上

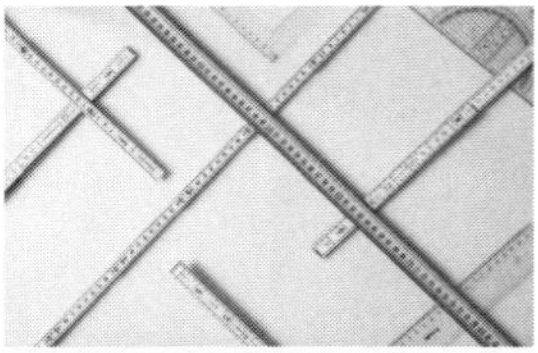

1. モノサシ

1、2度の遅刻は目をつぶりますが、指導してください。

3度以上遅刻した場合は、厳重注意とともに、上司に報告してください。

2. 理由

当社は物流企業なので、時間・納期厳守を重要視しています。時間に遅れることが当たり前になると、お客様の仕事にも影響が出てしまいます。

3. メリット

タイの物流企業はあまり納期厳守を徹底していません。当社がお客様との約束の納期を守ることができれば、それが差別化となって信頼や売上が上がり、**皆さんの社会的地位も待遇も向上します。**

が上がり、ひいては社員の待遇にも影響を与える。大きなメリットがある。

この説明を経て、マネージャーは今まで部下の勤怠を管理していなかったが、独自に遅刻者を記録するようになった。他にもさまざまな手を打ったが、この物流会社では一年経って遅刻者はほぼいなくなったという。


モノサシ・理由・メリットのフレームワークはとても有効的だが、その前提として我々日本人側も、**外国籍の方の国民性を理解することはとても重要**である。タイでは多様性の受容度が高く性別が十八種類あるといわれている。その影響で他人を否定しない人が多い。同質性・同調性の高い日本とは違って、組織のルールを徹底するなど、人に厳しく指導するというのは不慣れである。このように、国民性と当人の個性を理解した上で、このフレームワークをうまく活用していただきたい。

そもそものルールは必要なのだろうか

ここまでの話をまとめよう。

会社やチームには、徹底したいルールや根付かせたい文化がある。文化背景の異なる人物には、暗黙知が理解できないため「ちゃんとやって」ではなく形式知化して説明を尽くすことが大事である、ということだ。

しかし、**その徹底したいルールや根付かせたい文化は本当に必要なのか**、という角度から見てみよう。

「Group Think」という言葉がある。直訳すれば「集団思考」だが、米国の社会心理学者アーヴィング・ジャニスは、「集団浅慮」という言葉で以下のような概念を提唱した。

Group Think とは、あるグループの中で起こる心理現象のことで、グループ内の調和や統一意見を求める欲求が、理性に欠ける、または機能的でない意思決定を引き起こすことを指す（※「Victims of Groupthink」にある Group Think の定義を筆者が翻訳）。

一人ひとりは非常に優秀であるはずの人たちが、集団になると非合理的な判断をしてしまうこと。ジャニスは、優秀な政治家たちが集まって、ピッグス湾事件、北朝鮮半島への侵攻、真珠湾攻撃への準備、ベトナム戦争の拡大、ウォーターゲート事件の失敗など、過去の誤った判断を下した理由がここにあるとした。

Group Think に陥ってしまった代表的な歴史的事例が「チャレンジャー号の打ち上げ失敗」である。

一九八六年一月、アメリカで打ち上げられたスペースシャトル「チャレンジャー号」が、打ち上げ後まもなく空中分解した事故の際にもGroup Thinkが起こっていた。事故によって、七名の宇宙飛行士の命が失われたのだが、実はこのとき、現場の技術者たちは、低気温や悪天候、部品の欠陥から、チャレンジャー号打ち上げの延期を求めていたという。しかし、NASAの管理者たちはこの訴えを耳にしながらも、チャレンジャー号の開発で何度もトラブルに見舞われてきたことや、プレッシャーによるストレスで正常な判断が困難になった結果、打ち上げ計画の決行を優先し、発射判断を下してしまった。

優秀なスタッフが揃っていたとしても、過度にストレスがかかる環境下ではGroup Thinkが発生してしまうことを示した事例である。

逆に、Group Thinkから抜け出せた歴史的事例「キューバ危機の回避」をご紹介する。キューバ危機は、一九六二年にアメリカとソ連の対立が最も緊迫した瞬間に起こった。ソ連はキューバに中距離ミサイルを配置し、アメリカを直撃できる脅威をもたらしたが、ケネディ大統領は、キューバ周辺に海上封鎖を敷き、核戦争の危機が迫る中、ソ連にミサイルの撤去を求めた。危機的な状況での交渉を経てソ連は合意し、ミサイルは取り除かれた。この危機は、世界が核戦争の瀬戸際にあったが、外交的解決により回避された歴史的な出来事である。

この歴史的解決がなされた理由の一つが、ケネディ政権が多様なメンバーによる議論を続けたことにあるという。ケネディは当初空爆案という意見を持っていたが、個人の即決で政策決定をせず、ある一定の期間で多様な意見を求めたという。

このような歴史的な政治判断だけでなく、Group Think は大なり小なり日々のビジネス活動にも潜んでいる。

当社には、中国・韓国・インドネシア・イギリス・アメリカ・エチオピアなどさまざまな国籍のメンバーがいるが、彼らの素朴な疑問が自分たちの暗黙知を刺激する。

例えばこんなことがあった。

当社は月曜日に営業メンバーだけが集まる「営業会」、金曜日に全メンバーが集まる「全社会」を実施している。営業メンバーは二つの会に参加するわけだが、この会議体はまず営業会が作られ、しばらくして当時の会社の課題があって全社会が発足された。その背景を知る既存メンバーは、何の疑問も持たずに定例会に参加するわけだが、ある時新しく入社した中国籍の営業メンバーが、二つの会議体にダブっているアジェンダがあって時間が無駄だと指摘した。確かに集約できるアジェンダがあり非効率であったが、筆者をはじめ参加メンバーは言われて初めて気がついたという状況だった。このように、同質性が高すぎると

Group Thinkに陥ることがある。これを破壊するのは多様なメンバーの意見だ。

Group Thinkに陥る組織には、いくつか共通する特徴があるが、そのうちの一部が、「擬集性（連帯感や仲間意識）・同質性（同じタイプ）が高い集団で、メンバーに発言の機会を平等に与えないリーダーシップ（※筆者要約）」という内容だ。

Group Thinkが発生している組織には、いくつかの傾向があるという。ジャニスの提唱する八つの兆候（8 Symptoms of Groupthink）を基に筆者がチェックリストを作成した。「とても当てはまる→五点」「当てはまる→四点」「どちらとも言えない→三点」「当てはまらない→二点」「全く当てはまらない→一点」で、皆さんの組織をチェックしてみてほしい。

点数を合計して、以下の基準に当てはめ、「集団浅慮」という観点から自分の組織を見直してみてはいかがだろうか。

	8つの兆候 (8 Symptoms of Groupthink)	評価
1	自分たちは絶対に大丈夫だと妄想し、危険を無視しながらも過度に楽観的に考える。	
2	自分たちに対する警告に耳を貸さず、その理由を説明しない。	
3	自分たちを正当化し、倫理や道徳を無視する態度をとる。	
4	外部の集団に対して先入観や軽視を持つ。	
5	自分たちに異議を唱える対象への強い圧力をかける。	
6	反対意見や反論を押さえつける。	
7	全員が同意しているという幻想を抱く。	
8	自分たちに都合の悪い情報を遮断してしまう。	
合計		

評価：とても当てはまる（5点）　当てはまる（4点）　どちらとも言えない（3点）
当てはまらない（2点）　全く当てはまらない（1点）

危険レベル	点数	中危険度な状態
レベル1	8点	問題のない状態
レベル2	9点～16点	軽度な状態
レベル3	17点～24点	中度な状態
レベル4	25点～32点	中危険度な状態
レベル5	33点以上	危険な状態

もう一つ別の事例を出してGroup Thinkを考えてみたい。

アメリカの行動心理学実験で以下のような試みが行われた。

多様性の高い陪審員チームと同質性の高い陪審員チームに分けて模擬裁判を実施したところ、多様性の高い陪審員チームの方が誤審を招きにくいという結論が得られたという。

これぞまさにGroup Think。多様性の高いチームはお互いの背景や暗黙知が異なるため、会話を丁寧に重ねて前提を確認していく一方、同質性の高いチームは**「お互いわかっている」という思い込み**で前提確認が不十分で誤った判断をしてしまったという。

クリティカルシンキングという言葉がある。日本語では「批判的思考」と訳されるため誤解を生むことがあるが、決して欠点や粗さがしをする思考法ではなく、**「これは本当に正しいのか」という視点で物事を客観的・構造的に見る**ことにより、より正しい結論に導くための重要な思考パターンである。日本はこのクリティカルシンキングが弱いとされている。

この理由は二つある。

一つ目は日本の詰め込み教育だ。標準的な解答を覚えさせることが重視される教育制度や社会の文化が、問題解決や独自の意見形成に重点を置くクリティカルシンキングの向上を抑制している。

二つ目は、日本が同質性の高い民族であることだ。共通の歴史と文化や言語を共有し、人口の大部分が日本人であり、比較的単一の民族構成を持つ。それらから生まれ、共有された価値観や行動規範が日本社会の同質性を強調している。

この節で読者に問いたかったのは、「そもそものルールは必要なのだろうか」ということだ。「ダイバーシティ&インクルージョン（D&I）」という言葉が使われて久しいが、同質性の高い組織を多様化する価値の一つはここにある。

D&Iは、普段自分たちでは見えない問題点、時に自分たちが気づいていない魅力を知り、Group Thinkからの脱却を後押しする。

普段自分たちが当たり前のように守っているルールは、組織にとってどんな価値があるのか。よく考えたら、今は価値がなくなっているルールというのは多々あるものだ。ルールとして残すものであれば、所属する人と組織に何かしらの価値がなくてはならない。価値がない、もしくは価値が低くなっている、というルールであれば、思い切ってなくす、もしくはやり方を変えてみよう。

Group Thinkに陥らない組織を作るためには、**常に変化をしていく**ことが求められる。

自分の常識は世界の常識ではない

しかし、なかなか自分たちの前提や長年続いてきたルールを疑い、再考することは難しい、という方にお勧めの方法がある。それは旅をすることだ。自分が慣れ親しんだ環境から抜け出て異国情緒あふれる土地を訪れ、**自分自身、数的マイノリティな立場**になってみる。普段なじみのない生活慣習で日々の生活を送っている人々と接すると、自分を客観視する機会になるかと思う。第二章で触れたが、筆者は小学校六年生の時にグアムを訪れ、自分や今までの周りの人と全然違う生活環境や考え方を持っている人々がいることに衝撃を受けた。

大人になってからも同じような経験は多々あるが、印象的なのはインドネシアの最東端にある西パプア州のダニ族の村を訪れた時だ。ここはインドネシアでも特別な場所。スラットジャランという入域許可書を取らないと入ることができない。村の入口では機関銃を持った軍人たちがスラットジャランを注意深く見ていた。ギョロリとこちらを睨まれた気がして緊張感が走った。

インドネシア少数民族のダニ族はいまも独特の文化を継承し続けている。男性はいわゆる「コテカ」で陰部を隠しそれ以外は裸だ。女性も植物繊維で作った腰ミノを身にまとっただけで上半身は何も着ていない。彼らはいわゆる現存する裸族である。

ただ、我々は彼らを「裸族」と表現するが、彼らはコテカや腰ミノという衣装を身にまとっており、「服を装着している」という認識である。

ダニ族は子沢山だが、医療レベルが発展していないため短い命で人生を終える人も多いという。女性は家族を失うと指を切り落とす儀式を行う。指を切断後、出血を止め感染症を防ぐために切断部を焼く。十本しかない指以上に身内がなくなったら耳をちぎる。我々にはとても信じられない儀式だが、彼女はそうすることで愛しい者への弔いをする。

※現在この儀式はインドネシア政府により禁止されている。

もちろん筆者は彼らの言葉を話すことはできない。なんとかインドネシア語と英語とジェスチャーでコミュニケーションを取るしかないと思っていたが、ガイドにはダニ族とは「ワワワ」という言葉で意思疎通ができると言われた。

「ワワワ」

本当にこれだけで話が通じるのだろうか。会う前はとても緊張していた。

そして、いよいよダニ族と対面するときがきた。筆者と妻は緊張が解けぬまま、広い草原に連れていかれた。なんだろうと立ち尽くしていたら、何やら人の気配がした。でも腰ほどの高い草木に囲われていて、あたりを見回しても人の姿を見つけられない。ふと気が付けば横にいたはずのガイドもいなくなっていた。しばらく、気配は感じるのに人を見つけることができない時間が続いた。この間はたったの数分だったのだろうが、筆者には長い長い時間に感じられた。

その時いきなり、「キャッホーー！」という雄たけびと共に目の前に槍を持ったダニ族の男が現れ、あちこちから続々と武装した戦士が現れた。草原の真ん中あたりに立っていた見張り台らしき高い木に一人の男がスルスルとターザンのように登り、向こうの草原を睨みつけ叫び声を上げると太鼓の音が鳴り響いた。するとこんなに人がいたのかと驚くほど大量の人々が雄たけびを上げながら向こう側からも現れ、この二つの集団は全速力で筆者の前を横切りぶつかり合って戦いを始めた。

もちろんこれは本当の戦闘ではない。ダニ族が訪問客を迎え入れる祝いの儀式だ。頭ではそれはわかっているが、筋骨隆々とした戦士たちが激しく戦い合う姿に、緊張はしだいに興奮に代わっていった。

しばらくするとその闘いに決着がつき、広場には再び静寂が訪れた。筆者の目の前で深い傷を負って動けないでいた一人の男性を数人が取り囲み祈りをささげ薬草を塗ったら彼が急に立ちあがる、というダニ族の蘇生術も披露してくれた。

闘いを終えたリーダーらしき男性が、顎でついてこいと合図をした。しばらく歩くと村が見えてきた。入口の向こうには、女性や老人、子どもが整列し、歌と踊りで歓迎してくれた。

センセーショナルな出迎えが終わった後は、激しく戦った戦士も歌を歌っていた女性も普通の村人となっていた。

まだまだ緊張と興奮状態は抜けきらなかったが、思い切って彼らに「ワワワ」と話しかけてみた。歓迎してくれてありがとう！を伝えたかった。そして彼らが身に着けている装飾品を指差し、これは何？という表情をして「ワワワ」と言った。「ワワワ」と言いながらジェスチャーで説明してくれる彼らに、すごいね！という意味で「ワワワ」と伝えた。なんだが言葉が通じた気がした。

これは言語を使わない、いわゆる非言語コミュニケーションだ。非言語コミュニケーションとは、身振り手振りや姿勢、顔面の表情、視線、目の動きなどでコミュニケーションをとる方法だ。特に表情というのは人類共通のコミュニケーションの重要なツールだ。筆者の友人に「微表情」を研究している、株式会社空気を読むを科学する研究所、代表取締役の清水建二さんという方がいる。清水さんは、ＦＢＩ・ＣＩＡでも使われる「人の感情を読み解く理論・技術」の専門家で、表情・微表情分析を得意とされている。

人間には民族や国籍に関わらず、怒り・軽蔑・嫌悪・恐れ・喜び・悲しみ・驚きの七つの表情があるという。

文化や生活様式は全く異なる筆者とダニ族だが、**非言語コミュニケーションでも感謝の気持ちや興味・共感や驚きは伝えられる**と感じた。

彼らとは、それから一緒に食事の準備をし、食卓を囲んで食べ、後片付けをした。食後は子どもたちと遊んだり、弓矢を教えてもらったりした。しばらくして若い男たちに手を引っ張られて家に入ると、真っ暗な中で男たち十人くらいが円を描くように座っていた。そこに加われと言う。すると誰からともなく歌を歌いだした。その声に応えるように一人二人と加わっていってアンサンブルが始まった。彼らの程よい低音の声と心地よいリズムが、ヒーリング効果のように心地よく気持ちがリラックスした。気が付けば筆者も彼らと肩を組んで歌っていた。時間

７つの表情

喜び
(Happiness)

悲しみ
(Sadness)

嫌悪
(Disgust)

驚き
(Surprise)

軽蔑
(Contempt)

怒り
(Anger)

恐れ
(Fear)

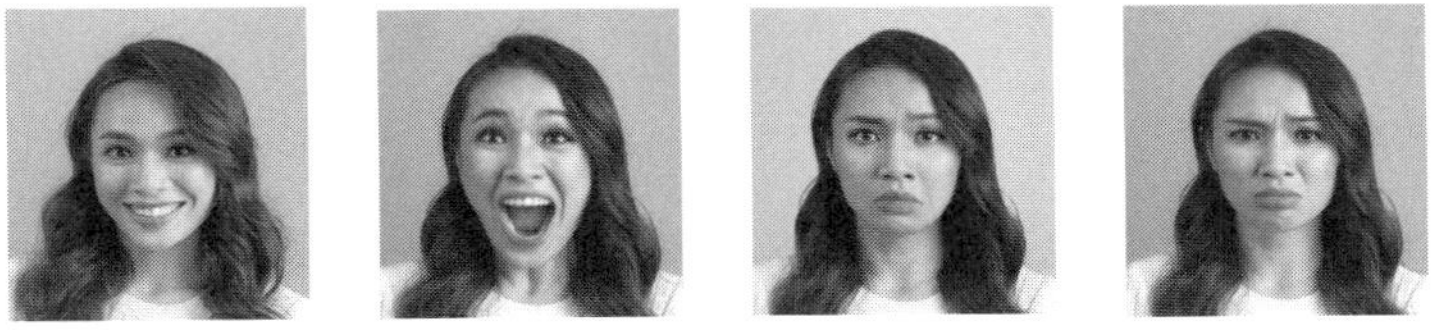

の感覚は分からないが、かなり長い時間歌っていたと思う。今思えばある種のトランス状態に入っていたのかもしれない。喉はガラガラになったが気持ちは晴れやかだった。気が付けば外は夕方でちょっと肌寒かった。働き者の人たちはせっせと夕飯の準備や掃除などをして忙しくしている様子だったが、数名の男性は焚火で体を温め冗談を言い合っていたので、そこに加わって暖を取った。しばらくすると女性が一名やってきて、男性たちに「仕事を手伝いなさい」的な表情と言葉を投げかけた。男たちは小学生のように「見つかったー」と言っているかのようにはしゃいで焚火をジャンプしたりその女性をからかうようなダンスを踊ったりして、一向に仕事を手伝おうとしなかった。いつものことなのだろう。その女性は何かを吐き捨てるように文句を言って、向こうに消えた。

最初は「ダニ族」という「塊」でしか彼らをとらえられていなかった筆者だが、彼らと時間を共にすることで、自然と彼ら彼女らの個性を見つけていた。歌がうまい人、弓がうまい人、足が速い人、皆に慕われている人、クールなイケメンやおちゃめな人気者、村のアイドルや、気遣いのうまい人、真面目な人、ふざけている人、働き者やさぼりがちな人…。いつの間にか、ダニ族という「塊」から「個」で彼ら彼女らを見ていた。

すると、百八十度違う生活習慣で過ごす「得体のしれない恐ろしい集団」から、一人ひとりの「個」に興味を持つことで、「親しみのある存在」に徐々に代わっていったのだ。

「自分は普通、自分と異なる人は普通ではない」

このように人は自己肯定をするために、自分と異なる存在をグルーピングしてラベリングするのだろう。閉ざされた空間だけに居続けると、どうもその考えが強くなってしまうのではないだろうか。

普通とは何なのか。自分の常識やルールとは何なのか。そして「自分とは何者か」。これをまた自分に問い直す強い体験であった。

改めて、Group Think から抜け出すのが難しいと考えている方には旅をお勧めする。ダニ族のような超非日常でなくても、日本国内の旅でもよい。訪れたことのない地に降り立ち、その土地の人と話し、彼らの常識に触れてみてほしい。

そこには間違いなく日々の営みがあって、彼らが大切にしている暗黙知があるのだ。

「**自分の常識は世界の常識ではない**」と気づくはずだ。

余談だが、この村を訪れたもう一つの目的は筆者なりの「子授祈願」であった。別にそれが名物になっているわけではないが、当時筆者と妻は子どもをなかなか授かることができなかった。子だくさんのダニ族の村に行けばいい縁起担ぎになるか、という程度だったが、そのことを村人に話すと、たくさんの人が集まってくれて、我々に祈りをささげてくれた。この村を訪れた十一か月後に息子は誕生した。

本章のまとめ

1．外国籍人材の二十八％が、入社後一年以内の早期離職を経験していた。

2．価値観や文化背景の異なる人物に徹底したいことを伝える時には、「モノサシ・理由・メリット」で説明をしよう。

3．自分の常識は世界の常識ではない。旅に出て数的マイノリティな立場に立ってみよう。

第四章

文化の知能指数「ＣＱ」が必要な時代

ＩＱ、ＥＱ、そして文化の知能指数ＣＱ

人が生きていく上で必要な知的能力は何だろうか。

知的能力を測る指数には、まずは皆さんご存じの、頭の知能指数「ＩＱ：Intelligence Quotient」がある。さらに昨今はＩＱだけでなく、一九八九年にアメリカのジョン・メイヤー博士が発表した心の知能指数である「ＥＱ：Emotional Quotient」も必要とされている。

ＩＱもＥＱも重要な知的指数であることは間違いないが、このグローバル化の時代にさらに必要となっている知的指数があるのではないか、という仮説に立ち、日本で働く外国籍人材とのインタビューやディスカッションを多数実施した。そのやり取りの中で、「来日してから一年目のモチベーション」を書いてもらっていたのだが、そこに大きな発見があった。

次ページの図は、いろんな国から来たいろんな人が、来日一年目の自分を思い出し紆余曲折をグラフにしてもらったもので、同じものは一つとしてないわけだが、これをずっと見つめていると、ある共通点が浮かび上がる。

それは、誰もが一年目の**早い段階で一度大きな谷間を迎え、そこから上昇する**という変化

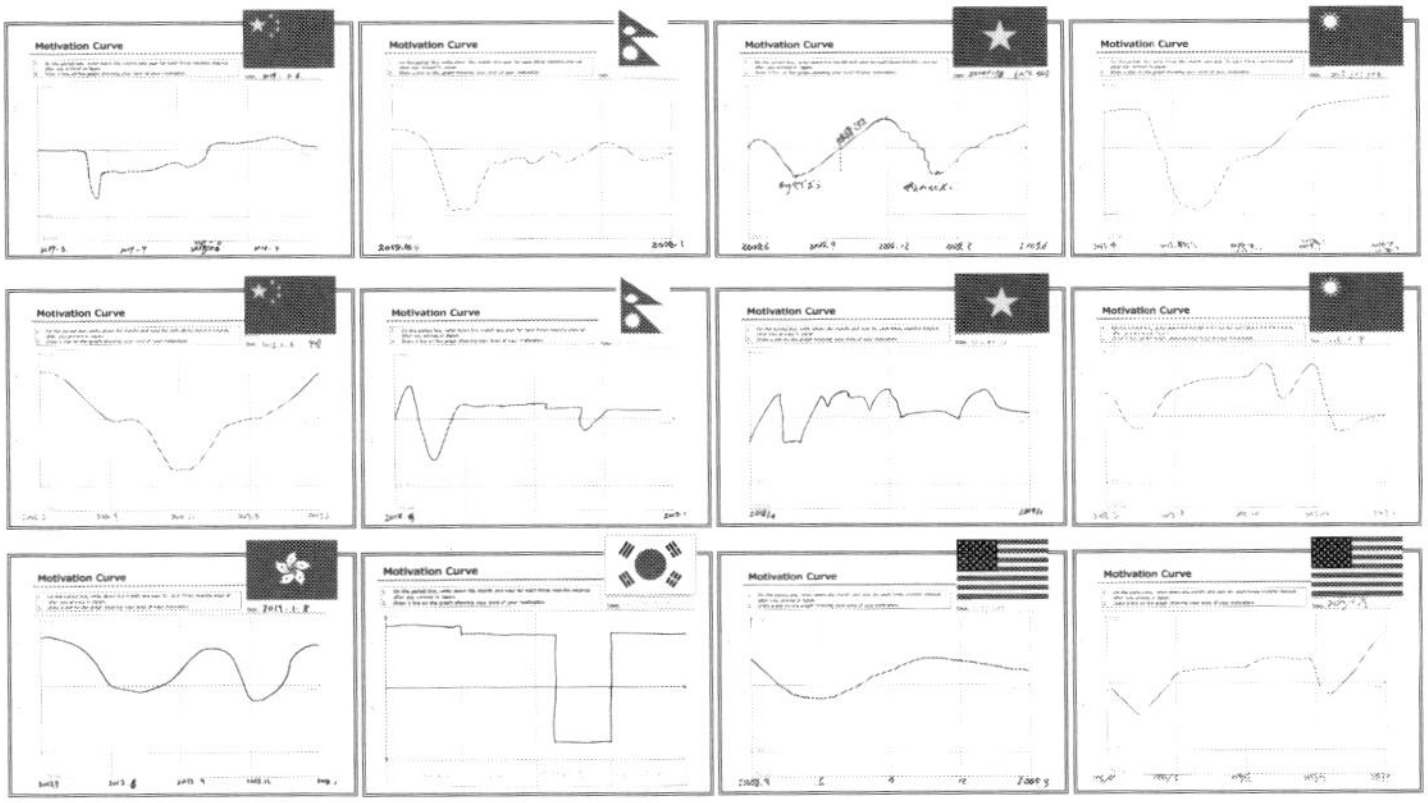

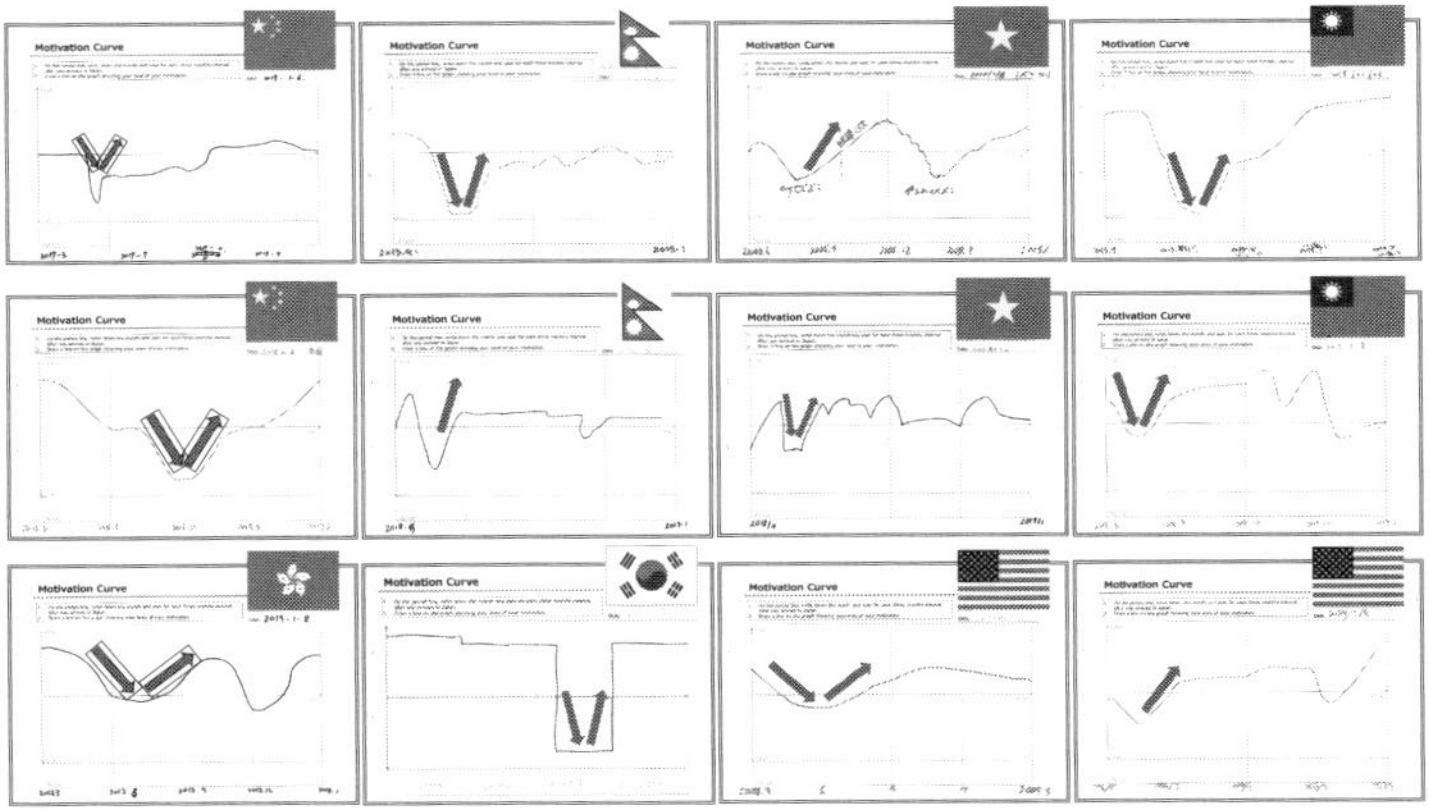

を経験していることだ。

この傾向を社会心理学の研究者、正木准教授に見せたところ、これは一九五五年ノルウェーの社会学者リスガードが提唱した「U字曲線」と呼ばれるもので、人が新しい環境に飛び込むと、四段階で心理面に変化が生じるということがわかった。

まずは「ハネムーン期」。

人は異文化に飛び込むと、環境のすべてが新しく新鮮で、異文化を楽しむ。楽しい旅行であればこの状態が終わる前に帰国する。

しかし、その環境下で生活をしていくとなると「カルチャーショック期」を迎える。初めの異文化接触時の興奮状態が収まり、徐々に現実を直視する時期だ。予想していた状態と現実が異なり失望感に変わったり、焦燥感などにもかられたりして、新しい文化と自文化の違いに葛藤する。たった数分集合時間に遅れただけで注意を受けたことに戸惑っている外国籍人材はこの時期にいる。

そこから「回復期」に向かう。カルチャーショックの落ち込みから回復して、言葉や文化、周りの環境にも慣れてきて、徐々に心に余裕が生まれてくる。

最後は「安定期」に入る。これは異文化を受け入れ、ストレスや心配ごとが少なくなり、精神的にも安定してくる時期だといえる。

このU字曲線は、異文化に飛び込んだあらゆる人が感じる心のプロセスで、我々も「人事異動」や「転職」をすると経験することではあるが、第一章で書いた通り、日本の文化は特殊であるため、来日した外国籍人材にとっては特にカルチャーショックの落差が大きい。これまた第三章で触れたとおりだが、この状態を放置しておくと悲しい結末を迎える。

では、どんな外国籍人材がこのカルチャーショック期を乗り越え、日本のカルチャーにフィットしていくのか。それを追求していった先で文化の知能指数「CQ：Cultural Intelligence Quotient」という概念に出会った。

U字曲線

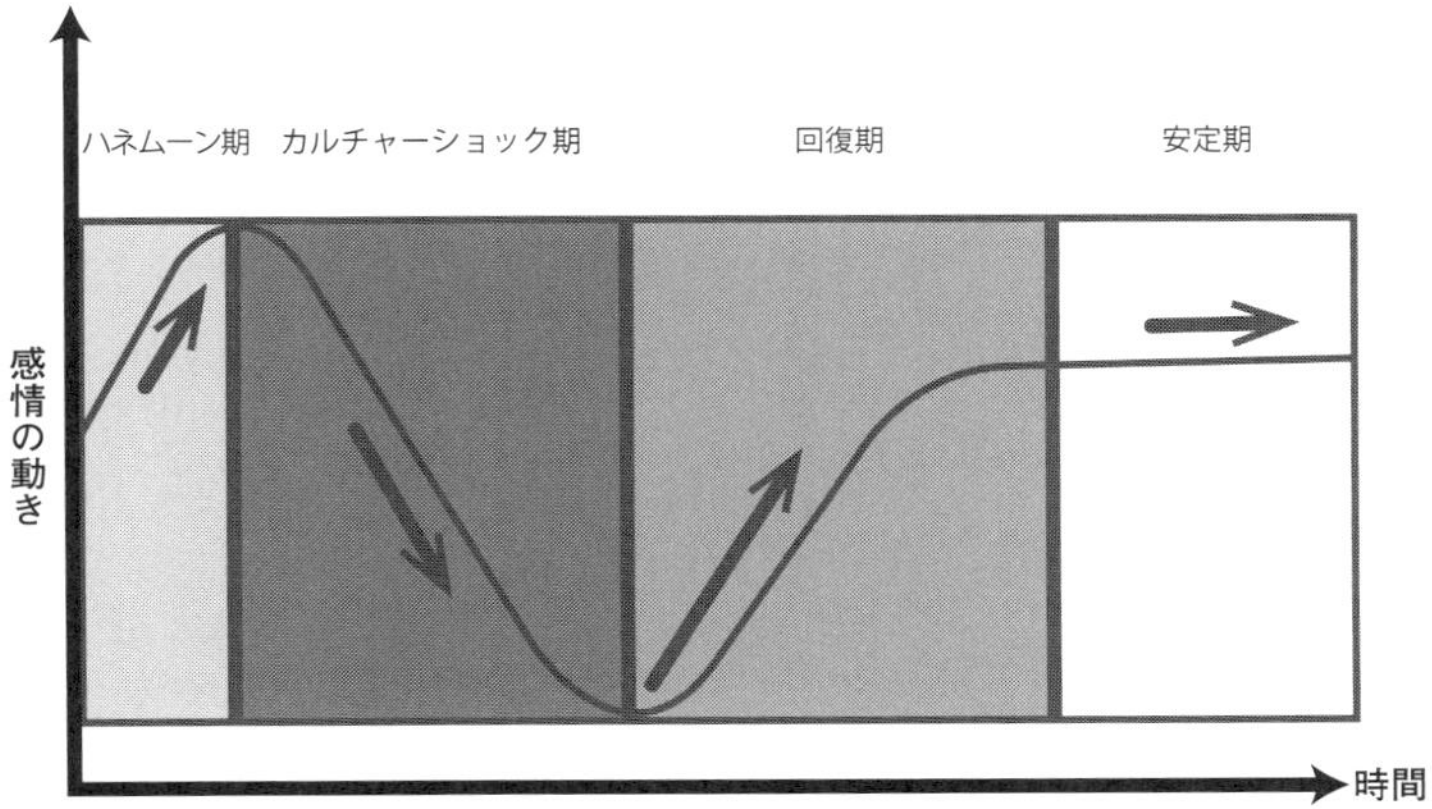

異文化に適応・受容する能力

CQは、二〇〇三年に組織行動学および組織心理学の学者であるクリストファー・アーリーとスーン・アングが**「さまざまな文化的なコンテクストにおいて、効果的に機能する能力」**と定義した。CQは以下の四つの要素から構成される。英文は研究原文であるが、日本の方々に理解されやすいように、筆者の研究チームでは要素と説明を独自に意訳している。

一．メタ認知（Emotional Cultural Intelligence）
異文化環境で自分の感情をコントロールし理解する能力

二．モチベーション（Motivational Cultural Intelligence）
異文化環境で効果的に機能するための個人のモチベーションと自信

三．行動（Behavioral Cultural Intelligence）
異文化環境で適切な言語や非言語を扱う行動

四．知識（Cognitive Cultural Intelligence）
異文化の規範・慣習・価値観を知る能力

では、CQが高ければ、先ほどのU字曲線でどこに影響するのか。勘の良い読者はお気づきだろう。それは、カルチャーショックから回復期に上昇するスピードだ。CQの能力に関わらず、皆カルチャーショックは受けるが、その後どれだけのスピードで安定期に向かうかに影響する。

分かりやすい例でいうと、小学校の時、すぐクラスになじめる転校生となかなかなじめない転校生がいなかっただろうか。すぐクラスになじめる転校生は、CQが高いといえる。

これは、第三章に書いた通りだが、モチベーションダウンから持ち直すことができる外国籍人材は、一様に「**自身の適応努力**」をしている。つまりCQの高さが影響しているのである。

CQとは

Cultural Intelligence Quotient 「異文化に適応する能力」(Earley & Ang, 2003)

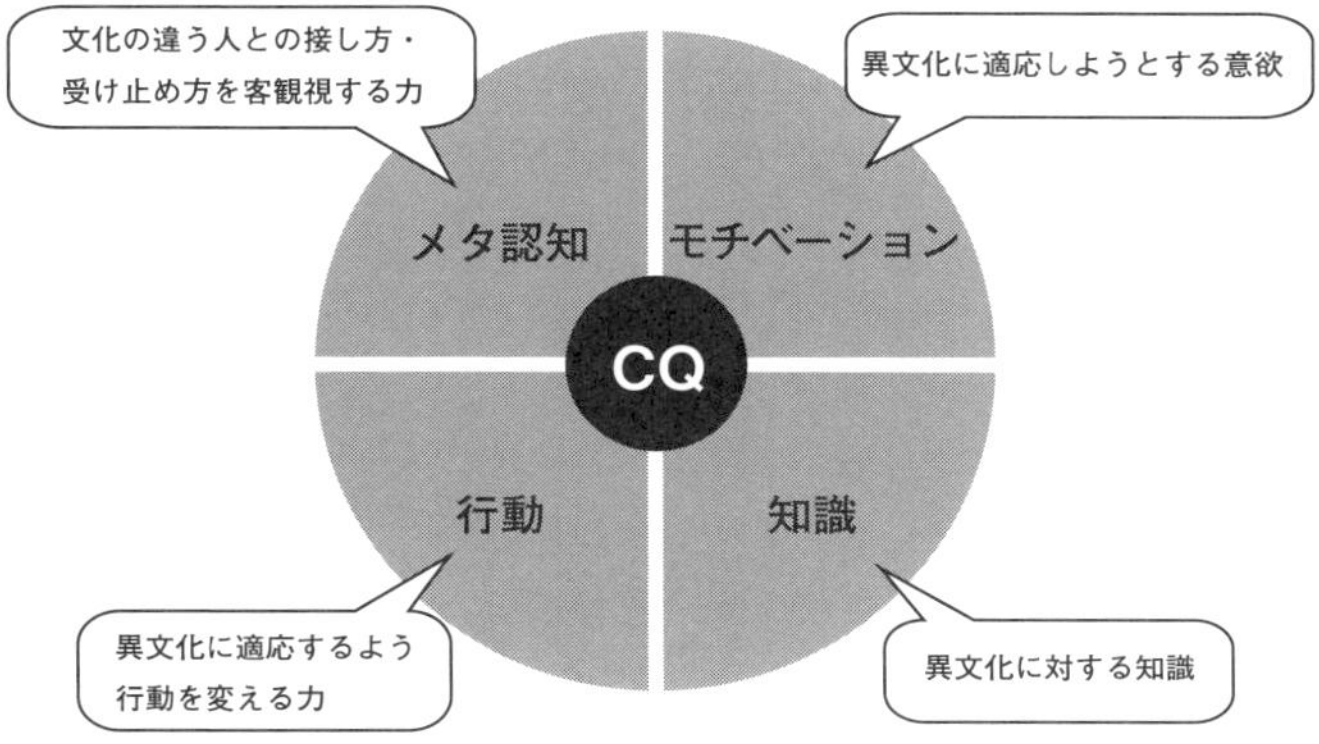

この**ＣＱこそ、グローバル時代に重要な能力であると**筆者は考えている。もし貴社が外国籍人材を採用しよう、というのであれば、このＣＱの観点から人材を見極めることをお勧めしたい。

しかし、ＣＱさえ高ければ人材が定着するのか、というとそうは言い切れない。研究の中で見えてきたのは、「組織との相性」が欠かせないということだ。

これは想像に難くないであろうが、例えば日本人でも大企業に向いている人、スタートアップ企業に向いている人がいる。大企業に向いている人材は安定感やピラミッド型組織への所属を求める傾向があるが、スタートアップに向いている人材は、それよりもスピード感やチャレ

U字曲線

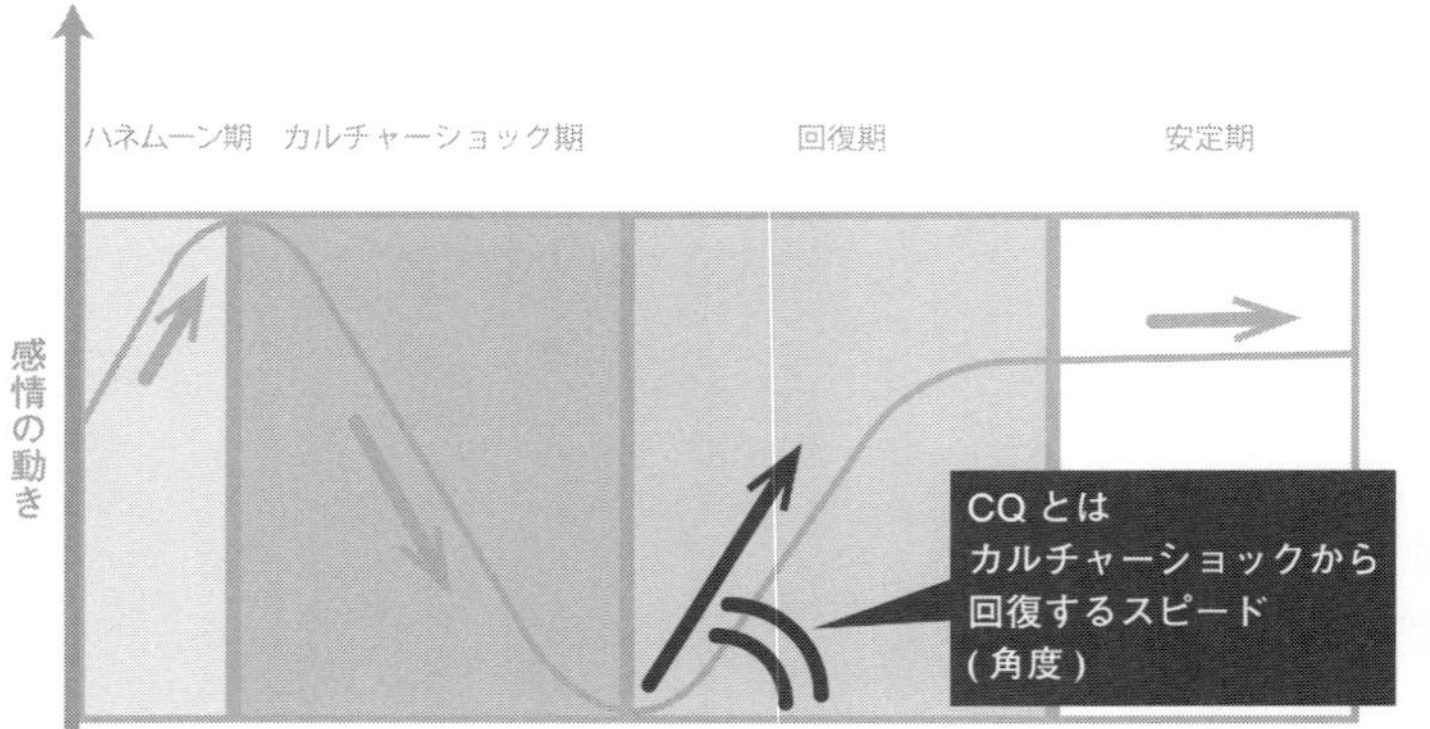

ンジ精神を刺激されることを求める傾向がある。

先述の通り、トヨタとホンダでも企業文化や暗黙知が異なり、それぞれの組織に合う人・合わない人があるはずだ。つまり、決して金太郎飴のように全く同じタイプの人材がいいということではない。よく言われるが採用・就職活動は「お見合い」と同じであり、それぞれの会社が大事にするポリシーや企業風土に合うかどうか、会社も人もそれぞれが見極めるべきなのである。

外国籍人材を採用するときに気を付けるべきポイントは何か、という質問をよく受けるが、筆者は**「CQが高い人」**と**「カルチャーに合う人」を見極めるべき**、というアドバイスを心掛けている。

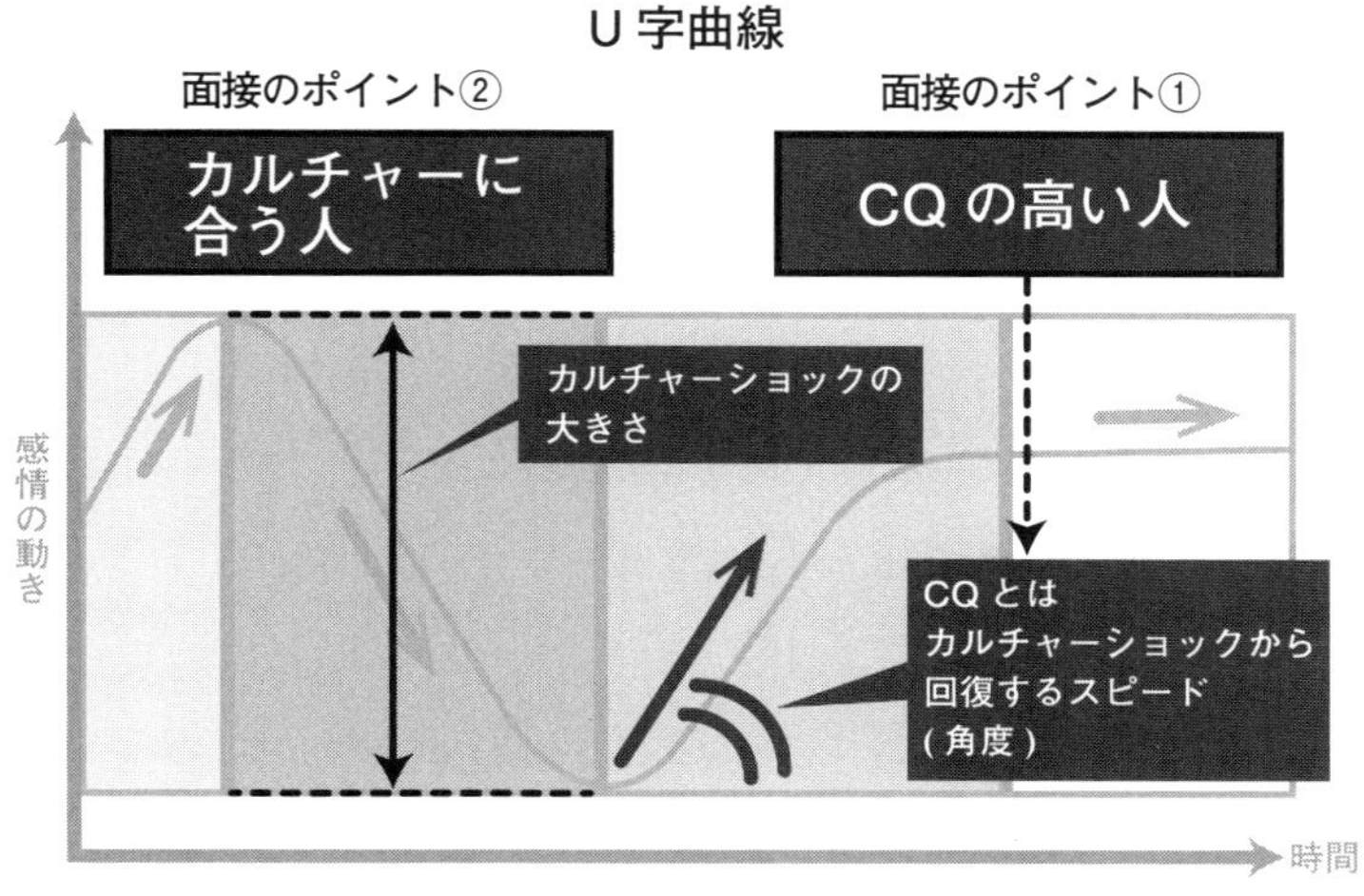

外国籍人材の適応力を測る、世界唯一の検査ＣＱＩ

二〇一七年、筆者は大学の先生方と前述の二つ「ＣＱが高い人」「カルチャーに合う人」を選ぶことが外国籍人材採用の重要なポイントであることを発見したが、これをどう見極めるのかには大変苦労した。

当初は、この二つを面接の会話を通じて見極めるために、面接のコンサルティングや研修を行おうとした。いわゆる「コンピテンシー面接※」で、会話を通じて応募者の行動特性を見極める手法だがこれはうまくいかなかった。異なる言語や異なるバックグラウンドの応募者と深い話をするというのが大変困難だったのだ。そこで、簡単な質問でこれを見極められないか、ということで適性検査の開発を始めた。

※コンピテンシー面接とは、成果を生み出す行動特性を評価する面接方法で、応募者が何を考えどう行動するのかをもとに、能力や適性を判断する手法。

二〇二〇年一月に完成したのがＣＱＩ「Cultural Intelligence Quotient Inventory：グローバル採用適性検査」だ。測定項目をピックアップしてご説明しよう。

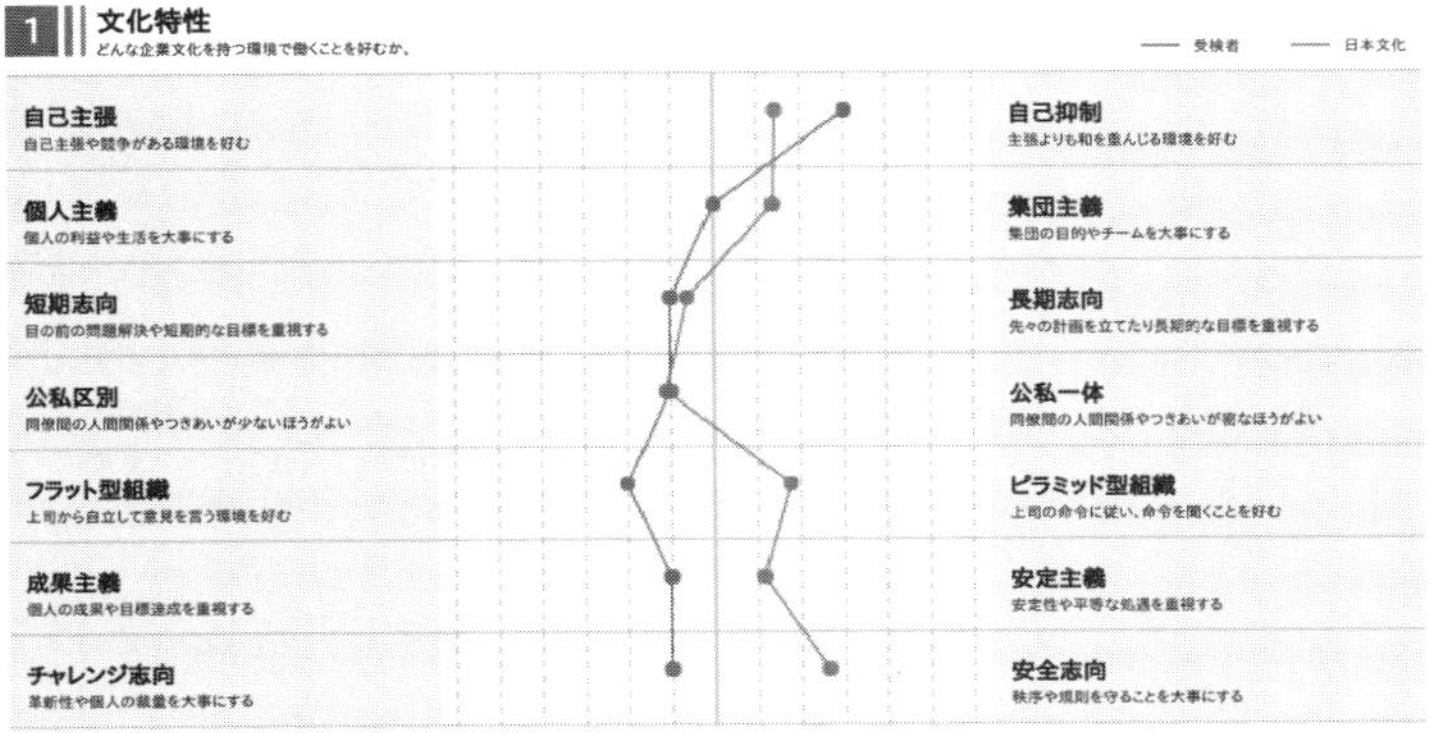

●文化特性

まず一つ目は「文化特性」。これは日本企業にカルチャーフィットするかどうか、という点だが、世界中の研究者が発表しているさまざまな文化研究に関する文献と、我々が独自に行ったさまざまな企業インタビューを通じて、多くの日本企業が重要視する七つの文化特性を設定した。これは受検者がどんな文化的志向性を持っているかを測定する。

例えば、受検者は自己主張する職場環境を好むのか、自己抑制する職場環境を好むのか。自己主張する職場環境を好む結果の場合、自由に発言できる環境の方が受検者にはフィットしやすい。これは正解があるわけではなくあくまで受検者と会社の相性である。会社の文化基準に近い項目ほどフィットしやすいと予測される。

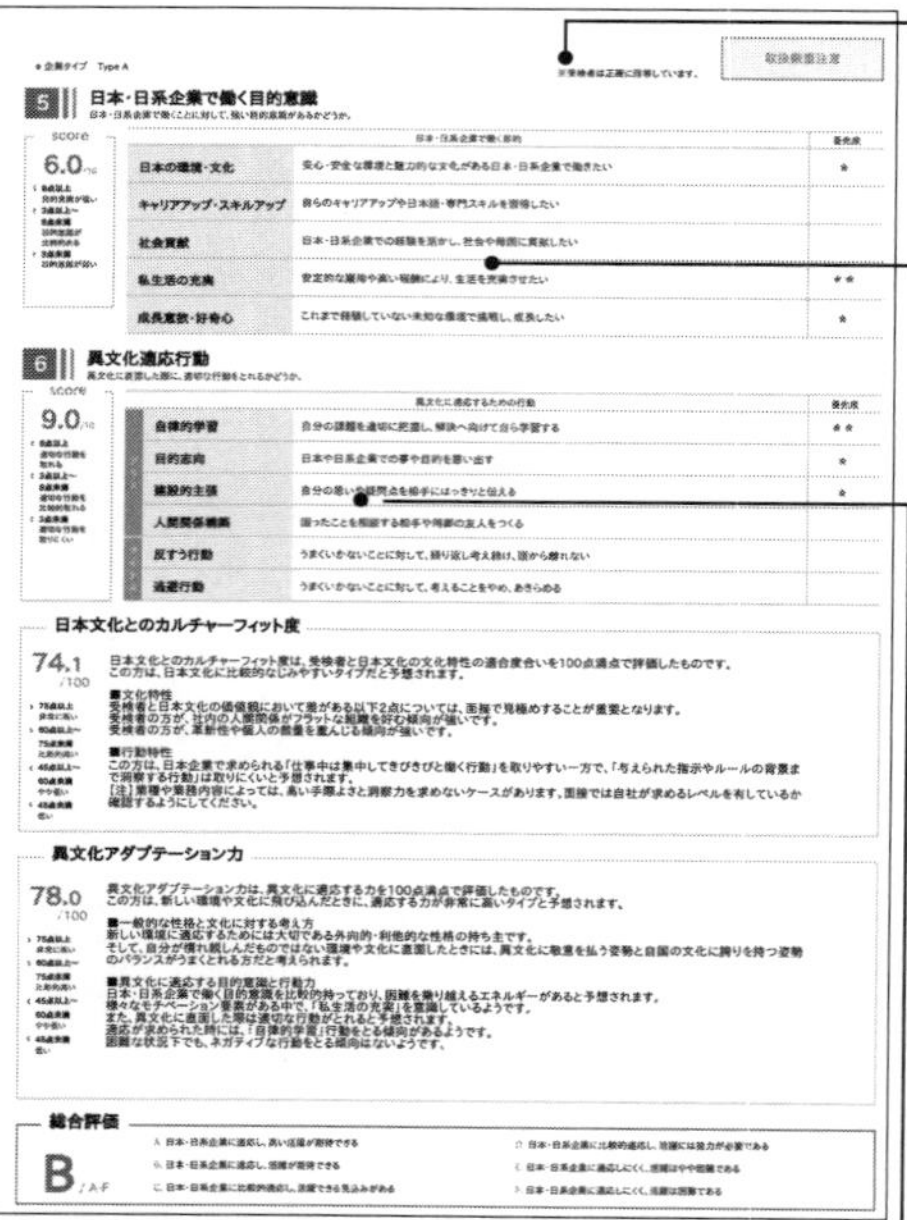
5 日本・日系企業で働く目的意識

score 6.0/10

日本・日系企業で働く目的		優先度
日本の環境・文化	安心・安全な環境と魅力的な文化がある日本・日系企業で働きたい	★
キャリアアップ・スキルアップ	自らのキャリアアップや日本語・専門スキルを習得したい	
社会貢献	日本・日系企業での経験を活かし、社会や母国に貢献したい	
私生活の充実	安定的な雇用や高い報酬により、生活を充実させたい	★★
成長意欲・好奇心	これまで経験していない未知な環境で挑戦し、成長したい	★

6 異文化適応行動

score 9.0/10

異文化に適応するための行動		優先度
自律的学習	自分の課題を適切に把握し、解決へ向けて自ら学習する	★★
目的志向	日本や日系企業での夢や目的を思い出す	★
建設的主張	自分の思いや疑問点を相手にはっきりと伝える	★
人間関係構築	困ったことを相談する相手や同郷の友人をつくる	
反すう行動	うまくいかないことに対して、繰り返し考え続け、頭から離れない	
逃避行動	うまくいかないことに対して、考えることをやめ、あきらめる	

日本文化とのカルチャーフィット度

74.1/100

日本文化とのカルチャーフィット度は、受検者と日本文化の文化特性の適合度合いを100点満点で評価したものです。

この方は、日本文化に比較的なじみやすいタイプだと予想されます。

■文化特性
受検者と日本文化の価値観において差がある以下2点については、面接で見極めることが重要となります。

受検者の方が、社内の人間関係がフラットな組織を好む傾向が強いです。

受検者の方が、革新性や個人の裁量を重んじる傾向が強いです。

■行動特性
この方は、日本企業で求められる「仕事中は集中してきびきびと働く行動」を取りやすい一方で、「与えられた指示やルールの背景まで洞察する行動」は取りにくいと予想されます。
[注] 業種や業務内容によっては、高い手際よさと洞察力を求めないケースがあります。面接では自社が求めるレベルを有しているか確認するようにしてください。

異文化アダプテーション力

78.0/100

異文化アダプテーション力は、異文化に適応する力を100点満点で評価したものです。

この方は、新しい環境や文化に飛び込んだときに、適応する力が非常に高いタイプと予想されます。

■一般的な性格と文化に対する考え方
新しい環境に適応するためには大切である外向的・利他的な性格の持ち主です。

そして、自分が慣れ親しんだものではない環境や文化に直面したときには、異文化に敬意を払う姿勢と自国の文化に誇りを持つ姿勢のバランスがうまくとれる方だと考えられます。

■異文化に適応する目的意識と行動力
日本・日系企業で働く目的意識を比較的持っており、困難を乗り越えるエネルギーがあると予想されます。

様々なモチベーション要素がある中で、「私生活の充実」を意識しているようです。

また、異文化に直面した際は適切な行動がとれると予想されます。

適応が求められた時には、「自律的学習」行動をとる傾向があるようです。

困難な状況下でも、ネガティブな行動をとる傾向はないようです。

総合評価

B /A-F

【回答の正確性】

■受検者が読み飛ばしをしていないか、自分をよく見せる傾向があるかどうかを示しています。

【5. 日本・日系企業で働く目的意識】

■日本・日系企業で働くことに対して、どの程度目的意識を有しているかを測定しています。

■スコアは 10 点満点で表示されています。

■スコアが高いほど、日本・日系企業で働く目的意識が強いことが予想されます。

■日本・日系企業で働く目的として、優先度が高い項目に★マークが表示されます。
（★は最大 4 つ表示）

■優先度が高い項目を深堀りすることで、受検者の働く目的をより把握することができます。

【6. 異文化適応行動】

■異文化に直面した際に、適応するための適切な行動をどの程度とれるかを測定しています。

■スコアは 10 点満点で表示されています。

■スコアが高いほど、異文化に適応しやすいと予測されます。

■受検者が取る異文化適応行動として、優先度が高い項目に★マークが表示されます。
（★は最大 4 つ表示）

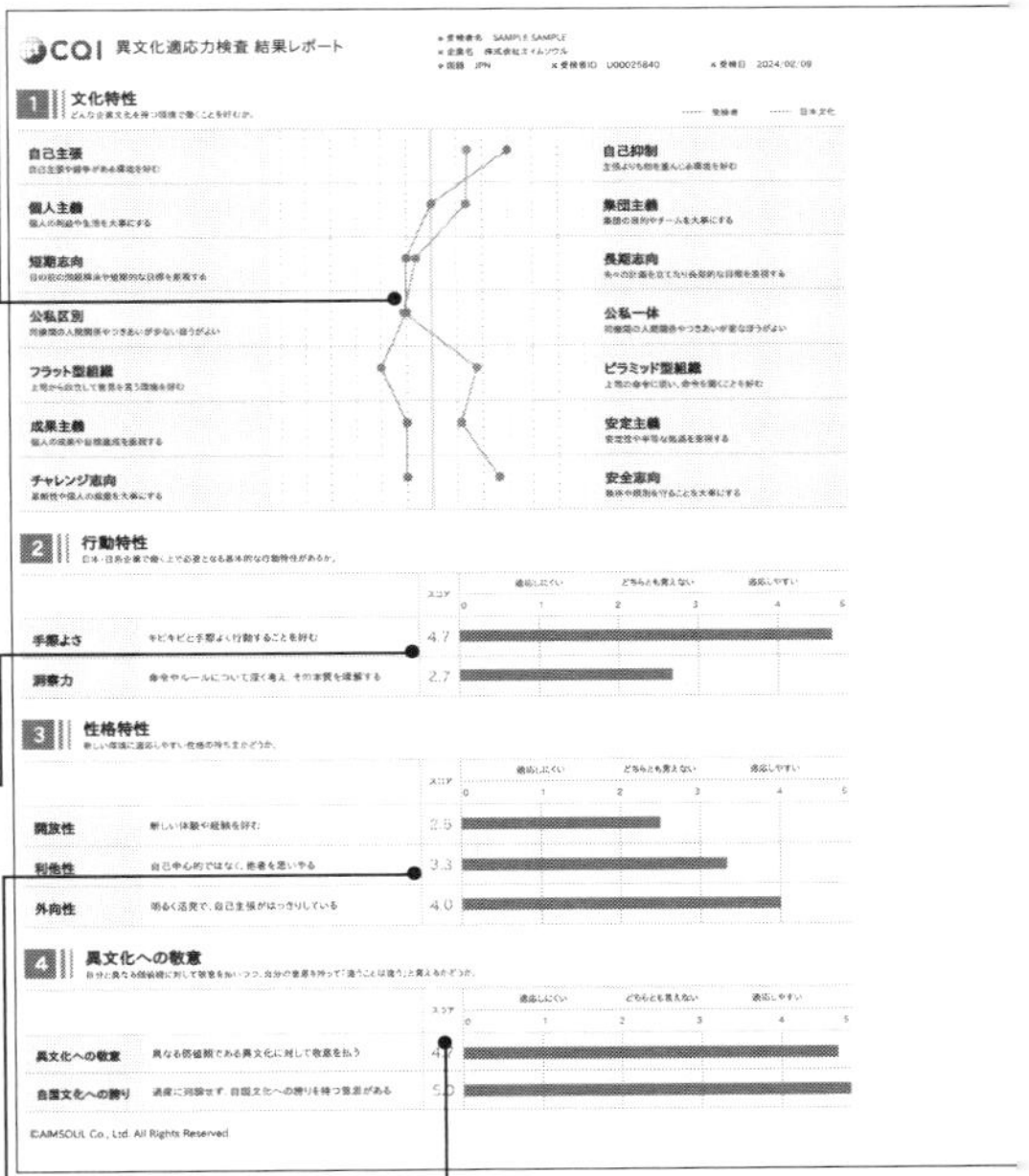

【1. 文化特性】

- 受検者が好む文化的志向性を測定しています。
- 真ん中を対比する価値観の中央値とし、どちらの傾向が強いか示しています。
- 貴社と近い企業タイプの文化特性と、受検者の文化特性とを折れ線グラフで示しています。
- 貴社基準のグラフの線に近い項目ほど、貴社文化とフィットしやすいと予想されます。
- 相対的な志向性を測定したものであり、人材としての優秀さとは関係がありません。

【2. 行動特性】

- 日本・日系企業で求められる基本的行動特性をどの程度有しているかを測定しています。
- スコアは５点満点で表示されています。
- スコアが高いほど、日本・日系企業の仕事の仕方に適応しやすいと予想されます。
- この行動特性は後天的なものであり、入社後の訓練次第で改善が見込まれます。

【3. 性格特性】

- 異文化環境に適応しやすい性格をどの程度有しているかを測定しています。
- スコアは５点満点で表示されています。
- スコアが高いほど、新しい環境や職場に適応しやすいと予想されます。
- この３つの性格は先天的なものであり、変わりにくいものと言われています。

【4. 異文化への敬意】

- 自国文化への誇りと日本文化への敬意をどの程度有しているかを測定しています。
- スコアは５点満点で表示されています。
- スコアが高いほど、異文化環境に適応しやすいと予想されます。

文化特性

◆因子の定義

文化特性は受検者が好む文化的志向性（価値観）を測定したものです。

◆因子の説明

文化特性は以下の因子と定義しています。

1. 調和に対する志向性	自己主張	自己主張や競争がある環境を好む
	自己抑制	主張よりも和を重んじる環境を好む
2. 帰属に対する志向性	個人主義	個人の利益や生活を大事にする
	集団主義	集団の目的やチームを大事にする
3. 目標に対する志向性	短期志向	目の前の課題解決や短期的な目標を重視する
	長期志向	先々の計画を立てたり長期的な目標を重視する
4. 人間関係に対する志向性	公私区別	同僚間の人間関係やつきあいが少ない方がよい
	公私一体	同僚間の人間関係やつきあいが密な方がよい
5. 権限に対する志向性	フラット型組織	上司から自立して意見を言う環境を好む
	ピラミッド型組織	上司の命令に従い命令を聞くことを好む
6. 処遇に対する志向性	成果主義	個人の成果や目標達成を重視する
	安定主義	安定性や平等な処遇を重視する
7. リスクに対する志向性	チャレンジ志向	革新性や個人の裁量を大事にする
	安定志向	秩序や規則を守ることを大事にする

行動特性

◆因子の定義

行動特性は日本・日系企業で働く上で必要となる基本的な行動の特性があるかを測定したものです。

◆因子の説明

行動特性は以下の因子と定義しています。

手際よさ	「指示を受けたらすぐにとりかかる」「メリハリをつけて働く」「問い合わせにすぐ返事をする」など、状況に応じてキビキビと素早く行動する力
洞察力	「上司からの指示の背景を考える」「常に仕事の目的を意識する」「相手の発言の真意を考える」など、本質を理解しようとする力

性格特性

◆因子の定義

性格特性は新しい環境に適応しやすい性格かどうかを測定したものです。一般的には先天的なパーソナリティーであり、変わりにくいものと言われています。

◆因子の説明

性格特性は以下の因子と定義しています。

開放性	異文化での新しい体験や経験を積極的に受け入れることができる
利他性	自己の考え方・視点中心ではなく、他者目線で物事を考え行動できる
外向性	新しい環境でも、明るく誰とでもコミュニケーションをとれる

異文化への敬意

◆因子の定義
自分と異なる価値観に対して敬意を払いつつ、自分の意思を持って、「違うことは違う」と言えるかどうかを測定しています。

◆因子の説明
異文化への敬意は以下の因子と定義しています。

日本文化への敬意	異なる価値観である日本文化に対して敬意を払うことができる
自国文化への誇り	過度に同調せず、自国文化への誇りを持つ意思がある

日本・日系企業で働く目的意識

◆因子の定義
日本・日系企業で働くことに対して、どの程度目的意識を有しているかを測定しています。加えて、日本・日系企業で働くにあたり、どのようなことにモチベーションを持っているかを測っています。

◆因子の説明
日本・日系企業で働く目的は以下の因子と定義しています。

日本の環境・文化	安心・安全な環境と魅力的な文化がある日本・日系企業で働きたい
キャリアアップ スキルアップ	自らのキャリアアップや日本語・専門スキルを習得したい
社会貢献	日本・日系企業での経験を活かし、社会や母国に貢献したい
私生活の充実	安定的な雇用や高い報酬により、生活を充実させたい
成長意欲・好奇心	これまで経験していない未知な環境で挑戦し、成長したい

異文化適応行動

◆因子の定義

異文化に直面した際に、適応行動を取れるかを測定しているものです。加えて、具体的にどのような行動を取りやすいかを測っています。

◆因子の説明

異文化に適応するための行動は以下の因子と定義しています。

自律的学習	自分の課題を適切に把握し、解決へ向けて自ら学習する
目的志向	日本や日系企業での夢や目的を思い出す
建設的主張	自分の思いや疑問点を相手にはっきりと伝える
人間関係構築	困ったことを相談する相手や同郷の友人をつくる
反すう行動	うまくいかないことに対して、繰り返し考え続け、頭から離れない
逃避行動	うまくいかないことに対して、考えることをやめ、あきらめる

□ ＝異文化適応行動としてプラスとなる行動です。

■ ＝異文化適応行動としてマイナスとなる行動です。

※第五章の各国ランキングでは、１位・２位などの上位は、マイナス行動をとらないという意味です。

回答の正確性

◆因子の定義

適性検査に正確に回答しているかどうかを判定しているものです。

◆因子の説明

以下の２種類の質問で正確性を確認しています。

読み飛ばし傾向	受検意思や集中力の欠如を測る
良く見せる傾向	虚栄心の強さや異常な自己評価の高さを測る

※第五章の各国ランキングでは、１位・２位などの上位は、マイナス行動をとらないという意味です。

2 行動特性

日本・日系企業で働く上で必要となる基本的な行動特性があるか。

		スコア	適応しにくい / どちらとも言えない / 適応しやすい (0 1 2 3 4 5)
手際よさ	キビキビと手際よく行動することを好む	4.7	
洞察力	命令やルールについて深く考え、その本質を理解する	2.7	

3 性格特性

新しい環境に適応しやすい性格の持ち主かどうか。

		スコア	適応しにくい / どちらとも言えない / 適応しやすい (0 1 2 3 4 5)
開放性	新しい体験や経験を好む	2.5	
利他性	自己中心的ではなく、他者を思いやる	3.3	
外向性	明るく活発で、自己主張がはっきりしている	4.0	

●行動特性

二つ目が、「行動特性」だ。「手際のよさ（キビキビと手際よく行動することを好む）」と「洞察力（命令やルールについて深く考え、その本質を理解する）」という二つの要素で構成され、この項目は基本的にスコアが高いほど、日本・日系企業の仕事の仕方に適応しやすいと予測される。ただ、この特性は後天的なものであり、入社後の訓練次第で改善が見込まれる。

●性格特性

三つ目の測定項目は「性格特性」だ。

人間には生まれ持った「ビッグファイブ」と呼ばれる性格があるという。開放性・外向性・誠実性・協調性・神経症的傾向と定義され、この性格は後天的には変化しにくいといわれる。研究の結果、開放性（新しい体験や経験を好む）と外向性（明るく活発で、自己主張がはっきりしている）の二つが、CQにおいて重要な性格であることが分かった。それに加えて、協調性の一部分である利他性（自己中心的ではなく、他者を思いやる）も大きな影響を与えることがわかり、CQIの性格特性では開放性・利他性・外向性の三つを測ることとした。繰り返しになるが、この三つは生まれ持った性格であるため後天的には変化しにくいが、能力でカバーすることができる。例えば外向性が低く内向性の強い性格である人も、コミュニケーションスキルやプレゼンスキルを上げることで人と話をしたり、人前で自分の考えを伝えることが苦にならず、できるようになるだろう。

●異文化への敬意

四つ目は「異文化への敬意」だ。まずは日本文化への敬意を払えるかどうか。日本では「郷に入っては郷に従え」といい、ヨーロッパでは古くから「When in Rome, do as the Romans do.（ローマに入ったらローマ人のように振る舞え）」という。外国籍人材にとって異文化で感じることは多々あるが、頭から否定せずにリスペクトし受け入れることができるかということだ。

一方、ディズニー長編アニメーション映画『アナと雪の女王』では「ありのままで」というフレーズが一世を風靡《ふうび》した。原文では「Let It Go」だ。これは、自分や自国文化への誇りを持ち、周りの環境に流されず自分のアイデンティティを持ち続けることが重要だというメッセージだ。

この二つは相反するようにも感じるが、両方を高いレベルで持つことがポイントである。学術的には、Berryの二次元モデルが理解を深める上で役に立つ。異文化に飛び込んだときに、今までの環境・経験値にしがみついているとSeparationといって新しい環境と分離してしまう。一方、新しい環境や習慣に無理に馴染もうとするとAssimilationといって同化してしまい、せっかく持っているバックグラウンド・利点を生かせない。最も自分の存在を効果的に発揮できるのは双方の文化を統合し、Integrationすることである。この二つの視点から自分自身を省みるには、CQの重要な要素の一つ、「メタ認知」を高めることが大切である。

●日本・日系企業で働く目的意識

五つ目は「日本・日系企業で働く目的意識」だ。外国籍人材は母国から遠く離れた日本に来るわけだが、母国のようにうまくいかないことや寂しい思いをしたときには当然気持ちが下がる。そのときに「頑張ろう」と思

4 異文化への敬意

自分と異なる価値観に対して敬意を払いつつ、自分の意思を持って「違うことは違う」と言えるかどうか。

		スコア
異文化への敬意	異なる価値観である異文化に対して敬意を払う	4.7
自国文化への誇り	過度に同調せず、自国文化への誇りを持つ意思がある	5.0

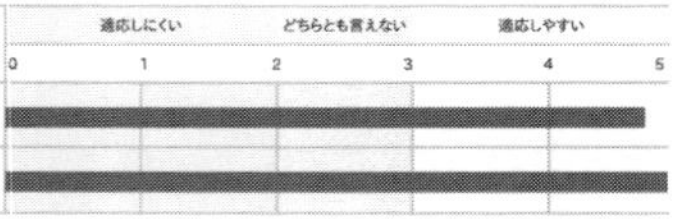

うエンジンの一つが目標や夢で、ここではCQの一つの重要な要素である「モチベーション」を測っている。

大変なことがあっても「この目的を果たすために日本に来たんだ」という気持ちがよみがえればまた頑張れるだろう。ただ、人によって目標や夢は異なるため、その外国籍人材が何をモチベーションに頑張れる人なのかを可視化している。

●異文化適応行動

最後の六つ目が「異文化適応行動」だ。これは、外国籍人材が今までの慣習や育った環境では接したことのない局面に立ったときに、どういう行動をとるかを測っている。

この「行動」には、ポジティブな行動とネ

Berryの2次元モデル

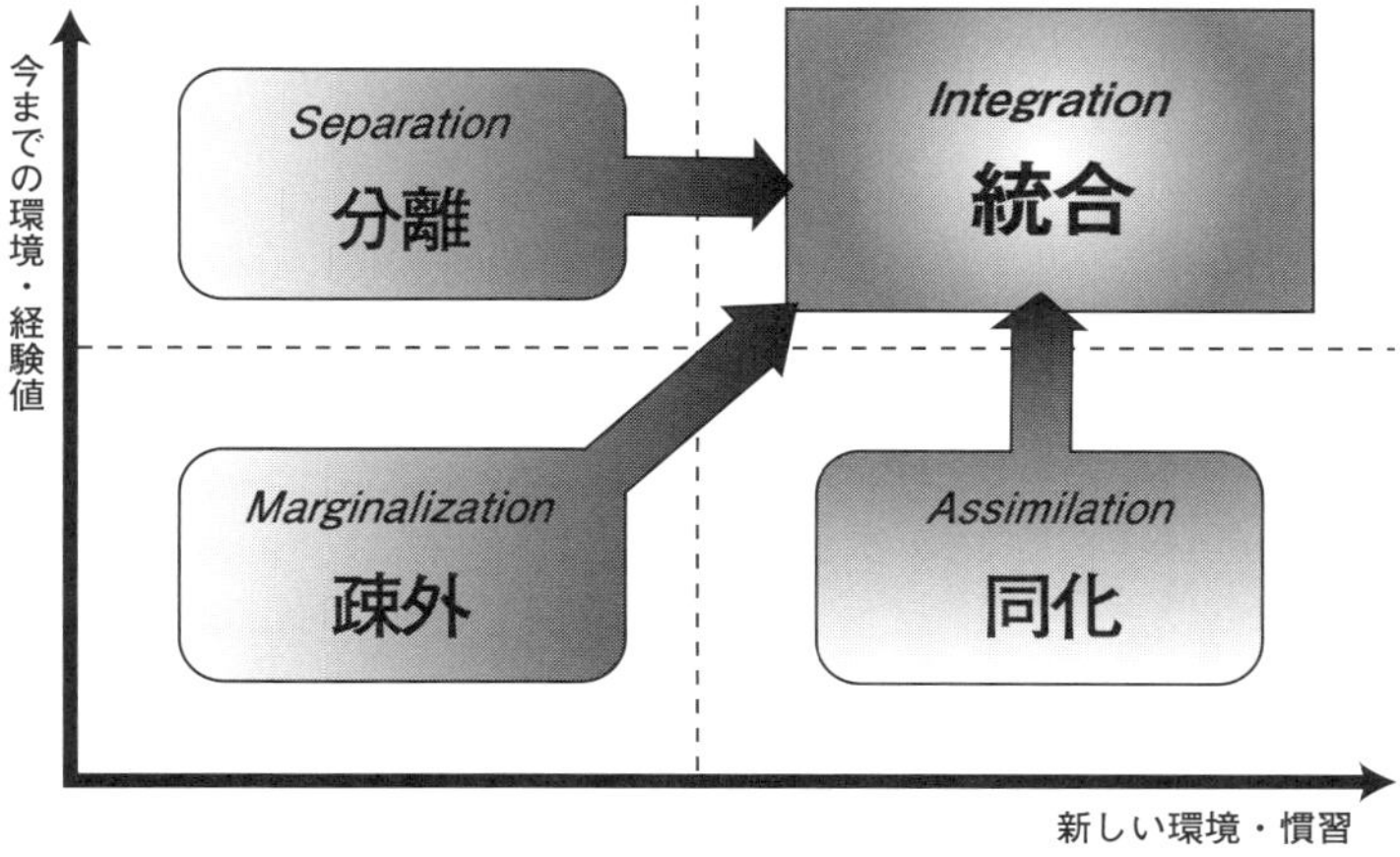

5 日本・日系企業で働く目的意識

日本・日系企業で働くことに対して、強い目的意識があるかどうか。

score
6.0/10

- 8点以上 目的意識が強い
- 3点以上～8点未満 目的意識が比較的ある
- 3点未満 目的意識が弱い

日本・日系企業で働く目的		優先度
日本の環境・文化	安心・安全な環境と魅力的な文化がある日本・日系企業で働きたい	★
キャリアアップ・スキルアップ	自らのキャリアアップや日本語・専門スキルを習得したい	
社会貢献	日本・日系企業での経験を活かし、社会や母国に貢献したい	
私生活の充実	安定的な雇用や高い報酬により、生活を充実させたい	★★
成長意欲・好奇心	これまで経験していない未知な環境で挑戦し、成長したい	★

6 異文化適応行動

異文化に直面した際に、適切な行動をとれるかどうか。

score
9.0/10

- 8点以上 適切な行動を取れる
- 3点以上～8点未満 適切な行動を比較的取れる
- 3点未満 適切な行動を取りにくい

	異文化に適応するための行動		優先度
プラス	自律的学習	自分の課題を適切に把握し、解決へ向けて自ら学習する	★★
プラス	目的志向	日本や日系企業での夢や目的を思い出す	★
プラス	建設的主張	自分の思いや疑問点を相手にはっきりと伝える	★
プラス	人間関係構築	困ったことを相談する相手や同郷の友人をつくる	
マイナス	反すう行動	うまくいかないことに対して、繰り返し考え続け、頭から離れない	
マイナス	逃避行動	うまくいかないことに対して、考えることをやめ、あきらめる	

ガティブな行動がある。まずポジティブな行動は、自律的学習・目的志向・建設的主張・人間関係構築の四つに分けられる。ここに特徴が出る人物は、何かしらの壁があってもプラスに乗り越えることができるであろう。

一方、マイナスに働く行動もあって、それが反すう行動と逃避行動だ。読んで字のごとくだが、この二つに特徴の出る人物は、異文化に接したときにネガティブな行動をとってしまうので要注意だ。しかし、ここに特徴が出ていたとしても、自分がそういう行動をとってしまうかもしれないと認識すると、悪い状態を回避できる可能性が高くなる。ポジティブな部分もネガティブな部分も、自分を客観的に理解するというのがＣＱにおいては重要なのである。

検査はスマホやパソコンなどで、オンラインでの受検が可能となっている。二〇二四年現在十二言語で受検可能で、特許（第六八八六五三九号）取得済みである。また、嬉しいことに経産省・厚労省後援のさまざまなアワードで評価いただいた。

受検した外国籍人材の国籍は二〇二四年二月現時点で、百十二の国と地域を超え、国連加盟国の過半数以上の国・地域の方に受検いただいている。また、利用企業も幅広い業界にわたっており、集まったビッグデータで各国の特徴や、業界ごと・職種ごとの特徴な

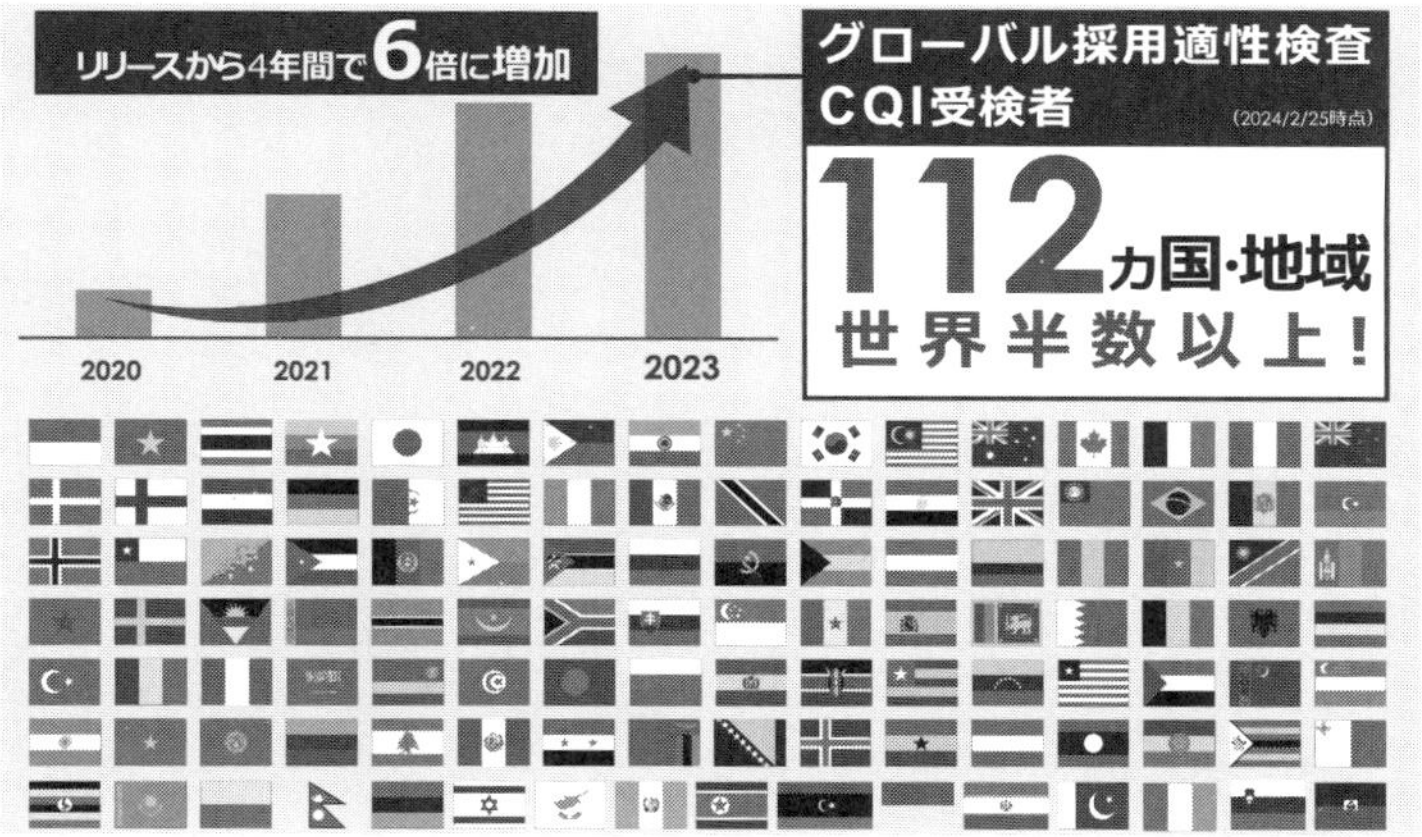

経済産業省後援「第５回 HR テクノロジー大賞」採用サービス部門優秀賞受賞
厚生労働省　経済産業省後援「ＨＲアワード 2020」プロフェッショナル部門入賞
厚生労働省後援「第 10 回日本 HR チャレンジ大賞」人材サービス優秀賞受賞

どが見えてきている。企業単位では、ＣＱＩの結果と入社後の評価で分析を繰り返し、自社にとってどういう人材が定着しやすいのかを科学的に解明している。使えば使うほど数字の精度が上がっていくため、採用時のミスマッチがどんどん少なくなっている。

ご興味のある方は、ＱＲコードからトライアルを受検いただければと思う。

※個人の申し込みは不可

ＣＱＩ活用事例

ＣＱＩは外国籍人材を採用する企業をはじめ、人材紹介会社・人材派遣会社や、外国人技能実習生の受け入れ協同組合、特定技能の登録支援機関、はたまた海外の送り出し機関や、国内外の日本語学校などさまざまな企業様にご活用いただいている。外国籍人材の在留資格も多種多様、業界・職種や企業規模もさまざまであるため、「外国籍人材と企業のマッチングを測りたい」という想いは、どんな会社も共通なのだと思われる。
そんな多様な使い方をしていただいているCQIだが、どんな活用事例があるのか三つ紹介したい。

①CQIを活用した人材派遣会社が内定辞退率を半減させた

人材派遣会社A社は、世界五十か国以上から優秀なエンジニアを採用し、各国で日本語の研修後入国させ、国内企業のITエンジニアとして派遣するビジネスを展開している。国内で採用の難しいIT人材であるため、顧客からの需要は高いが、課題は入国前に辞退されることで、辞退率は五十%を上回っていた。入国までにかなりコストをかけた採用・教育をしているため辞退は大きな損失となる。

この企業では、CQIの結果と内定辞退者の特徴を分析したところ、ある一定の傾向を測ることができた。**内定辞退率は二十五%以下に改善し、採用の効率化を実現**している。

②顧客ごとの採用基準を作った人材紹介会社

人材紹介会社B社は、百十か国以上、一万名近い外国籍の理系人材を日本企業へ紹介している。受け入れのプロセスにおいて、以下の課題をよく耳にしていた。

・外国籍人材採用のときの評価基準が設定できない。
・自社に合う外国籍社員の見極め方がわからない。

ＣＱＩを導入することで、今までは面接で対話を重ねて判断するしかなかった「異文化適応力」をＣＱＩで判断できるようになった。また紹介した企業様に入社後の社内評価をつけてもらい、ＣＱＩの受検結果と合わせて分析し、**企業ごとの採用基準を明確にした。**

③技能実習生の面接に明確な評価基準を作った協同組合

技能実習生を受け入れるためには、協同組合や商工会などの監理団体を通す必要がある（二〇二三年現在）。

協同組合C社は主にベトナムから技能実習生を受け入れてきた。歴史は長いが、面接は感覚で行っていることに課題を感じていた。面接はだいたい集団で行い、日本語や第一印象、直感で決めていたため、採用時の評価と入社後の評価にはずれが大きかった。更に、昨今の国内の人手不足から、メインの受け入れ企業である食品加工工場や介護施設からの要望で、ベトナムだけでなくインドネシアにも母集団を広げることになり、しっかりとした採用基準の確立を急いでいた。

食品加工工場や介護施設で既に技能実習生として稼働している実習生にＣＱＩを受検して

協同組合での分析例

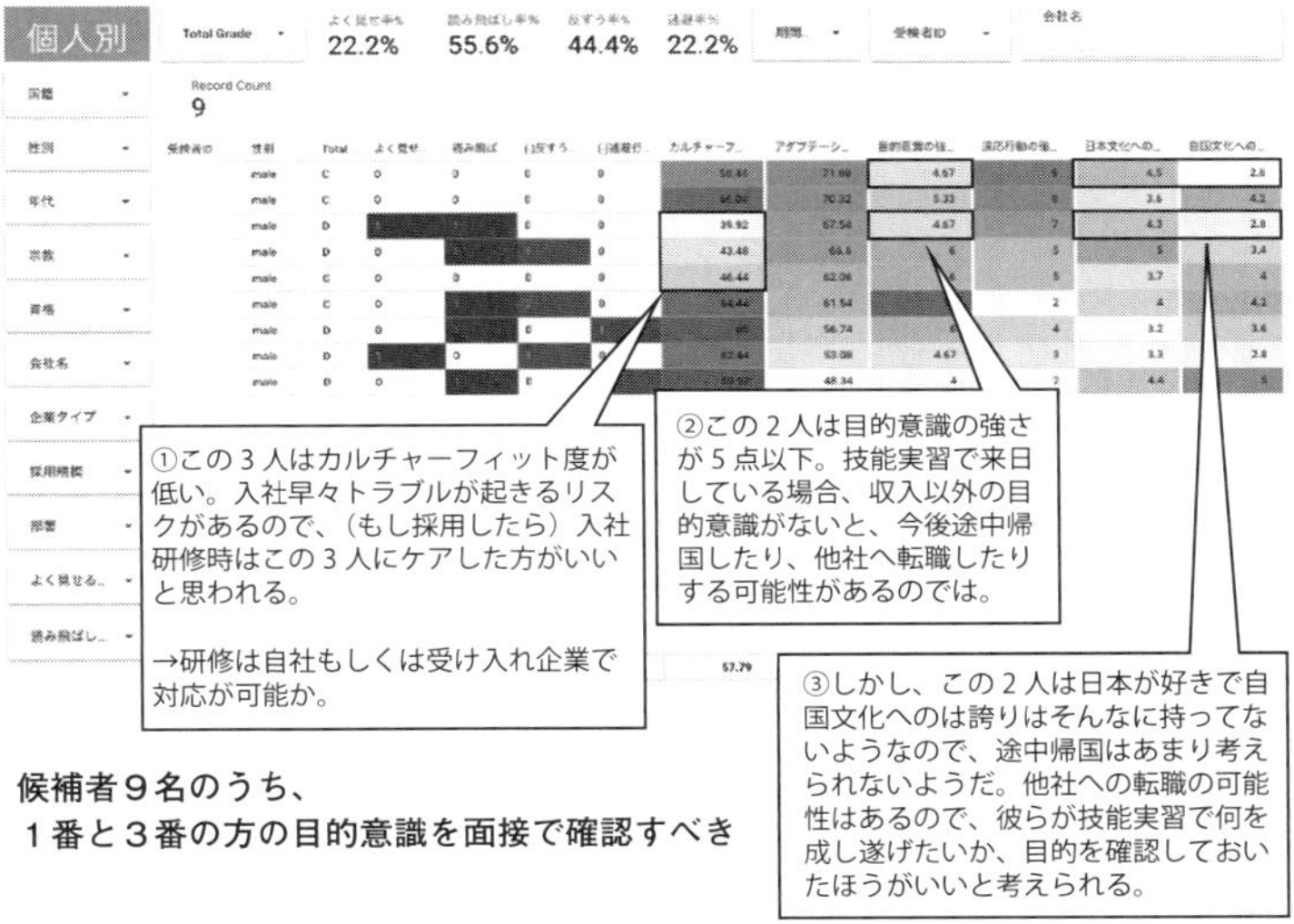

候補者９名のうち、
１番と３番の方の目的意識を面接で確認すべき

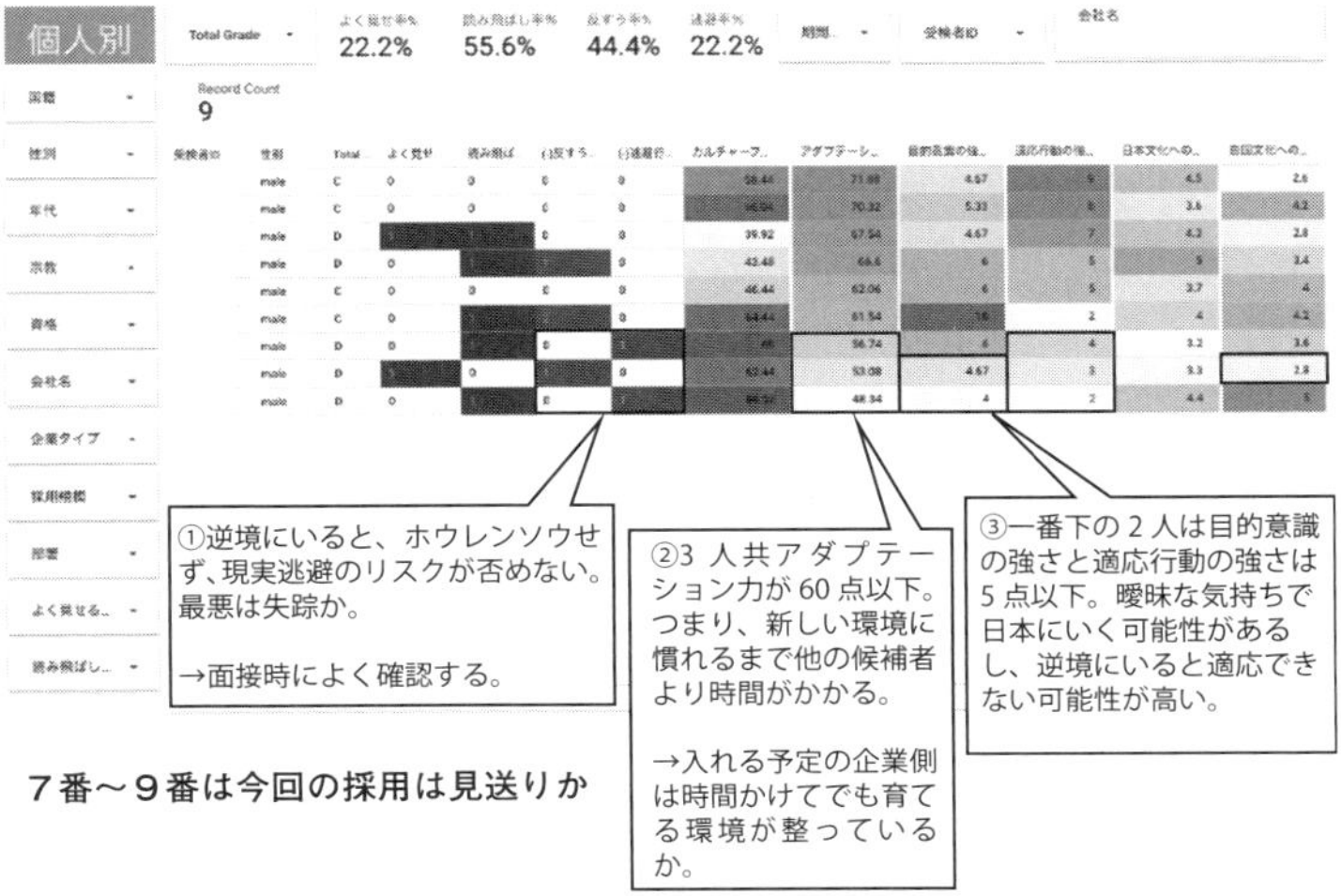

７番～９番は今回の採用は見送りか

もらい、社内評価と突き合わせて分析をしたところ、それぞれの企業で定着する人材の特徴が見えてきた。現在は、**ＣＱＩを基に採用基準を作り**、確認すべき項目を事前にピックアップして面接に臨んだり、足切り基準を作ったりしている。当然だが、データを集めてＰＤＣＡを回すことで、自社に合う人材の精度は高まっていくことになる。

スポーツチームから学ぶＤ＆Ｉ

大学の先生方とこの研究を始めた当初議論になったのは「来日した外国籍人材が日本に適応すべきか、日本人が外国籍人材を受容すべきか」ということだ。

ここで一つ読者の皆さんにクイズを出したい。

以下は、日本に実在する組織であるが、これはどの組織かわかるだろうか。

ある日本の組織の話。
三十名強のメンバーの半数は外国籍。
残りの日本国籍のメンバーも海外生まれの人や日本人以外の親を持つ人材が多数いる。
言葉は日本語と英語がランダムに飛び交い、互いの個性を受け入れながら、

日本の組織への帰属意識が高い。
まさに、ダイバーシティマネジメントが機能している組織。
メンバーは心を一つにして驚異的な成果を上げ、世界を驚かせた。

ピンと来たであろうか。

ちょっとひっかけ問題のようで申し訳ないが、正解はラグビー日本代表チームである。

二〇一五年・二〇一九年・二〇二三年のラグビーワールドカップではテレビにくぎ付けになった方も多いのではないだろうか。私ももれなくその一人で、二〇一五年の大会では、しっかりとラグビーの試合を見るのは初めてだったが、世界で躍動する日本代表の姿に感動した。しかし、ふと気づいたのは、サッカーや野球などのスポーツと異なり、ラグビー日本代表は明らかに外国籍人材であろう人たちが多数いることだった。調べてみると、以下の四つの条件のどれか一つを満たせば、国籍に関わらず代表となれるということである。（二〇二一年十一月現在）

一．その国（地域）で本人が生まれた。
二．両親または祖父母の内の一人がその国（地域）で生まれた。

三．本人が五年以上継続してその国（地域）に居住している。

四．通算十年その国（地域）に居住している。

フィジカルな強さが必要なラグビーというスポーツは、生まれ持った身体の強さがものをいう局面があるため、純血の日本人だけでは海外の強豪達と渡り合うのは難しいという。だからといってフィジカルが強い外国籍のプレイヤーを入れたらチームが強くなるわけではないだろう。筆者が興味を持ったのは、**文化背景や言葉の異なるメンバーと「ワンチーム」になることの難しさを乗り越えている**ということだ。

この難しさはほんの少しだが、筆者

Bryn Lennon（ゲッティイメージズ）

も身をもって知った経験がある。二〇一二年のロンドン五輪のときのことだ。当時縁があって、ハンドボール日本代表チームのチームビルディング研修を実施させていただいた。日本代表メンバーを複数のチームに分けてアクティビティを通じたチームビルディング研修を行った。代表メンバーは、各ホームチームのエース的存在であるトッププレイヤーが招集され、しかも少し前のリーグ戦ではしのぎを削って戦ったライバルだ。さらには、各チームの暗黙知が異なる。そんな即席チームがワンチームになるのはたやすいことではなかった。当時の酒巻清治日本代表監督（二〇二四年現在は広島のイズミメイプルレッズ監督）は、こうおっしゃっていた。

「代表チームに必要なことは、まずは**各チームの帰属意識を捨てさせる**ことだ。」

合宿で長い生活を共にしたり、全体のミーティング、ポジションごとのミーティングなどの会話を通じたりして、本音で語り合える信頼関係を作っていた。同じ日本人同士でも、多様性のあるメンバーを一つにまとめることは本当に難しいという。

なお、蛇足にはなるが、当時のハンドボール日本代表チームは強く、一九八八年ソウル以来の五輪出場を期待されていた。残念ながら最後の韓国戦で僅差で勝ちを逃して実現しなかったが、日本代表チームは近年まれにみる大活躍で高い評価を受けた。

さて、ラグビー日本代表チームの話に戻るが、このような筆者の経験からも、外国籍のプレイヤーと共にワンチームになることの難しさは多少なりとも実感している。

しかし彼らはそれを高いレベルで成し遂げた。当時、エディー監督とともに日本代表を支えたのがキャプテンだった廣瀬俊朗氏だ。廣瀬さんとは縁があって、セミナーや講演でご一緒する機会があり、このラグビー日本代表のチーム作りについて語ってもらった。

廣瀬さんは、ワンチームを作るにあたってポイントとなったことを三つあげてくれた。

一．**多様性をチャンスととらえる**
二．**ＨｏｗよりもＷｈｙが重要**
三．**グルーの存在**

一は、言葉通りだが、自分と文化背景の異なる人がいたら「面倒」と思わずに「チャンス」という思考を持つこと。面倒だと思うと違いは「障壁」となるが、相手の考えを尊重しチャンスだと思うと、「違いから何かを吸収しよう」という思考に切り替わるというわけだ。

二は、相手の立場を尊重するだけでなく、チームとして徹底したいことがあれば、Ｈｏｗ（どうやるか）ではなく、Ｗｈｙ（なぜやるか）を徹底して伝えることが大事だという。やはり日本代表でも日本人と南国系の人の「時間感覚」には開きがあり、集合時間の徹底などに最初は苦戦したというが、なぜ日本代表が時間を守るのかを粘り強く伝えたという。ここは、

第三第四節で筆者の言う「理由」を伝える重要性と同じことである。

筆者が最も興味を持ったのは三の「グルーの存在」だ。グルーは英語のglueで「接着剤」という意味だが、多様性に富むメンバーを集めれば勝手に良い刺激を与えあうわけではない。多様性を良い方向に向けるためには、グルーの存在が肝要である。グルーは「仕組み」だったり「人」だったりするが、彼らは価値観の異なる者同士の結びつきを強くするために、頻繁にワン・オン・ワンを行う仕組みを取り入れたり、両方の価値観を理解するリーチ マイケル氏をチームに招聘したりして、多様性を結びつけることを意図的に狙ったという。このグルーを意図的に仕込んでいくというのは、我々企業人のD&Iにも大きなヒントになるのではないだろうか。

まず筆者がここで申し上げたいことは、D&Iとは簡単なことではないということ。また、チームに**新しく入る側も、人を受け入れる側も、双方努力することが重要である**ということだ。この学びを外国籍人材採用に置き換えたとき、CQIなどを活用して採用でしっかりと面接するだけでいい組織になるというわけではない。同じように、彼らを受け入れる我々日本人の努力も必要である。

日本人の受容力を測るCQⅠ――Ⅱ

外国籍人材を受け入れた企業には、採用後にさまざまな課題が出てくる。「現場が外国人の受け入れに抵抗がある…」という受け入れ意識の欠如や、「どんな研修をすればいいか分からない…」と研修ノウハウが蓄積されていないこと。「外国人がルールを守らず困っている…」という文化の違いは根強いし、「外国籍人材の定着率が低い」という離職率は切実な問題だ。

このような課題を耳にすると、そもそも外国籍人材を採用することに気が引ける人もいると思うが、筆者の意見としてはこれからの日本企業は外国籍人材採用をどんどん推し進め、外国籍人材と協業するノウハウを構築し、グローバル化の扉を開いていくべきだと思う。これは感覚的な数字だが、さまざまな企業でインタビューをしたり研修した経験からすると外国籍人材採用がうまくいっている企業とうまくいっていない企業の比率は七：三くらいだ。最初は失敗があったとしても失敗や成功を繰り返して独自のノウハウを構築している。むしろ大多数派が、外国籍人材採用に必要性や興味を持っているが本格的に踏み出し切れていない企業であろう。その企業の方々にお伝えしたいのは、外国籍人材採用はポイントさえ押さえれば、意外とスムーズに機能するということだ。

我々は、二〇二〇年に「外国籍人材の受け入れがうまい組織の特徴」として、多くのインタビューと調査により、外国籍人材採用がうまくいっている企業、うまくいっていない企業を比較し、特徴をまとめた。

CQIと同じく、文化特性や性格特性、文化への敬意と誇り、異文化を受容する意識・モチベーションの重要性は確認できたが、外国籍人材の受け入れがうまい企業の特徴として特筆すべきことは、「**三つの意識**」と「**五つの行動**」だった。

まず「三つの意識」だが、モチベーション研究の中から「Proactive Motivation」

外国人を受け入れた企業が抱える課題

現場が外国人の受け入れに抵抗がある…。
受け入れ意識の問題
どんな研修をすればよいか分からない…。
研修ノウハウの問題
外国人がルールを守らず困っている…。
文化の違いの問題
外国籍人材の定着率が低い…。
離職率の問題

という理論を応用して、「異文化を受容する意識・モチベーション」と定義した。それは三つの要素に分解される。

一つ目は「**受容する必要性の理解**（Need）」で、働いている職場で外国人を受け入れる必要性・意義を理解しているかどうか。これは部署ごとの平均値をとると面白いが、必要性を強く感じている部署とそうでない部署で数字の開きが出る。経営者や人事からの情報発信や情報受信の差が表れているのだが、必要性を理解してほしい部署や人には、外国籍人材を受け入れる背景や目的、効果などをしっかりと伝えることが重要である。

二つ目は「**受容する自信**（Can）」で外国人をうまく受け入れる自信があるかどうかだ。この数値には、受検者の海外経験（留学経験・駐在経験）や、外国人と接した経験と相関関係があることが分かった。自信が低く出る方も心配はない。少しずつでも経験を積めばこの数値は伸びていく。

三つ目は「**受容する熱意**（Energize）」。これは外国人を受け入れることに熱意を持って楽しめるかどうかだ。熱意は「必要性」

調査目的	外国籍人材が就労する職場におけるダイバーシティ＆インクルージョンの実態と上司がマネジメントする際の有効な支援行動を明らかにする
調査期間	2020年6月25日～7月10日
調査方法	WEB入力フォームによる回収
調査対象	日本での在留・就労経験のある外国籍人材
有効回答数	全34カ国・223名

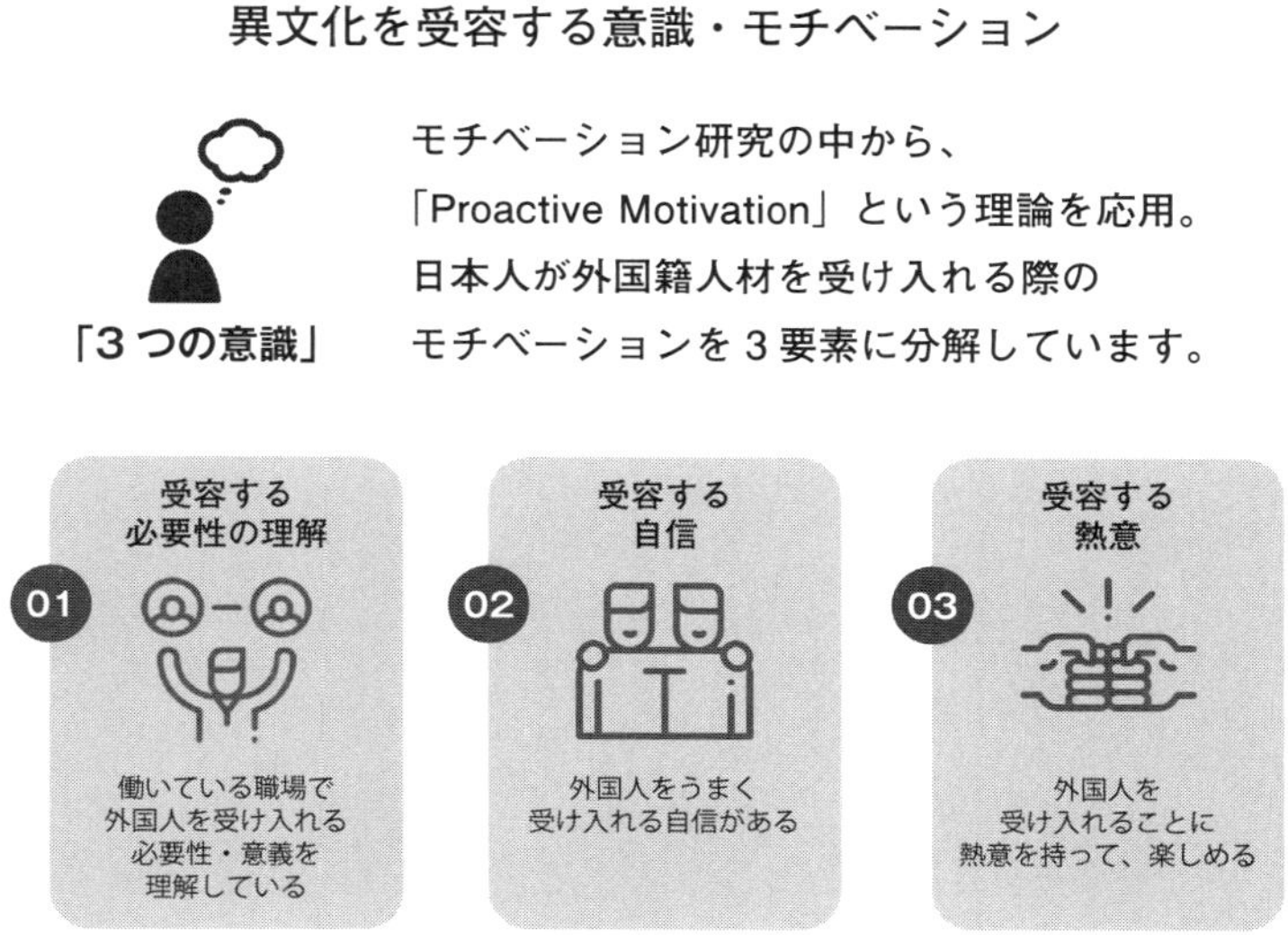
異文化を受容する意識・モチベーション
「3つの意識」
モチベーション研究の中から、
「Proactive Motivation」という理論を応用。
日本人が外国籍人材を受け入れる際の
モチベーションを3要素に分解しています。
01
受容する
必要性の理解
働いている職場で
外国人を受け入れる
必要性・意義を
理解している
02
受容する
自信
外国人をうまく
受け入れる自信がある
03
受容する
熱意
外国人を
受け入れることに
熱意を持って、楽しめる

「自信」との相関性はない。シンプルに本人が外国籍人材と関わってみたいかどうかだが、「意外とこの人には熱意があるんだ」ということもあるし、「駐在経験豊富なのに熱意は低いんだ」ということもある。なおこの熱意も他の項目同様、トレーニングなどで高めることができる要素だ。

外国籍人材を受け入れる部署や人を選定・トレーニングするときには、この「三つの意識」に注目していただきたい。

次に「五つの行動」は、インクルージョン研究の中から、「Inclusive Behavior」という理論を応用して「異文化受容行動」と定義した。

この異文化受容行動は大きく二つに分

けることができる。

一つ目は、仕事とは間接的な支援である「環境適応支援」。環境適応支援はさらに二つに分かれ、心理的または物理的に安心して働ける環境を構築する「安心・安全な環境構築」と、一人の個人としての関心を持ち、公私ともに付き合える関係性をつくる「個人的な関係性づくり」がある。

「**安心・安全な環境構築**」についてだが、これは二〇二〇年に全世界的に蔓延した新型コロナウイルス感染症流行下の会社の対応で、外国籍人材の評価は見事に分かれた。当時の混乱は日本人でも大変不安に感じたが、日本語や日本の慣習に慣れない外国籍人材はもっと心細かっただろう。その不安を払しょくできずに帰国した人も多くいた。しかし、会社や個人で外国籍人材のフォローをしっかりとできた企業もある。外国籍人材にインタビューすると、その時にサポートしてくれたことで強く信頼を寄せている人もいた。

「**個人的な関係性づくり**」は、仕事以外での人間関係の近さだ。仕事終わりの声がけや、仕事と関係のない会話は心の隙間を埋める。これは自分が数的マイノリティな立場にならないと気づくことが難しいが、筆者も二〇一四年にインドネシアで「外国人」になって初めて実感した。インドネシアに来た当初、何もかもが不安な私に「Inagaki-san, Daijoubu?」なんて日本語で話しかけてもらえただけで心が休まったものだ。

異文化受容行動

「5つの行動」

インクルージョン研究の中から、
「Inclusive Behavior」という理論を応用。
当社独自の研究調査も実施して、下記5項目を
「異文化受容行動」と定義しています。

環境適応支援

- **01 安心・安全な環境構築**
  心理的または物理的に安心して働ける環境を構築する
- **02 個人的な関係性づくり**
  一人の個人としての関心を持ち、公私ともに付き合える関係性をつくる

業務遂行支援

- **03 コミュニケーションの工夫**
  業務上指示をする際に、伝わりやすいコミュニケーションの方法を選ぶ
- **04 改善に向けたフィードバック**
  業務に関わる情報共有を積極的に行い、相手の改善につながるフィードバックを心がける
- **05 意見や提案の傾聴**
  相手の意見に耳を傾け、仕事に関するアイデアや提案を取り入れる

二つ目は、仕事と直接的な支援行動である「業務遂行支援」で、業務上指示をする際に、伝わりやすい手法を模索する「コミュニケーションの工夫」と、業務に関わる情報共有や指摘をする「改善に向けたフィードバック」、さらには外国籍人材の声に耳を傾ける「意見や提案の傾聴」という項目があげられた。

「コミュニケーションの工夫」は、外国籍人材の日本語や日本文化の習熟度によってやり方は異なるが、漫画で研修資料を作ったり、大きなホワイトボードで情報を可視化したり、翻訳ツールを導入したり、通訳の活用、会議資料の英語化など、受け入れがうまい企業はさまざまな工夫を仕組み化している。

「**改善に向けたフィードバック**」は、外国籍人材のアクションで適切でないことがあれば改善点を具体的に指摘することだが、意外とここに時間を費やしていない人が多い。「言っても分からない」とあきらめてはいけない。第三章第四節でお伝えした「モノサシ・理由・メリット」のフレームワークなどを活用して、改善を促していただきたい。腑に落ちれば行動は変容する。

最後の「**意見や提案の傾聴**」も、第三章第五節で書いた「Group Think」からの脱却には必須のアクションだ。外国籍人材の「なぜ？」の中に、我々の改善すべき暗黙知のヒントが隠されているはずである。

これらは言葉にすれば「当たり前」と思われることばかりだが、実際に行動している組織と行動していない組織とでは定着率や満足度に大きな差があることがわかっている。

この受容力を測る検査として、二〇二一年にＣＱＩ-Ⅱを開発した。

ＣＱＩで外国籍人材の適応力を見るだけでなく、**外国籍人材を受け入れる日本人の受容力が、グローバル化の鍵となる。**

CQI─II活用事例

CQI-IIは、主に高度外国人材（技能・人文・国際業務の在留資格）を受け入れる企業様に活用いただくことが多いが、高度外国人材だけでなくバラエティーに富んだ活用事例をこちらにいくつか紹介したい。

①会社と社員のグローバルマインドセットの乖離を解決した大手電子部品メーカー（A社）

A社は、海外に十拠点以上の子会社を持ち、売上の約半分を海外が占めている。会社はグローバル化加速の一途をたどっており、社員は日本にいながらもさまざまな国の方々とのコミュニケーションの機会が増えている。

課題としては、会社のグローバル化のスピードと、日本人社員のグローバル感覚や異文化理解力の成長スピードにギャップがあり、仕事への支障が増えてきたことだ。研修では、社員の方々に、日本の文化の特殊性、外国籍人材とやり取りをする基本的なスタンスを伝えた上で、CQI-IIで個人の異文化受容力の特徴を把握し、**具体的な仕事のアクションを言語化**した。研修は毎年実施しており、社員のグローバル化への意識は年々高まっている。

②人員不足で悩む大手コーヒーチェーン（B社）の外国人受け入れ力を高める

消費者から高い支持を集めるB社だが、人員を確保できず店を開けることができなかったり、工場の稼働率が低下したりという問題が起こっていた。昨今は外国人採用を積極的に行っているが、現場ではトラブルや混乱が生じていた。

ある日、工場責任者から人事部に「外国人の受け入れ研修をしてほしい」と依頼が入り、管理職を対象にしたトレーニングを当社で請け負うことになった。既にベトナム・フィリピン・インドネシア・ミャンマーとさまざまな国から受け入れており、研修前のアンケートを取ったところ「外国人の受け入れ経験がある」という方は八割にのぼった。一方で「外国人の受け入れに自信がある」方は二割にとどまった。

研修で受講生とコミュニケーションを取ってみると、受け入れ経験が豊富でも不安を覚えている方が多いように感じた。実際に現場で起こっている問題や戸惑いを言語化して共有した後、CQI-Ⅱの概念に則り、国ごとの文化の違いや、異文化コミュニケーションの基本的な考えを学習。そもそも文化には上下関係がないことや、各国の文化的特徴、日本の文化の特殊性、違いを尊重することの大切さを理解した上で、国籍や常識は違っていたとしても、**自社が徹底したいルールをどのように教育するかを考え、アウトプットしていただいた。**

③インバウンド需要で外国人採用が急増した大手ホテル（C社）の受け入れ研修

新型コロナウイルスの蔓延で落ち込んだ訪日観光客だが、二〇二三年から勢いを取り戻し、二〇二四年三月には初めて三百万人／月を突破した。円安の影響もあり今後ますます増加が見込まれ、インバウンド業界からは嬉しい悲鳴が鳴り響く。

国内外で人気のあるラグジュアリーホテルを経営するC社のホテルにも、多くの外国人観光客が訪れるため、外国人従業員による人員強化には選択の余地はない。フィリピン・ミャンマー・インドから多くの社員を迎え入れているが、調理やホールでは外国人教育のノウハウや、日本人社員の受け入れマインドが整っていなかった。研修受講者には事前にCQI－Ⅱを受検いただき、**個人・チーム・会社の強み・課題などの特徴を分析**し、人事の方々と打ち合わせを重ね、研修内容をカスタマイズして実施した。研修を通じて、各国の特徴や、自分自身の課題を知り、異文化受容力を向上させることができた。また、日本人には「常識」とされ、意識して教育をしていなかった「時間感覚」や「清潔感」、「安全確保」などは、改めて教育を体系立てる必要がある、という共通認識を持つことができた。一方、既に創意工夫をして独自のOJTを実施している現場もあり、研修の場を通じて他の社員に共有され、会社のナレッジが強化される場面があった。

「来日した外国籍人材が日本に適応すべきか、日本人が外国籍人材を受容すべきか」、やはりこれは両方大事だ、ということになると思う。**お互いがお互いを理解し合うことで、組織はIntegration（統合）して、新しい価値を創造する**のである。

「意識」と「感覚」に訴えて、海外希望者を増やす

さて、日本国内に外国籍人材を受け入れる話から、今度は日本人が海外に出ていく話に移してみたい。

人事や経営者の方から「若い人が海外に行きたがらないがどうすればいいか」というご相談をいただくことが多くなった。海外赴任者や海外出張者を社内で公募しても人が集まらないという。これが事実ならば、これからのグローバル化時代に日本の若者が内向きになってしまうことは由々しき問題であるが、本当にそうなのだろうか。「最近の若者は」という言葉で片付けずに、筆者なりに現状と課題を捉えて解決策を講じてみたい。

海外で仕事をしたいかどうかの意識調査をしたデータなどは見当たらないので、大卒の就職時の意識調査（マイナビ大学生就職意識調査）を見てみた。この調査は二〇〇二年卒の新卒から二〇二四年まで二十二年間、就職選択時の意識二十項目の変遷を追っているもので、調査

結果を見ると、「自分のやりたい仕事（職種）ができる会社」が二〇〇二年卒からダントツの一番であったが、二〇一五年卒からは「安定している会社」が徐々に上昇し、二〇一九年卒から二〇二〇年卒のあたりで首位の座を奪った。この年は、新型コロナウイルス感染症の不安が世の中を襲い、安定を求める学生が一気に増えたと思われる。二〇二四年卒はこの項目を四十八・八％が選択しており、二**人に一人が仕事に安定性を求めている**ということだ。この結果に「最近の若者は」と嘆く方がいるが、安定を求めることが悪いこととは思えない。安定の反対は不安定なので、わざわざ不安定な仕事や生活を求める人は少ないだろう。

では安定とは何であろうか。

そのヒントとして、生物学者の青山学院大学福岡伸一教授は、「生物は絶え間なく動き、入れ替わりながらも全体として恒常性が保たれている」として動的平衡を説いた。福岡先生の言葉を一部引用しながら動的平衡を簡単に解説する。

建物を建築するには、地下深く基礎を築き頑丈な素材で作っていく。しかし、百年が経ち、千年、一万年後には風化し、朽ち果てて何も残らない。築いたものは崩れ、秩序は無秩序に向かう。一方で、生物は三十八億年もの間、朽ち果てずに生き延びている。生物は堅牢になることを諦め、自らの細胞を壊すことを選んだ。皮膚、骨、臓器は自ら細胞を壊

し、結果的に新しい細胞が常に生まれるようにしている。この「壊す」プロセスにより状況は不安定になるが、それが次なる「合成」プロセスを生み出す。例えば、人が歩く行動も同様で、片足を前に出すことで体のバランスを崩すが、その不安定な状態を解消しようとしてもう一方の足が出て自然に前に進む。この「分解」と「合成」のサイクルを絶えず繰り返すことで、高次元の「安定」を維持している。

簡単に言うと**現状を打破し続けるから安定が生まれる**、これが「動的平衡」の考え方だ。

ダーウィンは『進化論』で「It is not the strongest of the species that survives, nor the most intelligent that survives. It is the one that is **most adaptable to change**.（生き残る種とは、最も強いものではなく、最も知的なものでもない。最も**よく変化に適応した**ものである。）」と言った。

福岡教授とダーウィンはある意味同じことを言っていて、「安定するには変化すること」の重要性を説いている。これは多くの方が感覚的には同意できるのではないだろうか。

筆者は一九七五年生まれのザ・昭和世代だが、「ゆとり世代」「さとり世代」と勝手にラベリングされた若者達に申し訳ない気持ちさえ感じても、我々の世代が積極的で正しく、現代の若者が保守的でダメな世代とは思えない。とはいえ、「最近の若者は」という言葉が古代エジプトの壁画に書かれているとか、平安時代の『枕草子』や鎌倉時代の『徒然草』にもそのような記述があるといわれているように、自戒の念を込めていうと、人間は自分を棚に上げて自分と異なる価値観を持つ人を指摘したい生き物でもある。

もし、社内の若い世代の方々が「安定志向で、海外出張や海外赴任に消極的だ」ということであれば、**安定という言葉の理解を深める必要がある。**

では、どうすれば「安定するには変化すること」を伝えられるのか。彼ら彼女らは、デジタルネイティブと呼ばれ、生まれながらにして世界の情報がパソコンや携帯から得られる世界で生きてきた。昭和世代と比べると情報が豊富だから、「意識的に」意味のある行動の選択をし続けてきたのであろう。

そうであれば、**人事や経営としては「意識的に」海外に出るメリットや不安を払しょくする情報を与えることが得策だ。**赴任先の環境や赴任条件など、見えない不安を払しょくし安心できる情報を与え、挑戦し続けたからこそ安定が生まれた先輩方の事例を伝え、彼ら彼女らの「意識」に訴える。地道だがまずこれが人事や経営がやるべきことであろうと思う。

一方で、「意識」だけでなく「感覚」を大切にすることも大事だ。

見栄っ張りで、おしゃれをすることが大好きな王様がいました。

あるとき、詐欺師が仕立て屋のふりをしてやってきました。

「愚か者には見えない布で服を織りましょう」

王様は喜んで服を作ってもらいました。

しかし実際にはそんな布はなく、詐欺師は布を織っているふりをしているだけでした。

出来上がった服はもちろん見えませんでしたが王様は愚か者と思われたくないので気に入ったふりをしました。

部下のみんなも王様に逆らえず、見えるふりをして褒め称えました。

城を出てお披露目会をすると、街の人は服を着ていない王様を見て驚きましたが、満足げな王様を見て、誰も本当のことを言えず、口々に褒め称えました。

しかし、このパレードの最中、ひとりの子どもが「王様は裸だ！」と言いました。

街の人達は、見えているふりをしていたことがバカバカしくなり、

「王様が裸だ」とくすくす笑い始めました。


これは、誰もが知っているアンデルセン寓話の「裸の王様」である。この物語が我々に教えてくれることはいくつかあるが、そのうちの一つが、「意識と感覚の違い」だ。

『バカの壁』で有名な解剖学者の養老孟司氏はこう言った。「白板に黒ペンで『白』と書く

と、誰でも『シロ』と読みます。」目では黒色を認識しているはずが、人はそれを無視して白という文字として捉える。色の黒は「感覚」で捉えているが、「意識」で認識する言葉の白が「感覚」より上位にきているということだ。

「裸の王様」でも、大人は王様の得意げな様子や、周りの目を「意識」して服を着ていると認識する一方、子どもは大人のような「意識」をせず、「感覚」で王様は裸だと素直に言う。大人になり常識を「意識」する世界に埋もれると、人間の持つ素直な「感覚」が失われがちになると、養老孟司氏は指摘する。

「意識」は共通項を見つけ、抽象化して同一であることを認知し、「感覚」は色や形や周波数の差異を見出して、違いを認知するのだ。

第三章で記載したが、事前情報だけにまどわされ、「意識」してダニ族を一つの「塊」とみていた筆者は、彼ら彼女らを勝手にラベリングして「自分とは異なる怖い存在」と捉えていたが、個性を「感覚」として捉えだすとダニ族として同一視するラベリングが消え、恐怖感が薄れていった。

筆者が二〇一四年三十九歳のとき、英語も話せないままインドネシアに移住して海外とのかかわりを持ったことはお伝えしたが、移住当初は不安定の極みだった。あの時は、「意識」して合理的に考えたのではなく、自分の心の声に従って「感覚」的に行動した。当時の不安定な行動が今の安定を作っていると思う。

若い方々に言いたい。自分の安定を手に入れるため、「感覚」に従ってチャレンジをしてみよう。

どんどん日本人が海外に出てほしいと切に願う。

日本人の海外赴任力を測るCQⅠ－Ⅲ

前節の通り、海外に出ると「不安定」な状況を迎えることになる。

そして、それこそが「安定」を得るチャンスなわけだが、どんなことが起こるのだろうか。こちらも筆者の研究チームがたくさんのインタビューや文献などから、海外赴任をすると求められる「四つのマネジメント」をまとめたので参考にしていただきたい。それが「異文化マネジメント」「関係性マネジメント」「役割マネジメント」「リスクマネジメント」である。

一つ目の「**異文化マネジメント**」は、今まで書いてきた**文化の違いによって起こる事象に対処するマネジメント**であり、例えばこんなことが起こる。

「トラブル発生時に危機感が無い。生産トラブルが発生していてもローカルメンバーは終業時間になると気にせず帰る」

これは多くの国がそうであるため、日本人が変わっていると思われるが、トラブルが発生しても、何も言わなければ就業時間が来たら普通に帰宅する人がほとんどだ（もちろん中には〝日本人らしく〟退社時間を気にせずトラブルシューティングに対応してくれる人もいる）。もし、決められた退社時間を過ぎても仕事をしてほしい場合は、「言わなくてもわかるだろう」と考えずに、**しっかりとコミュニケーションを取って説明する必要がある。**

こんな事例もある。インドネシアに展開する日系大手メーカーの方が「イスラム教は頻繁にお祈りがあるために、靴をルーズに履く癖があり、安全靴をきちんと履かずに事故が起こった」という話をしていた。イスラム教は一日

日本人が海外で求められる４つのマネジメント

1. 異文化マネジメント	2. 関係性マネジメント
3. 役割マネジメント	4. リスクマネジメント

五回お祈りをする際、靴底が汚れていて不衛生であると考えられているため靴を脱ぐのだが、工場内で安全靴のかかとを踏んでルーズに履く人がいた。その靴が脱げて怪我につながったことがあったのだという。このような事象は日本では考えられないことだが、ここまで読んでいただいた皆さんにはご理解いただいているだろう。

「異文化マネジメント」は更に三つの力に分類される。

①**「公正なマインドセット」**

無意識の偏見（アンコンシャスバイアス）を持たずに異なる文化や価値観の人と接する

②**「異文化学習力」**

異なる国や文化に興味を持ち、積極的に学ぶ

③**「多様性の受容力」**

多様な価値観や判断基準があることを理解して、受容する

二つ目は「**関係性マネジメント**」。これも文化の違いから発生することだが、特に日本における部下や周りとのコミュニケーション方法や距離感などの関係性は、海外とは異なってくることがある。

例えば「何度も起こしたミスを人前で叱ったところ、本人のプライドが傷つき退職した」。この経験がある日本人赴任者は多いだろう。最近は日本でも「ハラスメント」を叫ばれているので減ってきてはいるが、それでも海外に行くと日本人が恒常的に他の人々の面前で「教育」をしている姿を見る。日本人としては「教育」している感覚でも、人によっては「公衆の前で辱めを受けている」と感じプライドが傷つく人が多い。「面子を大事にする中国」ではこれはご法度だと言われるのはお聞きになったことがあると思うが、この特徴を生かした中国式のマネジメントもある。これは第五章で国ごとの特徴をまとめたので詳しくお話ししよう。

その国ごとの特性を捉えて関係性を築いていないと、「きちんとコミュニケーションが取れていると思っていた部下が急に辞めた」ということも起こる。

これは第一章第二節で自分の失敗談としてあげたことでもあるが、日本の関係性や距離感でコミュニケーションを取っていると痛い目に合うこともある。自分の経験値にあぐらをかかず、**その国や人の文化、感覚値を理解することが求められる。**

「関係性マネジメント」は以下の三つの力に分類した。

①「自己開示力」

他者に対して、飾らない自然体・等身大の自分を見せる

②「人間関係構築力」

多様な人と関わり、信頼関係を構築する

③「アンガーマネジメント力」

怒りやイライラなどの感情を相手にぶつけないで、良好な関係性を維持する

三つ目は「**役割マネジメント**」であるが、これは海外赴任の醍醐味の一つだろう。簡単にいうと、原則海外赴任をすると**仕事の範囲が広くなり、上位役職について責任と権限が大きくなる**、ということだ。

例えば、「日本では営業部長だったが赴任国で社長を任され、会社全体を舵取りするために、会社の理念やビジョンを設定した」という経験だ。筆者もこの手のコンサルティングはたくさんお手伝いしたが、日本では考える機会がなかった「企業経営」と向き合うという赴任者が多い。

また、社長にまでならなくても、若手社員が大きな責任と権限を持つこともある。ある日本の大手メーカーに勤めている二十代後半（赴任当時）のAさんは、赴任前は日本で「若手」

で部下を持った経験がなかったが、海外赴任をしたと同時に部下三百人のマネジメントを任された。日本では想像もしていなかったことが海外では起こりえる。Aさんはマネジメント経験だけでなく、言葉も商慣習も未経験で最初は冷や汗をかく毎日だったというが、それから十年くらい経ち、海外赴任の経験で大成長した彼は、現在幹部候補生として大注目されている。

「役割マネジメント」の三つの力は以下である。

①**「リーダーシップコミュニケーション力」**

言語、社会背景、ビジネスルールが異なる中で、リーダーシップを発揮して、チームを統率する

②**「現場主導力」**

将来が見通せない曖昧な状況の中で、自分からアクションを起こして、現場を変えていく

③**「エンパワーメント力」**

相手の能力や状況に合わせて、やり方を尊重しながら、成果を出せるように支援する

最後の四つ目は「**リスクマネジメント**」だ。

第三章第三節で詳しく例を出したため、こちらでは事例は割愛するが「リスクマネジメント」も三つの力に分類している。

①「リスク感知力」
自身の関わる業務の中で発生しうるリスクを適切に想定する
②「トラブル対応力」
想定外の事態やトラブルに対して、状況を把握して解決する
③「再発防止力」
想定外の事態やトラブルが起こった後に、原因を究明して、再発を防止する

この海外赴任力を測る検査として、二〇二二年にＣＱＩ-Ⅲを開発した。海外に行く日系企業の赴任者は、**その地に適応しながら、自国・自社の強みを伝えることも求められる。**社員の皆さんの海外赴任力を測り、どう伸ばしていくかを考えるきっかけとして是非ご活用いただきたい。

CQI－Ⅲ活用事例

海外赴任力を測るCQI-Ⅲは、海外展開をする企業によくご利用いただいている。事例をいくつかご紹介しよう。

①海外赴任候補者選抜プロセス構築事例

大手外食企業A社は、主に日本国内では、ファストフードチェーンを展開している。また、海外への事業展開も積極的に行い、中国、台湾、韓国、タイなどアジアを中心に店舗を展開中。年間十数名程の海外赴任者を送り込んでいる。

当時の人事部の課題は、海外赴任公募に対して応募者数が多く、所属上司の推薦という感覚的な評価で選抜していたこと。応募者本人の海外赴任適応力を**定量評価で客観的な視点を加え、選抜していくプロセスを作りたい**ということでご相談があった。

現在海外赴任中の評価が高い社員にCQI-Ⅲを受けていただき、活躍する社員の傾向値を分析したところ以下の三つが特徴として見えてきた。

一．CQI-Ⅲの総合点数が七十点以上

二．モチベーションが高い（三・五点以上）

三．海外赴任中で現地の評価が高い社員の特徴（平均値）に近い

上記三つの基準を把握した上で、応募者にもＣＱⅠ-Ⅲを受けてもらい、その結果と職場での実績・専門スキルを参考にして、人事面接を通して最終決定するプロセスを構築した。

②受検者の特性を把握して海外赴任者研修を実施

大手エネルギー企業Ｂ社は、海外事業の展開に積極的に取り組んでおり、買収を通じてグローバルな市場での地位を強化中である。人事部としてはいつでも、どこでも、グローバル人材になれる・成長できる環境作りを目指しており、海外赴任者候補者を計画的に育成するノウハウを構築したかった。

そこで筆者にご相談が来たので、まずはＣＱⅠ-Ⅲを受検いただき、海外赴任者や候補者の現状把握に活用した。研修では**個人別の課題を明確にし、赴任前に研修を実施することで海外赴任適応力とモチベーションを向上させる**取り組みを実施している。

③若手の海外志向を高め不安を払しょくする研修を実施

大手電気機器メーカーＣ社は、エレクトロニクス分野でアジア・ヨーロッパに拠点を持つ。Ｃ社の世界展開規模とスピードをに対し、海外赴任を希望する若手社員が少なく困っていた。

そこで若手社員を「海外赴任予定者」として募るのではなく、「海外赴任プール人材」としてデータベースを作っていた。海外赴任予定者としてはプレッシャーが大きいが、プール人材としてなら、まだまだ選択の余地が個人・会社共にあるカテゴリーだ。

　プール人材として集められた若手社員は、皆さんとても優秀だったが、自分のキャリアや適性として、海外に赴任することが良いかどうか判断材料がなかった。そこでCQI-Ⅲを受けてもらい、**自分の特徴を把握した上で研修を実施し、自分の強みとなる部分、課題となる部分を客観的に把握**してもらった。更に、海外赴任をされて活躍し成長した先輩の話や、

ローカルスタッフの胸の内

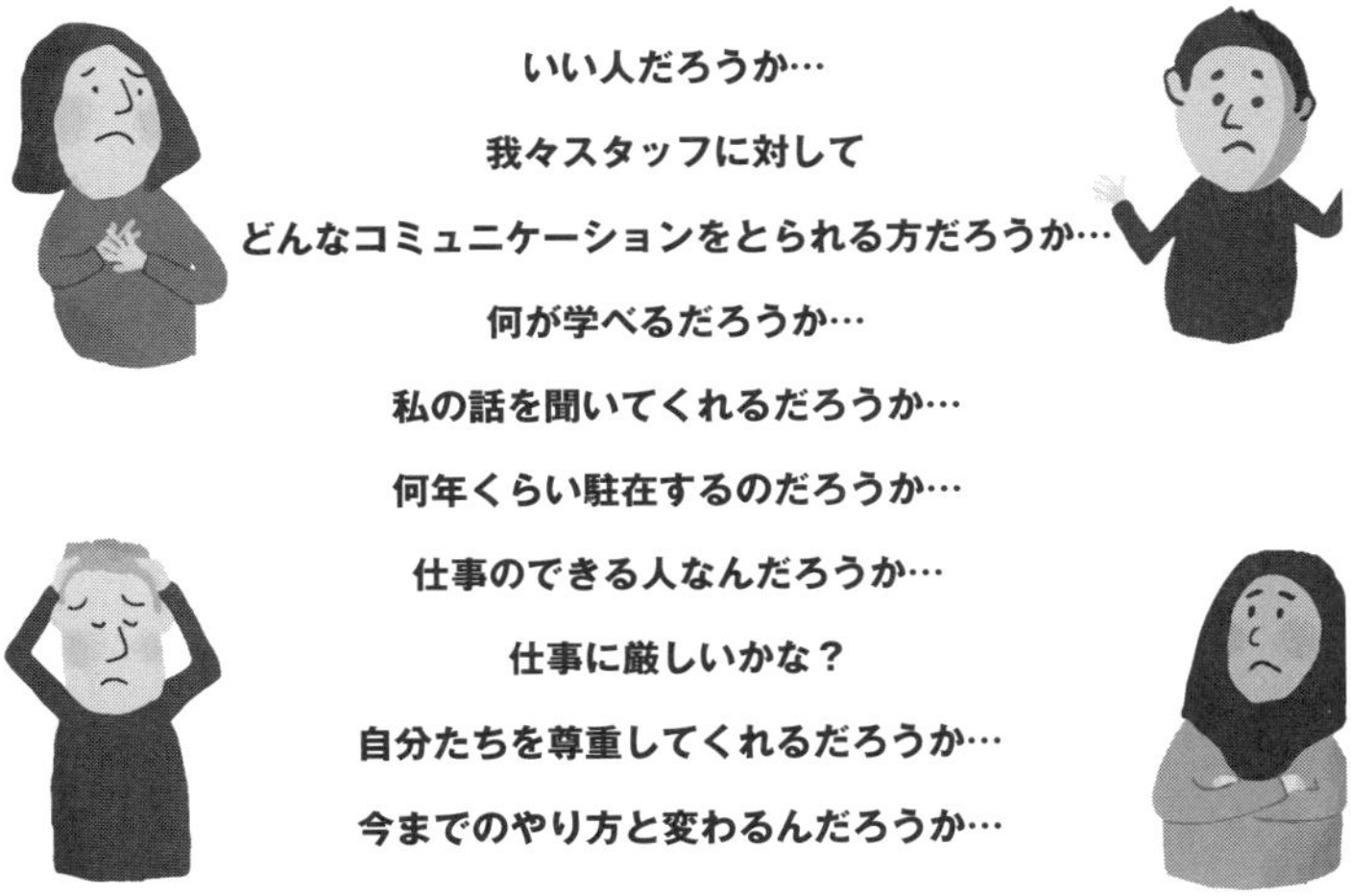
いい人だろうか…
我々スタッフに対して
どんなコミュニケーションをとられる方だろうか…
何が学べるだろうか…
私の話を聞いてくれるだろうか…
何年くらい駐在するのだろうか…
仕事のできる人なんだろうか…
仕事に厳しいかな？
自分たちを尊重してくれるだろうか…
今までのやり方と変わるんだろうか…

人事の海外赴任制度・サポートの話を聞きながら、自分のキャリアの選択肢の一つとして考える機会を毎年作っている。

社内で海外赴任者に関する課題をお持ちの方はぜひCQⅠ-Ⅲをご活用いただければと思うが、海外に移住した経験から申し上げると、海外に行って不安なのは日本人赴任者だけではない。我々を受け入れる現地ローカルスタッフの皆さんも不安である。これは仕方のないことではあるが、日本人赴任者は大体三~五年で入れ替わることが多い。十年以上赴任することは稀であろう。受け入れるスタッフもどんな人が来てどんな仕事の仕方をするのかと考えているに違いない。ここでこそお互いのコミュニケーションを丁寧にとって信頼を積み重ね、かけがえのない仕事仲間を海外に広げる機会にしてほしい。

本章のまとめ

1. **CQこそ、グローバル時代に重要な能力である。**
2. **外国人も日本人の互いの文化をIntegration（統合）することで、組織は新しい価値を創造する。**
3. **チャレンジし続けるから安定が生まれる。**

第五章

ＣＱＩからみるこんなに違った各国の常識と文化

平均値で捉える各国の常識と文化

ある豪華客船が航海の最中に沈みだした。
船長は乗客たちに速やかに船から海に飛び込むように、指示しなければならなかった。
船長はそれぞれの国の乗客にこう言った。
アメリカ人には「飛び込めばあなたは英雄ですよ」
イギリス人には「飛び込めばあなたは紳士です」
ドイツ人には「飛び込むのがこの船の規則となっています」
イタリア人には「飛び込むと女性にもてますよ」
フランス人には「飛び込まないでください」
日本人には「みんな飛び込んでいますよ」

国民性を捉えた有名なエスニックジョーク（国民性の違いをジョークにしたたとえ話）だ。
多種多様な個性がある国民を一言でくくって表現するのはなんとも乱暴なやり口だが、なんとなくそれぞれの国のイメージを言い表せている気もする。日本人への指示の仕方は、

「同調圧力」を捉えていて、言い得て妙である。

第五章では、CQIのデータを基に、韓国・中国・フィリピン・カンボジア・インドネシア・タイ・インド・ベトナム・ネパール・日本のアジア十か国をピックアップし、CQIの結果を項目ごとにランク付け、比較をしてその国民性の特徴を分析した。

これからお出しする情報は、以下の三点に気を付けてご覧いただきたい。

1. 各国の特徴は平均値として捉えること

まず、国の特徴を平均値で捉えることに意味があるかどうかだが、今まで書いてきたように、やはり文化や歴史や宗教や慣習が、志向性や行動・発言に影響を与えているため、「この国の人たちは比較的時間厳守にシビアだ」とか「この国の人たちは個人で仕事をするよりも、チームで協力しながら仕事をすることを好む」という特徴が出てくる。まずはその平均値を掴んでほしい。

CQIで各国の統計を取ると、次ページの図のように正規分布するので、A国とB国を比較したときに、平均の強弱が出てくる。例えばA国は個人主義寄り、B国は集団主義寄り、といった具合だ。

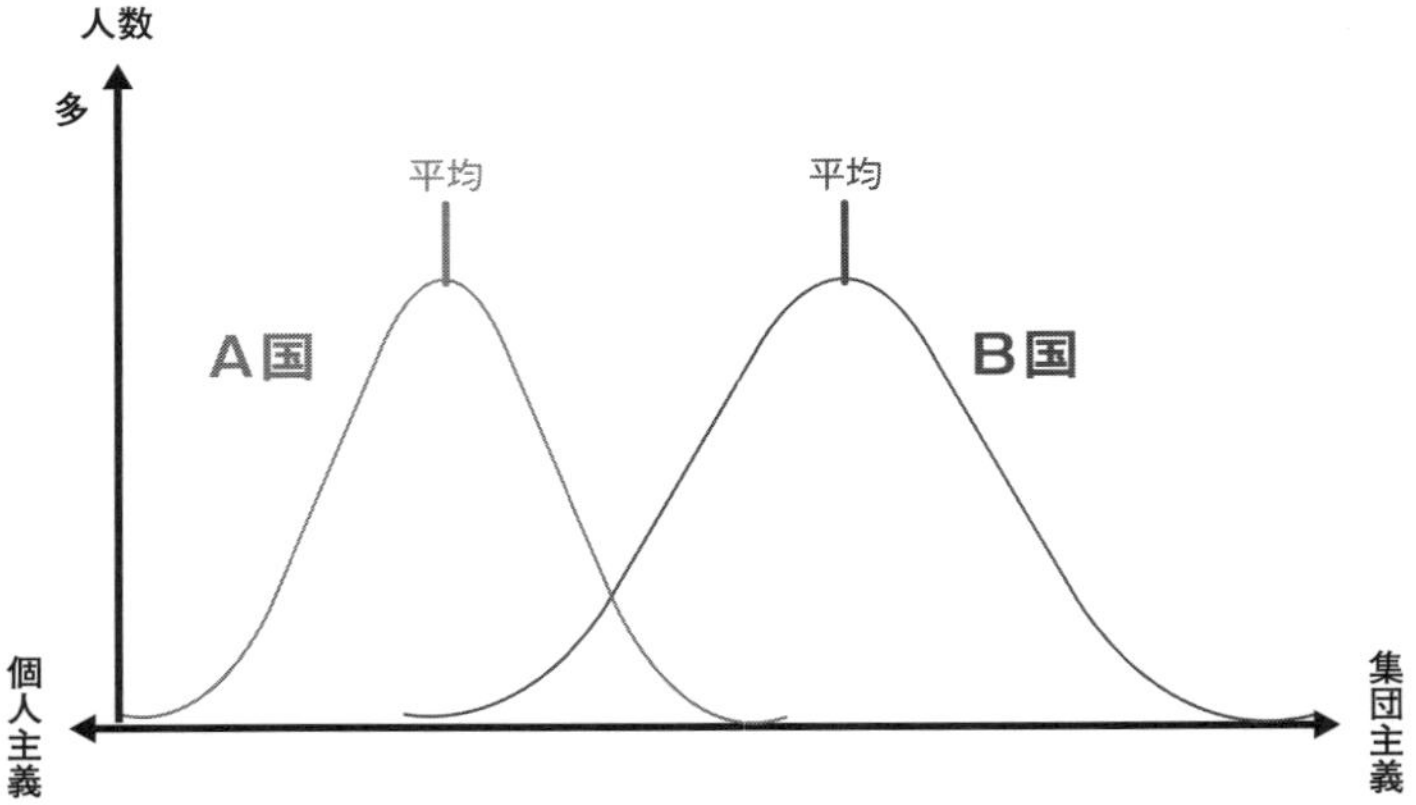
人数
多
平均
平均
A国
B国
個人主義
集団主義

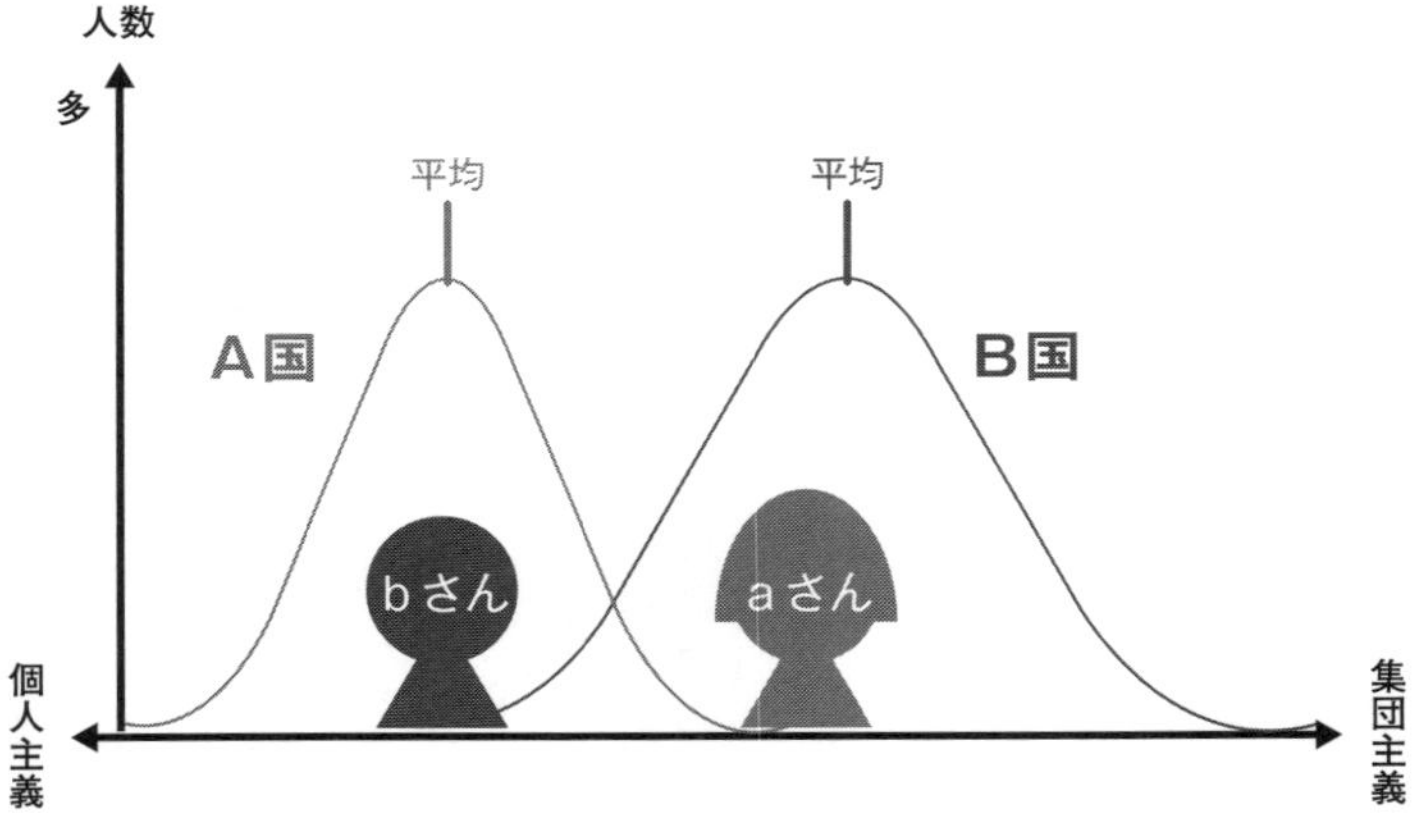
人数
多
平均
平均
A国
B国
bさん
aさん
個人主義
集団主義

ただこれは国の平均を取った結果なので、個々人を見ていくとそれぞれの国にも「少数派」がいる。例えば、個人主義の強いA国にも、集団主義な行動をとるaさんがいるし、集団主義の強いB国にも、個人主義な行動をとるbさんはいるわけだ。

平均値の情報をうのみにして「この国の人はこうだ！」と強い思い込みをもった接し方は危険だが、まずは今からお伝えする情報を「意識」してその国民性を捉えたのち、個々の外国籍人材と接し、自分の「感覚」を信じてアレンジし、よい関係を築いていただきたい。

2．客観的データで傾向を捉えるということ

二つ目のポイントは、「主観的憶測」ではなく「客観的データ」で各国の傾向を捉えていただきたいということだ。

例えば、昔から日本人は「集団主義※」というイメージがあるが、ＣＱＩの分析結果では他の九か国の方が日本よりも「集団主義」に寄っている。決して日本が個人主義だというわけでないが、他国の方が「集団主義」の傾向が強い。

（※ＣＱＩでは集団主義を「集団の目的やチームを大事にする」と定義している）

ちなみに、ＣＱＩのデータで最も集団主義であったのはカンボジアだったが、私がよく

知るインドネシアも集団主義の傾向が強い。彼ら彼女らからはたびたび「職場にいる日本人は冷たい感じがする」と言われることがあった。もちろん、日本人は、ルールをよく守り、察する力があるから組織の輪を乱すことはしないが、インドネシア人からすると、個々人が自律した仕事をしていて、他人への関心が低いように見えるらしい。チームで働いている感じや組織の温かさを言っているのだろうと思う。これは、日本に来ているインドネシア人も同様の事をよく口にする。

3．分析データは日本に何かしらの接点を持つ外国籍人材の傾向値であるということ

三つ目は、これからご紹介する分析データは、二〇二〇年一月～二〇二三年十二月までに蓄積されたCQIのデータを基にしているということだ。日本人に関してはさまざまな企業や地域、年代の方々から取得し

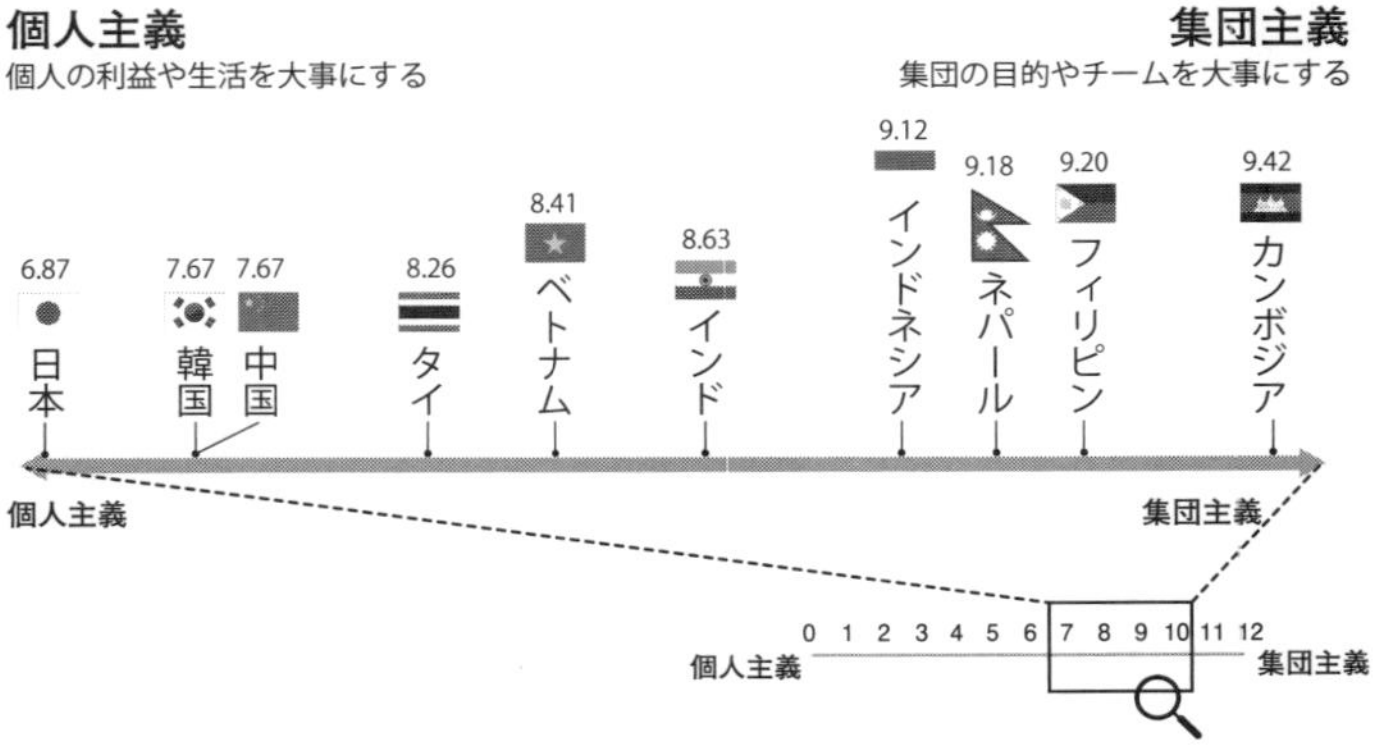

ているため、日本人の平均値といって差し支えない結果になっているが、諸外国のデータは「国内外の日系企業に勤めている」もしくは「日系企業に興味のある」方々を中心に取得したものだ。日本に何かしらの接点がある方であるため、読者の皆さんが日本で接する外国籍人材の特徴を捉えている、より意味のあるデータであると思われる。

第一章で書いたように、「文化はただの違いであり、優劣ではない」。今回は文化の特徴をわかりやすく比較するためにランキング形式で表していることをご理解いただいた上でご活用願いたい。

■分析データ詳細（次ページからのランキングは以下 10 か国での比較）

分析データ	CQI・CQI-II からデータ抽出
取得期間	2020 年 1 月～ 2023 年 12 月

No	国名	n 数
1	インドネシア	3,504
2	ベトナム	2,655
3	タイ	2,194
4	インド	936
5	カンボジア	762
6	日本	687
7	フィリピン	638
8	中国	329
9	ネパール	272
10	韓国	237
	合計	12,214

※データクレンジングにより異常値を取り除いて分析

自国文化の誇りが強く、成長意欲の高い韓国人

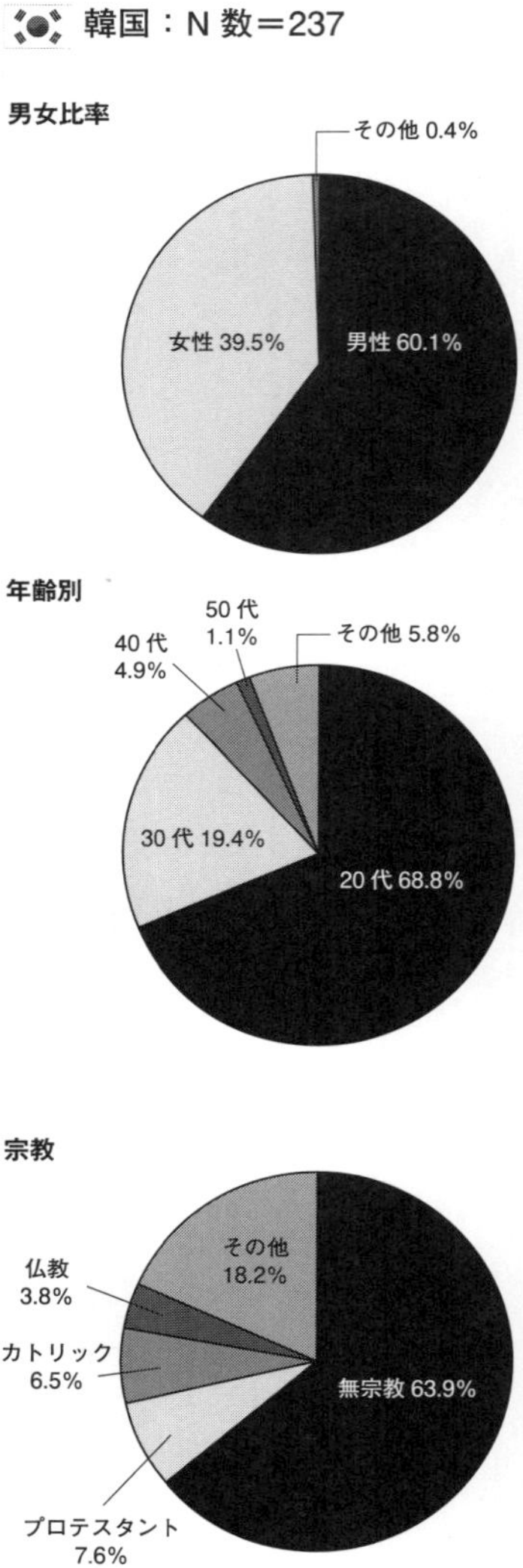

まずは、一九五三年の朝鮮戦争休戦以降、急速な経済成長を遂げたお隣の国、大韓民国（韓国）。人口は五千百五十六万人（二〇二三年現在）で、エレクトロニクス、ＩＴ、自動車、造船、鉄鋼などで世界に大きなインパクトを与え、国を挙げて教育にも力を入れている。日本にとっては貿易相手国として常に上位にランキングされる経済の重要パートナーであると同時に、食や音楽、アニメ・ドラマやファッションなど、文化的側面でも互いに大きく影響を与え合っている。筆者にとっても親しい友人が多い、特別な国の一つである。

ＣＱＩから見えた韓国の特徴を以下に解説する。

■特徴的な傾向

項目		ランキング
アダプテーション力		1位
回答の正確性	(-) 読み飛ばし傾向	1位
	(-) よく見せる傾向	1位
文化特性	個人主義	2位
	チャレンジ志向	2位
行動特性	手際よさ	10位
	洞察力	2位
性格特性	開放性	1位
	利他性	10位
	外向性	2位
異文化への敬意と誇り	自国文化への誇り	1位
日本・日系企業で働く目的意識	日本の環境・文化	9位
	私生活の充実	9位
	成長意欲・好奇心	1位
異文化適応行動	自律的学習	2位
	目的回顧	9位
	人間関係構築	2位
	(-) 逃避行動	1位

※回答の正確性（読み飛ばし傾向・よく見せる傾向）ならびに異文化適応行動（逃避行動・反すう行動）の項目では、ランキングが上位になるほどマイナス行動をとらないことを意味します。

■解説

ＣＱＩは、解答の正確性を見極めるために、「読み飛ばし傾向」「良く見せる傾向」を測る質問を点在させているが、この両方の質問に引っかからなかったのは、十か国のうち日本と韓国だけだった。ここから、韓国人の国民性は、日本人同様「まじめ」であることがいえる。「洞察力」も高いため、日本人が好む「一を聞いて十を知る」という文化にもフィットしやすいし、「自律的学習」も高いため、あまり手をかけなくても自分で学んでいこうとする意識が強い。

文化特性の中で特徴的なのは、「個人主義」「チャレンジ志向」を重視する国民性であること。あまり人に干渉されることは好まないが、難しい仕事でも臆せず取り組む傾向がある。

そして、何よりも注目すべきは、本書の主題である「アダプテーション力（ＣＱ）」が対象国と比較して最も高いことだ。ＣＱの高さに影響している要素としては、「開放性」と「外向性」が強く、生まれ持った性格が影響していることがわかった。また、「逃避行動」も低いため、日本で母国と異なる慣習と感じる局面があっても、ネガティブな思考や行動をとりにくいと考えられる。

一方、「利他性」が低く、「自国文化への誇り」も強く出ている。「日本の環境・文化」「私生活の充実」も低く出ており、ＧＤＰが上がってきた昨今、日本で働く以外の選択肢もあることは事実だと思う。

韓国人の傾向として、自分のやり方や考え方を重視すると思われるので、職場ではときに意見がぶつかることがあるかもしれない。

また、韓国は〝パリパリ文化〟といって〝早くやる〟ことを好む国民性といわれているが、CQIではその印象とは真逆で「手際よさ」が低く慎重な人が多いようだ。CQI事業アドバイザー山田功生氏の紹介で、KOREC※のメンバーにコメントをもらった。（※KOREC：韓国人と日本企業を繋ぐ韓国人材専門の人材紹介会社）

「韓国人は、バスの乗り降りや、エレベーターの開・閉ボタン、友人とのSNSの返答スピードなど、日々の生活における動きや判断はとても早い方が多いのですが、大きな責任が伴う意思決定や仕事はその真逆です。超学歴社会、競争社会の国であるため、受験や企業選び、会社での大事な仕事など、やり直しがききにくいと思うことにおいては慎重になる傾向があると思います」

韓国人は「成長意欲・好奇心」が高く、「人間関係構築」に高い傾向値が出ているため、指導する際には将来どんな自分になりたいのか、目標や夢を聞きながら根気強く理解を求め、また彼ら彼女らの言い分に耳を傾けることが重要だ。

自律しつつも、強い仲間意識のある中国人

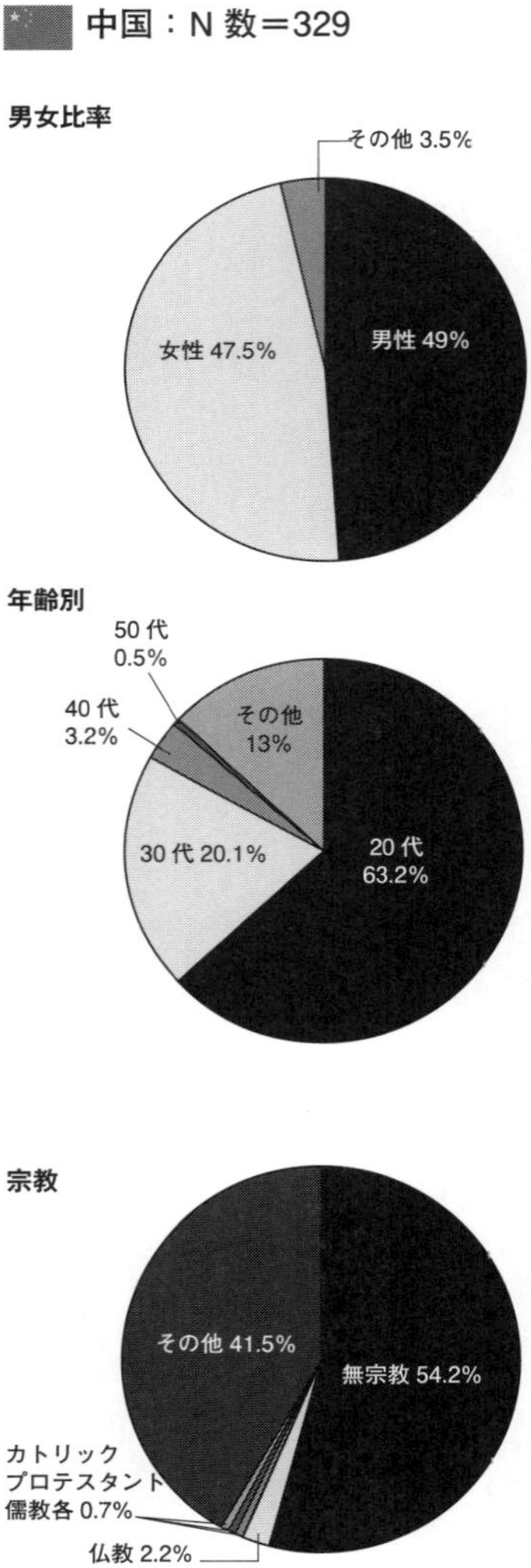

次は大国、中華人民共和国（中国）。世界最大規模の人口に加え、世界第二位のＧＤＰが示す通り、言わずもがな国際社会に与える経済的インパクトは巨大だ。さらに文化面においても、数千年に渡る歴史の中で文学、哲学、芸術、そして科学技術を発展させてきた中国の影響力は世界の隅々にまで及ぶ。日本に住む中国人の数は約七十八万人（二〇二三年現在）と最大で、我が国に最も大きな影響を与える国の一つである。

■特徴的な傾向

項目		ランキング
回答の正確性	(-) 読み飛ばし傾向	1位
	(-) よく見せる傾向	2位
文化特性	個人主義	2位
	短期志向	2位
	公私区別	2位
性格特性	利他性	2位
異文化への敬意と誇り	日本文化への敬意	9位
	自国文化への誇り	2位
日本・日系企業で働く目的意識	キャリアアップ・スキルアップ	9位
	成長意欲・好奇心	2位
異文化適応行動	自律的学習	1位
	人間関係構築	2位
	(-) 逃避行動	1位

■解説

中国も、日本・韓国同様「読み飛ばし傾向」に引っかかった人はゼロ。「良く見せる傾向」もほとんどいない。これは、他国と比較してこの手の検査やテストに慣れているからと考えられる。集中力も高く、一般的に教育水準が高い傾向がある。

「日本文化への敬意」があまり高く出ておらず、「自国文化への誇り」が高く出ている。日本で働く目的意識の項目でも「キャリアアップ・スキルアップ」は低い。あくまでも分析対象の他国との比較ではあるが、前述した韓国同様、経済発展めざましい中国において、「日本は憧れの国」という位置づけからは変わってきているように思う。

文化特性や性格特性の中で特徴的なのは、「個人主義」「公私区別」の高さだ。基本的に、自分を信じ他人に依存しない気質であるため、集団で行動し公私の垣根なく人付き合いするわけではない。一方、性格としては「利他性」が高い。

そして「成長意欲・好奇心」「自律的学習」が高く、「逃避行動」はとらない。中国人の傾向として、上司からの指示でも納得できなければ面従腹背するような「逃げ」はせず、意見をぶつけてくることもあると思われる。日本という国に依存する傾向は低いが、「人間関係構築」もうまく、他者を思いやり、高い成長意欲で自律して働く様子は、これからの日本にとって頼れるビジネスパーソンとなるだろう。

中国人の特徴について、元ＹＫＫ株式会社副社長で上海ＹＫＫジッパー社総経理（社長）も務められた本多正憲さんに話を聞いた。

「基本的に、中国人はＣＱＩの分析結果に近しい国民性を持っていると思います。特に面白いのは個人主義で公私区別をするのに利他的だという部分です。中国人には自らチームワークを重視して動くことをそんなに期待できませんが、家族や仲間になった人はとても大切にし、利他的に接します。イタリア人も同じような傾向がありますが、自分の身内とそれ以外の境界線がはっきりしていて、身内と思っている人に対しては献身的にサポートし、一緒に成功しよう、という意識は非常に強いです」

この感覚は、私も中国人の友人が多いので共感できる。

一緒に働く中国人のメンバーには、まず我々の側から思いやりを伝え行動し、仲間意識を持ってもらうことが大切だと感じる。

温和で、モチベーションの強いフィリピン人

フィリピン：N数＝638

男女比率

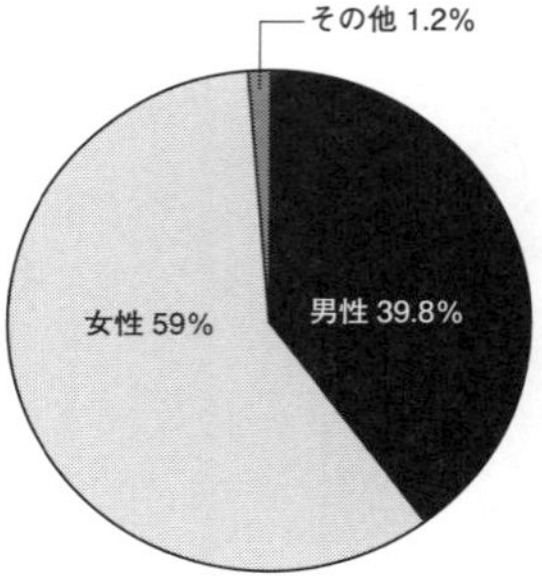

年齢別

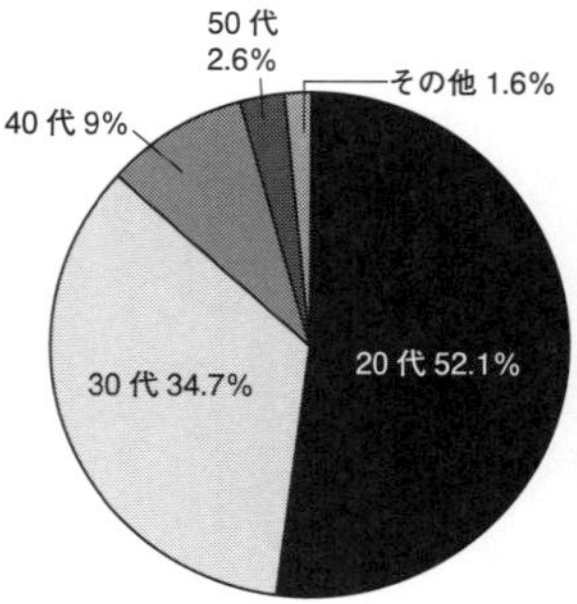

宗教

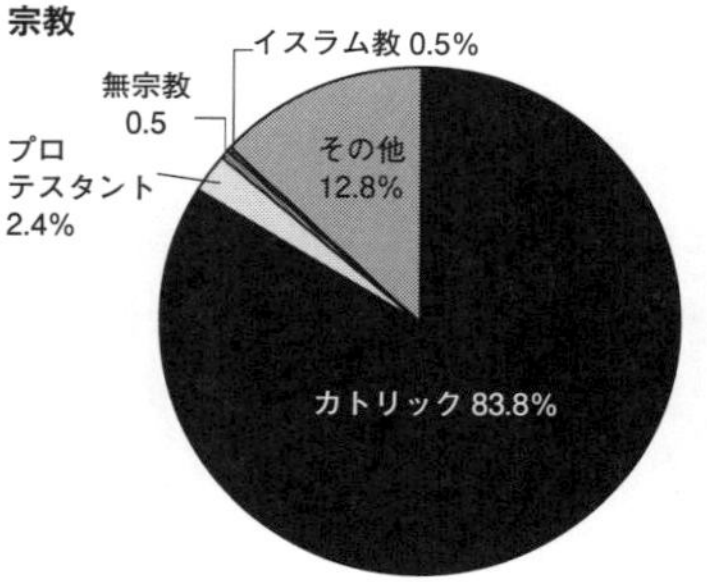

フィリピン共和国（フィリピン）は七千六百四十一の島々からなる国。陽気で温かい国民性と豊かな自然が魅力だ。首都マニラをはじめ、セブ島やボラカイ島などの観光地は世界中から人々が訪れる。スペインとアメリカの植民地時代を経て、一九四六年に独立。この歴史はフィリピンの文化に多様性をもたらしている。人口は約一億千二百万人で、公用語はタガログ語と英語。「世界最大の労働力輸出国」ともいわれるように、政府のサポートも厚く、国外に働きに出る人が多い。日本とは経済、文化、教育などで深い友好関係にあり、多くの日本企業がフィリピンで事業を行い、人的交流も盛んだ。

■解説

■特徴的な傾向

項目		ランキング
回答の正確性	(-) 読み飛ばし傾向	1位
文化特性	自己抑制	1位
	集団主義	2位
	ピラミッド型組織	2位
日本・日系企業で働く目的意識	目的意識の強さ	1位
	私生活の充実	2位
異文化適応行動	目的回顧	1位
	人間関係構築	9位
	(-) 反する行動	9位

フィリピンは、「読み飛ばし傾向」に出ているように、回答の正確性が高い。これは集中力の高さ、注意力の高さの表れでもある。

「世界最大の労働力輸出国」というフィリピンの独自の文化の影響か、「日本・日系企業で働く目的意識」が一番高く、「私生活の充実」をモチベーションの源泉とする。日本で異文化に直面したときにも、「目的回顧」して立ち直ろうとする。

文化特性としては、「集団主義」を好み「自己抑制」し、「ピラミッド型組織」を好む傾向がある。多くの仲間と力を合わせて仕事をしつつ、上意下達で強い自己主張やこだわりは持たない。

一方で、「反する行動」が強く出ているため、過度なプレッシャーを与えることは避けたほうがいいと思われる。フィリピン人の方は明確な強い目標を持っている人が多いので、シビアなマネジメントをするのではなく、どのような夢を叶えたいのか会話しながら、信頼関係を作っていくことをお勧めしたい。

フィリピンの送り出し機関と提携し日本に連れてくる事業部を立ち上げた、株式会社商船三井の小池さんに話を聞いた。

「CQIの結果には納得感があります。フィリピンの方々は、日本人以上に『きつい言い方』を避けようとすると思います。会話をしていて嫌な気持ちになることがありません。実はフィリピンには『叱る』という文化がないといいます。親はまだしも学校の先生など他人から厳しく叱られる経験がないんですね。また敬虔なるクリスチャンが多く心が穏やかで、フィリピン人の根底にあるのは宗教と家族です。子どもにいい教育を施したい、家族を養いたいから、住み慣れた地を出てでも働きに行きます。まさに、目的を回顧して頑張るでしょう。ただ、過度なプレッシャーは要注意です。決して言い返したりはしませんが、信頼関係を失い急に辞める、帰国するということも起こっています。何か守らせたいことがあったら丁寧な説明をすることが重要です」

家族のために、世界中どこでも働きに出る勇ましさがある反面、性格は温厚で控えめな様子が見て取れる。丁寧な会話を通じて信頼関係を築いていきたい。

輪を乱さず、信頼関係を大切にするカンボジア人

カンボジア：N数＝762

男女比率

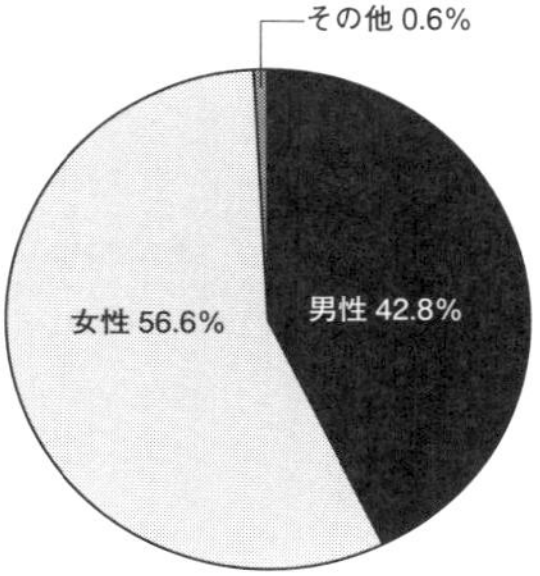

年齢別

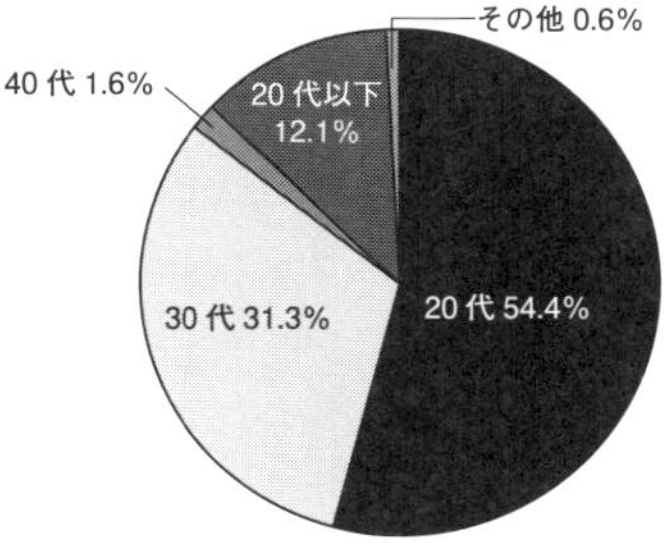

宗教

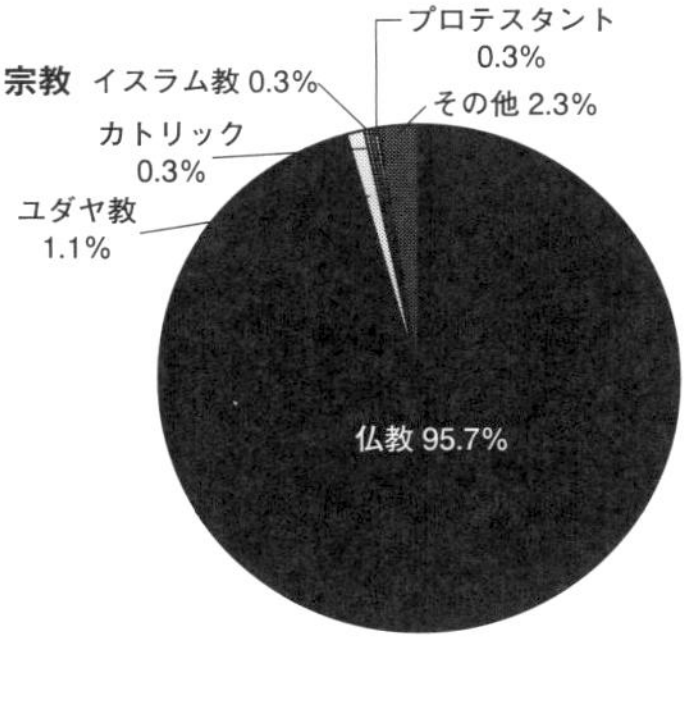

カンボジア王国（カンボジア）はインドシナ半島の心臓部に位置し、世界遺産アンコールワットやシルバーパゴダなど豊かな歴史と文化遺産で知られている。この国は古代クメール帝国の影響が色濃く、伝統的なアプサラダンスやクメール音楽にその遺産が今も息づいている。しかし、一九七五年から一九七九年にかけてのポル・ポト政権下では、教師や医者、資本家が虐殺されたという暗い歴史を持つ。その数は一説には二百万人ともいわれ、当時の国民八百万人の二十五%に相当する。知識人が大量に虐殺されたため、今もなお教員不足で教育普及率の向上が課題だ。しかし、ポル・ポト政権崩壊後の経済成長率は高い水準を維持し、

国民の平均年齢も二十六・五歳と大変若く、今後の発展に期待できる国の一つである。

■特徴的な傾向

項目		ランキング
アダプテーション力		9位
回答の正確性	(-) 読み飛ばし傾向	10位
	(-) よく見せる傾向	10位
文化特性	集団主義	1位
	短期志向	1位
	公私一体	2位
	安定主義	2位
	安全志向	2位
行動特性	洞察力	9位
性格特性	開放性	2位
	外向性	10位
異文化への敬意と誇り	自国文化への誇り	9位
日本・日系企業で働く目的意識	目的意識の強さ	9位
	社会貢献	1位
異文化適応行動	適応行動の強さ	9位
	自律的学習	9位
	建設的主張	9位
	人間関係構築	1位
	(-) 逃避行動	9位

■解説

カンボジアは、回答の正確性を測る「読み飛ばし傾向」「よく見せる傾向」に引っかかる回答者が多く、「逃避行動」も強く出た。これは教育水準に影響する結果だと思われる。指示やルールについて深く考え、その本質を理解する「洞察力」が低く出ているが、これは逆に言えば「従順性」が高く、疑いを持たず素直に行動する傾向が強いということだ。「外向性」や「自国文化への誇り」が低く「人間関係構築」は高い。おとなしい性格で自分たちの考え方を押し込めることがあるかもしれないが、人間関係を作って促せば色々と相談をしてくれるであろう。

「自律的学習」「建設的主張」は低いため、自ら行動を起こし学習し、自分の意見を主張する積極性を期待することは難しいかもしれないが、「開放性」は高いので、新しいことにチャレンジすることは苦にならないだろう。どんどん挑戦する機会を提供したい。

文化特性はとても特徴的である。なんと「集団主義」「短期志向」「公私一体」「安定主義」「安全志向」の五項目において強い傾向がみられた。上司・部下の関係性を保ちながらも職場の人たちと一体感をもって接することを望み、安定した環境で仕事を間違いなく進めようという意識が強いことが特徴だ。

「目的意識」は強くないが、「社会貢献」の欲求は、今回の比較国の中で一番高かった。

カンボジア人の特徴を、ARS取締役の飯田さんに聞いた。ARSはワタミグループの送り出し機関で飯田さん自身もカンボジアで通算十二年の経験を持つスペシャリストだ。

「CQIの結果はよくカンボジア人の特徴を表していると思います。集団主義で人が良いので、自分勝手に行動して輪を乱すことをしません。共同生活でも問題を起こさず、自分勝手に給料や待遇で不満を募らせることも少ないです。逆に、ハングリー精神が少ないと感じることや、誰かが仕事に不満を募らせると、その意見に引っ張られることがあります。

また、カンボジアでは、「こんにちは」や「おはよう」などのあいさつの後に必ずと言っていいほど、「ニャムバーイハウイ？（ご飯食べた？）」と聞いてきます。あいさつの中に相手を気遣う習慣が染みついているんです。性格がおとなしい彼ら彼女らは、こちらから話しかけないと壁を作ってしまうかもしれませんが、食事などを一緒にしながらプライベートの話をすると喜んでくれます。信頼を得ると、距離が近くなって長く一所懸命働いてくれます」

ハングリー精神が強いアジア各国の人材と比較すると、カンボジア人には物足りなさを感じるかもしれないが、上司が人間関係を作ることを心がければ、エンゲージメントの高い仲間として組織に貢献してくれるであろう。

マイペースでシャイな、仲間意識の強いインドネシア人

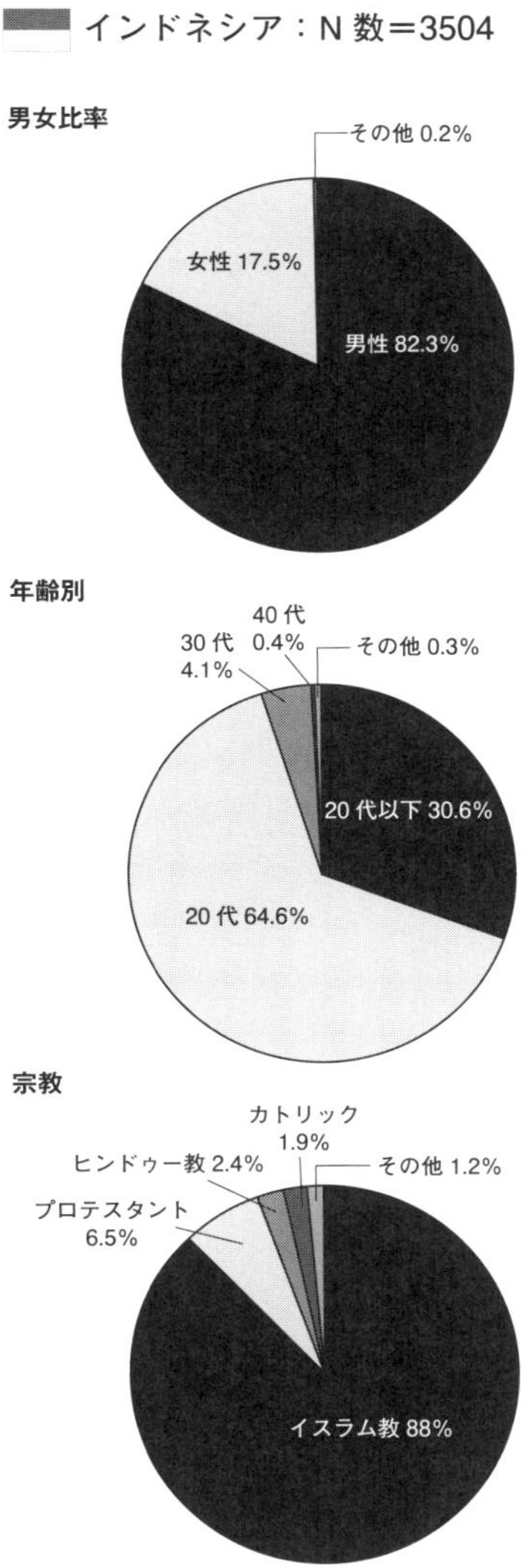

インドネシア共和国（インドネシア）は約一万七千の島からなる世界最大の島国であり、人口は約二億七千万人と世界で四番目に多い。公用語はインドネシア語であるが、三百以上の民族と言語が存在するといわれる多民族国家である。

建国の父といわれているスカルノ初代大統領がインドネシアの独立を果たし、「Bhinneka Tunggal Ika（多様性の中の統一）」という言葉が国是とされた。この言葉にあるように、さまざまな民族で構成されるインドネシアはその多様性を否定しない。宗教もイスラム教徒が八十八％を占めるが、国教という位置づけではなく、ヒンドゥー教、仏教、キリスト教といっ

たさまざまな宗教が入り交じり、独特の文化と伝統を育んできた。

日本とは経済、文化、教育などで深い関係にあり、多くの日本企業がインドネシアで活動している。筆者は二〇一四年から二〇二〇年まではインドネシアに住んでいたため、友人も多く愛すべき第二の故郷である。

■特徴的な傾向

項目		ランキング
回答の正確性	(-) 読み飛ばし傾向	9位
文化特性	自己主張	2位
	短期志向	2位
	公私一体	1位
	安定主義	1位
	安全志向	1位
行動特性	手際よさ	9位
	洞察力	10位
性格特性	開放性	10位
	外向性	9位
日本・日系企業で働く目的意識	目的意識の強さ	2位
	キャリアアップ・スキルアップ	1位
	社会貢献	2位
異文化適応行動	適応行動の強さ	1位
	建設的主張	1位
	(-) 反すう行動	1位
	(-) 逃避行動	2位

解説

インドネシア人は、「読み飛ばし傾向」の項目に強く引っかかっていた。一方「反すう行動」や「逃避行動」をとることが少ない。インドネシア人はよく「キラキラ」という言葉を使うが、「おおよそ」とか「だいたい」という意味で、良く言えば「おおらか」でくよくよしない。見方を変えれば「厳格さに欠ける」といったインドネシアの国民性がうかがえる。「手際よさ」が低くテキパキとは行動しない傾向がある。ゆったりとしたインドネシア人の特性が出ているといえそうだ。また、「洞察力」も低く、あまり深く考えずに言われたことを素直に受け止める、という傾向がある。

「開放性」が低く文化特性も「安全志向」よりなので、新しいことにどんどんチャレンジするというよりは決められた仕事をこなす方が向いているようだ。「外向性」も高くないのでインドネシアのシャイな性格が出ているが、「公私一体」が強く、職場でも仲良くなれば家族のように心を開いて接することを求めるであろう。

仕事では「短期志向」を好む傾向があるため、長期的な計画を立てたり先を見越すことを求めるのであれば、教育が必要かもしれない。

「日本・日系企業で働く目的意識」の中では、特に「目的意識の強さ」「キャリアアップ・スキルアップ」「社会貢献」が強い。また、異文化に馴染む「適応行動」は強い。インドネシアも多民族国家であるため、自然と「違い」を受け入れており、自分の考えや行動は柔軟に変えることができるといえる。

「自己主張」や「建設的主張」が高く、何かあれば自分の意見を相手にも伝えようとする。仕事で悩んでいそうであれば考えを聞いてみることをお勧めしたい。

インドネシア人のダラさんに話を聞いた。ダラさんは、私の長年のビジネスパートナーで、両親はインドネシア人だが十二歳の時に日本での生活をはじめた。九州大学を卒業後、インドネシアの日系企業に長年勤め、今は独立して日イを繋ぐコンサル業を行っている。母国語のように日本語も話す彼女は、日本とインドネシア両国の感覚を持ち合わせている希少な人物である。

「ＣＱＩの結果はインドネシア人の傾向をよく捉えていると思います。インドネシアは教育レベルの格差が大きく、多くの人が文字から情報を読み取ったり、長い文章を読んだりする習慣が日常的にあまりないため、読み飛ばし傾向にはそれがよく出ています。会社のルールを徹底したい場合は文字の羅列ではなく口頭で繰り返し伝えたり、絵や漫画にしたり、実際にやって見せるのが良いかと思います。また分析結果にも出ていますが、マイペースに、言われたことをそのまま受け取って仕事をする傾向があり、議論も反論もしたくないし、なぜそうなのかを知りたいという欲求は高くないと思います。ある意味とても素直で良い人たちが多いので、指示は「明確」に「何度も繰り返す」ことを徹底すれば真面目に取り組んでくれると思います。

外向性の低さにも表れていますが、地方の方は恥ずかしがり屋が多く初対面の人と距離を詰めるのはうまくありません。しかし、家族や仲のいい仲間など居心地の良い環境には長くいたいと感じます。仲良くしすぎると過剰に甘えが出てしまいますが、年上を敬う国民性もあるため、上司が良い距離感を保ちながらも仲間意識を強く持って接すれば、会社にとって長期的な戦力になってくれると思います」

インドネシア人は、シャイではあるが根が明るくとっつきやすい性格だ。その反面仕事においては日本人が重視する「真剣さ」を感じづらいことがある。彼ら彼女らは人生を謳歌していて日本人にはない魅力を感じさせるが、プライベートと仕事の線引きをどう受け止めてもらうかが大事になっていくと思われる。

思いやりが強いが深く干渉しない、ポジティブなタイ人

タイ：N数＝2194

男女比率

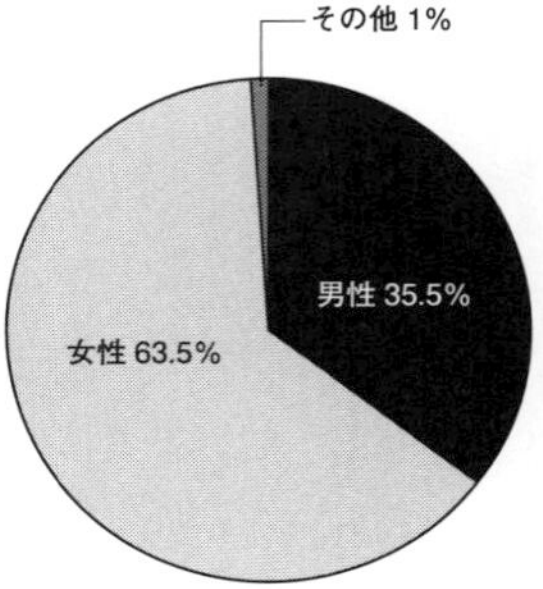

年齢別

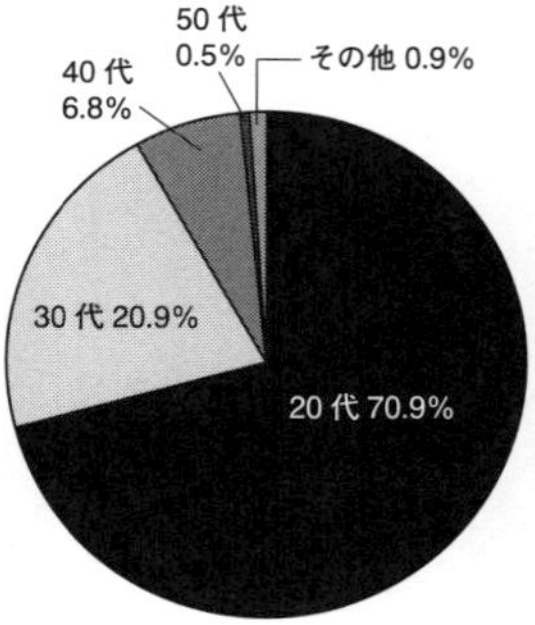

宗教

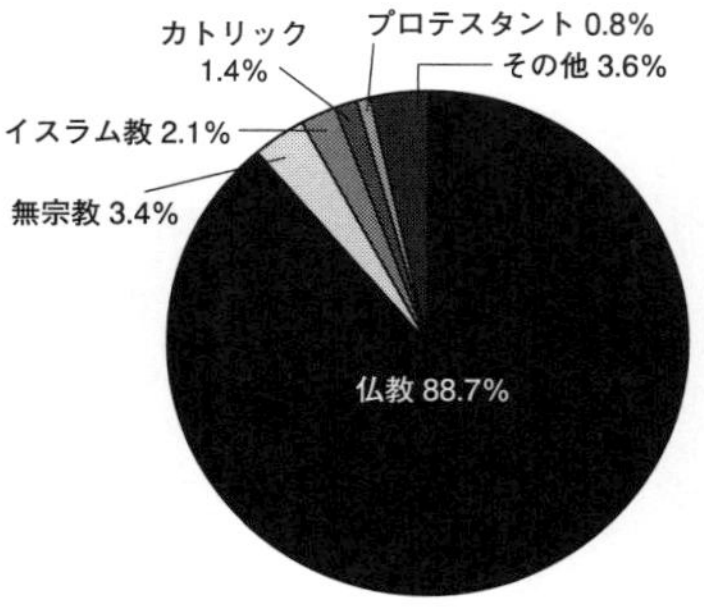

タイ王国（タイ）の人口は約六千九百万人。タイは長い歴史を通じて、西洋の植民地支配を受けなかった東南アジア唯一の国として知られており、首都バンコクは、国際的なビジネスと文化の中心地として栄えている。タイは信仰の自由が認められているが九十%近くが仏教徒で、戒律の厳しい上座部仏教に強い信仰心を持つ。農業が盛んで、特に米の輸出大国として知られている。近年、タイは経済成長を続け、観光業もまた国の重要な収入源の一つである。美しいビーチ、歴史的な遺跡、活気ある市場と、微笑みの国タイと呼ばれる国民性は、世界中から観光客を引き寄せている。

■特徴的な傾向

	項目	ランキング
回答の正確性	(-) 読み飛ばし傾向	2位
文化特性	公私区別	1位
行動特性	手際よさ	1位
性格特性	利他性	1位
異文化への敬意と誇り	日本文化への敬意	1位
日本・日系企業で働く目的意識	社会貢献	9位
	私生活の充実	1位
異文化適応行動	自律的学習	2位
	(-) 反すう行動	2位

■解説

タイは「読み飛ばし傾向」が低く、教育水準の高さを感じられる。微笑み国タイのイメージ通り、「利他性」が一番高く相手を思いやる気持ちが強い。一方、「公私区別」や「自律的学習」が強く出ており、仕事とプライベートは切り分け、他人に依存しない傾向があるようだ。それに加え「手際よさ」と「私生活の充実」も高い。「社会貢献」の欲求は高くないため、仕事はテキパキとしっかりこなし、頑張った分は自分自身に還元されて給料などの処遇を上げたいという仕事への向き合い方が伺い知れる。「日本文化への敬意」も高いため、タイのやり方・自分のやり方に固執せず、企業文化をリスペクトした行動を期待できる。

また、「反すう行動」が低いため、何かうまくいかないことがあってもくよくよしない、しっかりした人が多い印象だ。

タイで人材ビジネスを行うJINZAI RECRUITMENT（THAILAND）CO., LTD.の吉田寛社長にお話を伺った。

「タイは、上座部仏教の影響があり、信仰に対しては熱心で大変立派なお寺が多く建てられています。しかもその多くが地域住民からの寄付で成り立っており、自分の身を削ってでも他者に奉仕するという気持ちが強いと思います。職場でも仕事仲間とはウエットな付き合いをします。一方仕事が終わるとパッと帰り、会社に依存しているわけではありません。相手を尊重しながらも深くは干渉せず否定もしない、というスタンスは、多様な性への許容度に表れていると思います。

何よりも、彼ら彼女らはハッピーになるために仕事をし、生きているので、常にニコニコしています。悪く言えば、日本人ほど深くは考えず反省しないとも捉えられますが、『マイペンライ（問題ない）精神』が根付いていて、あらゆる物事をポジティブに捉える国民性だと思います」

マイペンライ精神で執拗にこだわりを持ちすぎない部分は、我々日本人も大いに学ぶことがあると思う。

外向性が高く成果にこだわる、生き抜く力の強いインド人

インド：N数＝936

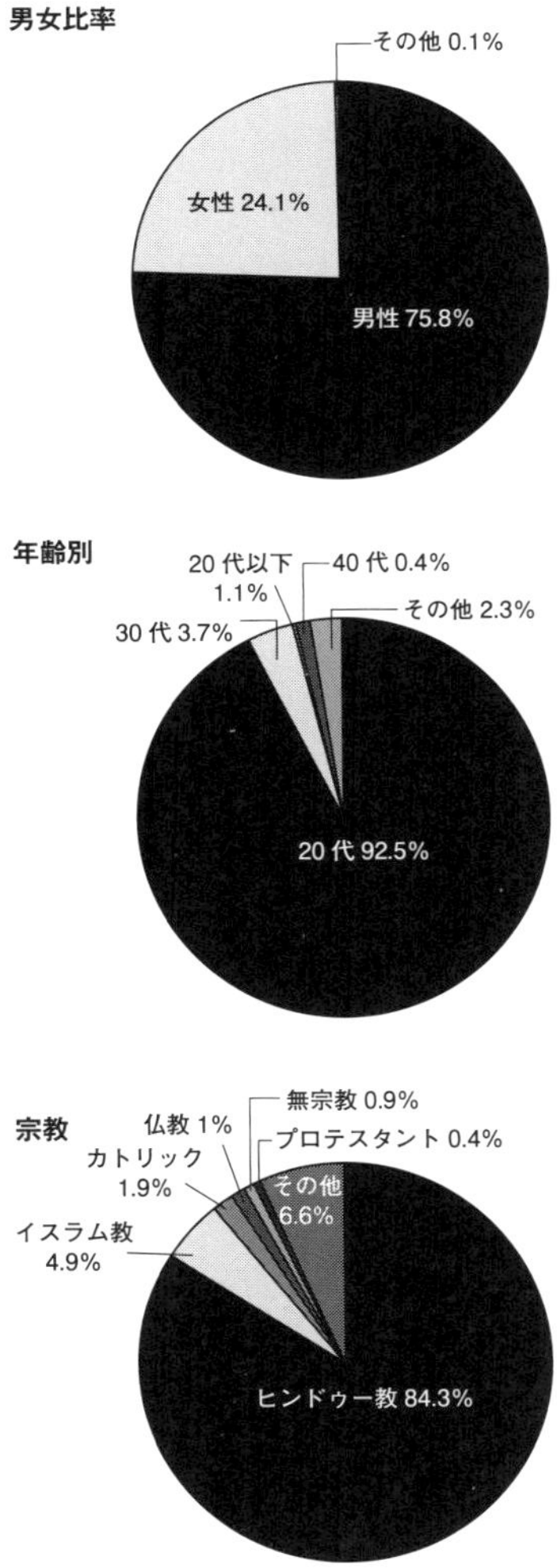

南アジアに位置するインド共和国（インド）は、二〇二三年に人口約十四億二千八百六十万人となり、中国を抜き世界一位になった。数千の民族と数百の言語が存在し、ヒンドゥー教、イスラム教、キリスト教、シク教、仏教など多くの宗教が共存。まさに異文化との共存が根付いている。

インドの歴史は古く、紀元前二五〇〇年ごろにはインダス文明が栄えていた。その後、アーリア人の到来、仏教の誕生、数多くの王朝の興亡を経て、十九世紀初頭にはイギリスの植民地となった。一九四七年にマハトマ・ガンディーの非暴力不服従運動により、英国から

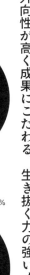

独立を達成した。

現代のインドは、急速な経済成長を遂げている新興国で、IT産業をはじめとするサービス業が特に発展している。教育面では、IIT（インド工科大学）やIIM（インド経営大学院）などの高等教育機関が国際的な評価を受けている。インドはまた、ITや宇宙開発においても独自の地位を築いており、経済、科学技術の両面で国際社会に影響を与え続けている。

■特徴的な傾向

項目		ランキング
アダプテーション力		2位
回答の正確性	(-) 読み飛ばし傾向	1位
文化特性	自己抑制	2位
	フラット型組織	1位
	成果主義	1位
性格特性	外向性	1位
日本・日系企業で働く目的意識	日本の環境・文化	2位
	私生活の充実	8位
異文化適応行動	適応行動の強さ	2位
	建設的主張	2位

■解説

インド人のアダプテーション力は高い数値が出た。異なる文化であっても適応する力が強い。これはインドという環境そのものが多文化であるからであろう。また、日本人・韓国人・中国人同様、「読み飛ばし傾向」もないため、注意力・集中力が高いことがわかる。

そして一般的によく言われるイメージ通りだが「外向性」と「建設的主張」が強く、もともと自己主張がはっきりしている性格である。ただ、「異文化適応行動」も強く、自分の行動を正して適応する傾向もあるため、無理に我を通すわけではない。

「日本の環境・文化」に対するモチベーションが強く、日本で働きたい意欲は高いとみられる。また、「自己抑制」「フラット型組織」「成果主義」という企業文化を好む。この三点が特徴的なのは、日本に働きに来ているインド人の多くはエンジニアであるから、ということがいえるかもしれない。エンジニアの特徴としては、フラットで風通しの良い組織でありながらも、成果にコミットして仕事を進め、仕事場では自己抑制するという傾向がある。

インドに十二年住み、日系企業の進出支援を展開するEIJ Consulting Pvt. Ltd.を現地で設立しているCEOの柴田さんに話を聞いた。

「このCQIの結果はかなりインド人を捉えていると思います。インド人の特徴は生まれながらにして異文化で育っているということと、オポチュニティー思考が強いということです。インドには二十八の州がありますが、別の州は別の国と思えるくらい言葉も文化も考え方も違うため、子どものころから適応しないと生きていけない感覚が身についています。

また、仕事で何かチャンスがあれば掴もうとするため、もともと外向性や主張が強くても仕事場では周りを見ながら意見を調整し自分を抑制するというのもよくわかります。読み飛ばし傾向が低いのも、オポチュニティーを掴み生き残るためです。

これらは、エンジニアだからというわけではなくインド人の全体の傾向といえるかもしれません」

グーグルを傘下に持つアルファベット、マイクロソフトにＩＢＭ、スターバックス、シャネル、FedEx と世界の名だたる大企業のＣＥＯにインド人が就いている。日本では亀田製菓のＣＥＯにもインド人が就任したし、イギリスの元首相リシ・スナク氏もインド系だ。

インド人のアダプテーション能力の高さと優秀さが、世界を席巻し始めている。

ハングリー精神とキャリア志向の強いベトナム人

★ ベトナム：N数＝2655

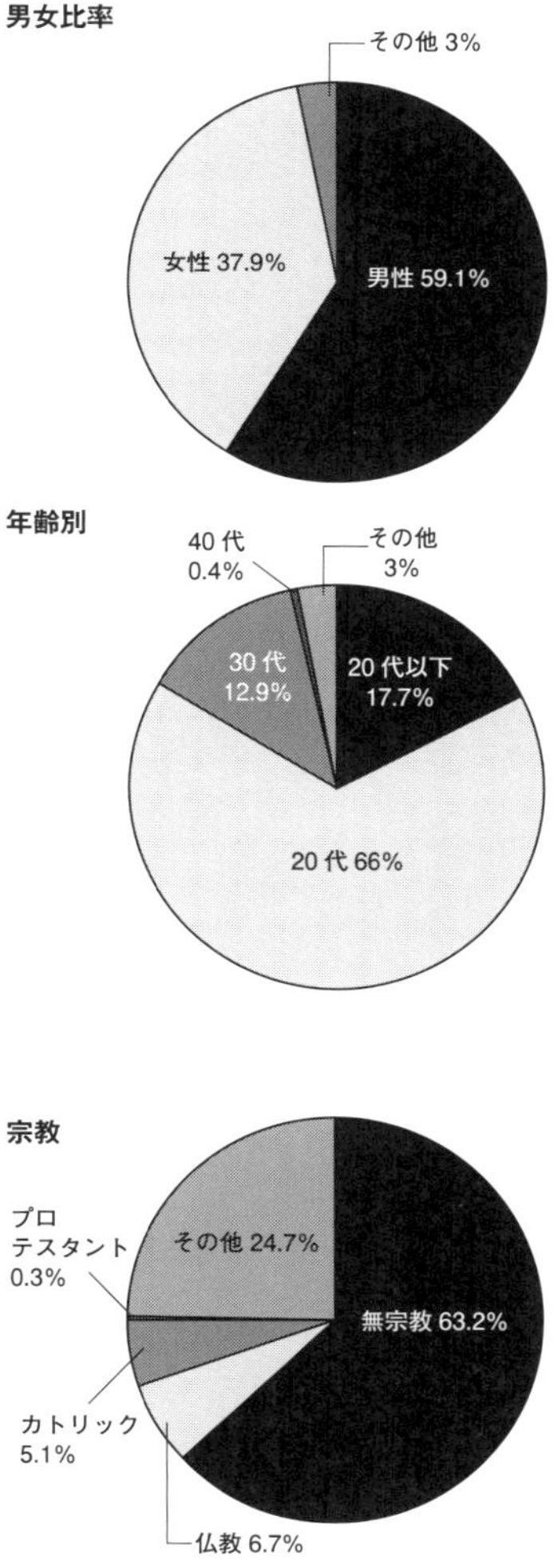

人口約九千七百万人、東南アジアに縦長の国土を持つベトナム社会主義共和国（ベトナム）は、北部の首都ハノイと南部の経済都市ホーチミンの二大都市が有名だ。ベトナムの歴史は数千年にわたり、中国の影響を受けながらも独自の文化を育んできた。二十世紀にはフランスの植民地となり、その後のベトナム戦争を経て一九七五年には北ベトナムと南ベトナムが統一された。宗教的には仏教や儒教の影響もあるため、考え方や生活文化は日本との共通点が多い一方、フランスを中心とした西洋文化の影響も強く、西欧的合理精神も身につけている。

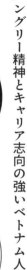

ベトナム人は人口ボーナスの好機にあり、農業や観光などを中心とした経済発展が著しい。

■特徴的な傾向

項目		ランキング
回答の正確性	(-) よく見せる傾向	9位
文化特性	ピラミッド型組織	1位
行動特性	手際良さ	2位
性格特性	開放性	9位
異文化への敬意と誇り	日本文化への敬意	2位
日本・日系企業で働く目的意識	キャリアアップ・スキルアップ	2位
異文化適応行動	目的回顧	2位

■解説

ベトナム人は「手際良さ」が高く、日本人が好むテキパキとした働きを期待できる。また、「日本文化への敬意」と「キャリアアップ・スキルアップ」に強いモチベーションを持つ。

「ベトナム人が強く給料交渉をしてくる」という話をよく聞く。せっかくつかんだ日本での就労機会を生かしてステップアップしたいという気持ちの表れと、日本人にはないこの積極性は、西欧の影響が強くあるのかもしれない。「よく見せる傾向」が強く出ている点もよりよく評価されたいという気持ちの表れかと考えられる。

「ピラミッド型組織」が最も強く、「開放性」が低く出ている。これは、上意下達の組織が居心地よく、言われたことはやろうとするが、自ら新しいことをやろうという性格ではないということを表している。一方、「目的回顧」が強いため、自分が日本に来た目的、会社に入った目的を定期的に思い起こさせることで、会社で働くモチベーションを強めることができると考えられる。

七年間日本に住み、三年間企業に勤めて二〇二三年から日本で起業した、Green Life社のフォン社長に話を聞いた。

「CQIの結果はとてもベトナム人らしさを表していると思います。ベトナム人は個人のキャリアアップをとても強く望む傾向があります。これは子どものころから親に、他人の子と比べて頑張るように声がけをされる習慣があるからだと思います。ベトナム語で“Con nhà người ta”（コン ニャ グオイ タ）という言葉を親は子どもによく使いますが、これは「隣の子」という意味で、隣の子に負けるから頑張りなさい、というときにしか使いません。他の人と比べて自分が抜きん出たい、というハングリー精神は幼少のころから育まれていると思います。あまり人と自分のキャリアを相談したり話し合ったりするわけではないので、急に辞めたり転職したりということが比較的多いと思います。

また、ベトナム人のマネジメントで重要なのは結果を見ることです。事細かに過程ややり方を指示するとモチベーションが下がるので、結果を出すことにフォーカスして指導するとよいと思います」

ベトナムも昔に比べて生活が豊かになってきているという。なんとしても日本で長期間、働かなければならないという状況から、一つのキャリアステップとして捉えることが多くなってきているようだ。日本が良いパートナーになれるように、ベトナム人の特性を捉えたマネジメントを心掛けたい。

短期間で人間関係を作り、建設的主張のできるネパール人

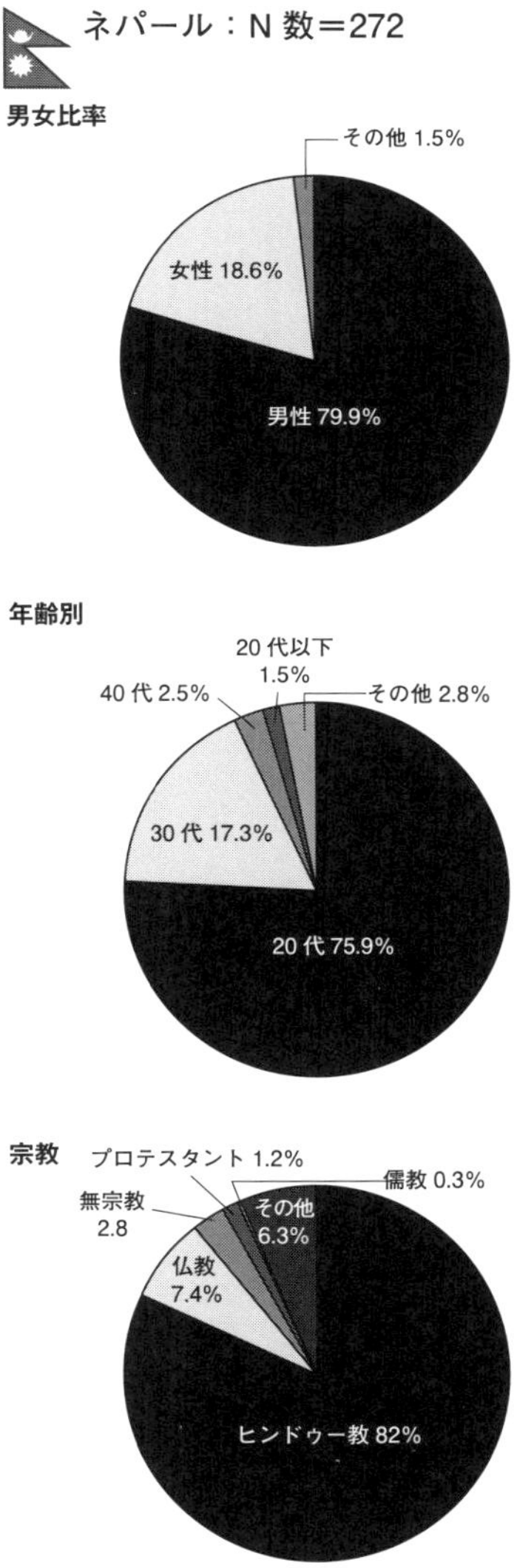

約二千九百万人の人口を抱えるネパールは、世界最高峰エベレスト山を含む自然景観と、ヒンドゥー教を主とする多様な宗教で知られる。多文化社会を形成するさまざまな民族と言語が共存している。

古代からの独自の文化と伝統を基に、中世期にはカトマンズ盆地を中心に小王国が栄えた。経済は農業が中心で、観光業と合わせて重要な収入源だ。カースト制度が色濃く残り、インドと中国に接する港の無い内陸国であるネパールだが、十八世紀にシャハ王朝が現在の国家基盤を築き、二〇〇八年には王制が廃止され連邦民主共和国へと移行し新たな成長局面に向

かっている。

■特徴的な傾向

項目		ランキング
文化特性	長期志向	1位
	フラット型組織	2位
	成果主義	2位
性格特性	利他性	9位
異文化への敬意と誇り	日本文化への敬意	9位
日本・日系企業で働く目的意識	日本の環境・文化	1位
異文化適応行動	建設的主張	1位
	(-) 逃避行動	2位

■解説

ネパール人は、「フラット型組織」を好み、「成果主義」で働く人が多い。

「建設的主張」も上手なため、上司部下というガチガチの関係ではなく、パートナー的な立場で接してくれるマネジメントだと、成果にコミットした働きぶりが期待できそうだ。

また、「逃避行動」が低く出ていることも特徴的で、トラブルがあっても投げ出さずに向き合う傾向がある。

一方、「利他性」や「日本文化への敬意」が低く出ているため、周りの人に合わせるよりも、自分の主張や考えに重きを置く傾向がある。

「日本の環境・文化」に対するモチベーションが強いため、採用時には日本で働くこと自体がアピールポイントになりそうだ。

二〇〇五年に来日し、日本で人材ビジネスを展開するネパール人のUnibird株式会社のカンデル社長にお話を伺った。

「ネパールは北と南で文化が異なっていたり、カーストで文化の違いがあったりするので、ネパール人をひとくくりにすることは難しいですが、ＣＱＩは特徴をよく捉えていると思います。「逃避行動」をあまりとらないということですが、言語化して丁寧に教えれば、投げ出さず真面目に仕事をする人が多いです。また、フラットな組織でパートナー的に接する上司が良いということですが、ネパール人は一回会っただけで深い友人関係を築くのが得意です。社交辞令で〝また今度飲みに行こう〟とはなりません。気に入ったらその日から飲みに行って親友のようになってしまう。距離を近く付き合うことが得意なので、人間関係を作っていただくと、深い信頼関係ができると思います」

ネパールでは「また今度」という言葉自体が存在しないという。意識して人間関係を作っていけば、ロイヤルティーの高い仲間になってくれることが期待できそうだ。

真面目で、洞察力が高い日本人

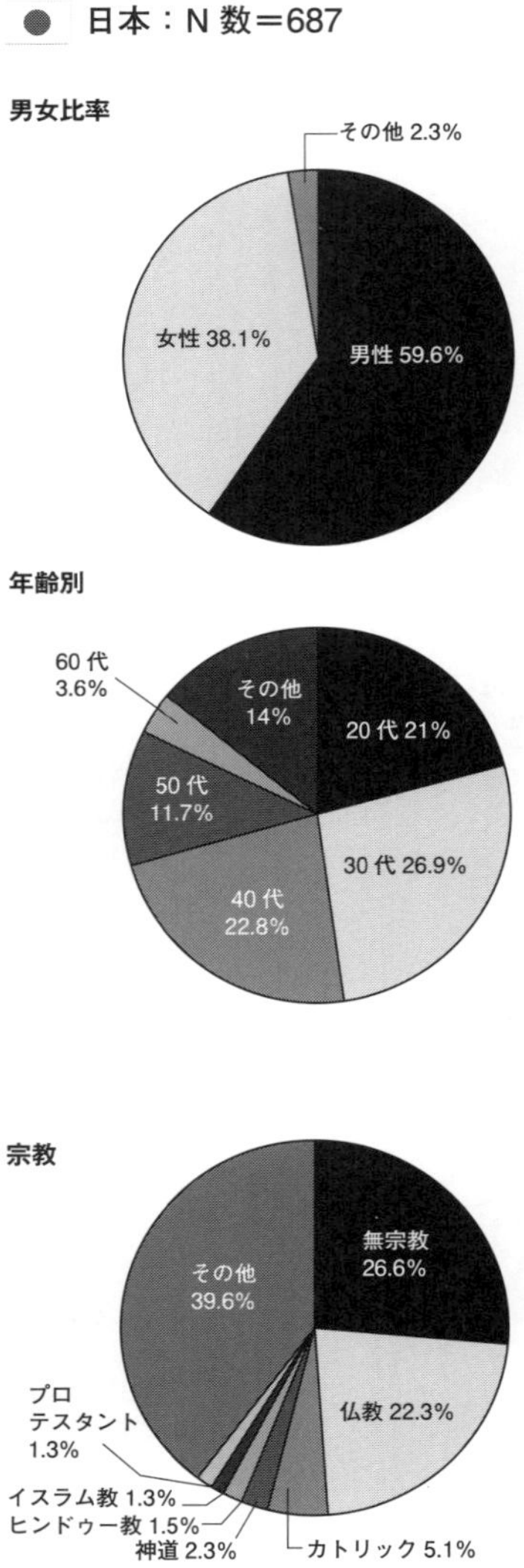

さて、最後は我が国日本である。まずは他国と同様、客観的な情報で日本を紹介しよう。約一億二千六百万人の人口を持つ島国日本は、四季折々の美しい自然景観と古来からの文化・伝統が特徴で、ユネスコ世界遺産も多数存在する。世界第四位のＧＤＰを誇り、製造業、特に自動車産業や電子機器が強み。また、サービス業も経済の大きな柱の一つである。教育水準が高く、科学技術研究で世界的な成果を出している。日本の宗教観は独特で、神道と仏教が融合した形の信仰が多くを占め、日常生活の中で八百万の神や祖先への敬意を表す習慣が存在する。これらの宗教的・文化的背景は、日本人の考え方や倫理観にも影響を及ぼし、

他者を尊重し、調和を重んじる姿勢が育まれている。

さらに、和の精神を象徴する「おもてなし」の文化は、訪れる人々を暖かく迎え入れる日本独自のサービス精神を世界に示す。文化面では、古典芸術からポップカルチャーまで幅広く、世界中にファンを持つアニメやマンガ、ビデオゲーム産業がある。また、四季折々の伝統行事や食文化も魅力の一つだ。

■特徴的な傾向

項目		ランキング
回答の正確性	(-) 読み飛ばし傾向	1位
	(-) よく見せる傾向	1位
文化特性	自己主張	1位
	個人主義	1位
	チャレンジ志向	1位
行動特性	洞察力	1位

■解説

日本は韓国と同じく、「読み飛ばし傾向」「よく見せる傾向」に引っかかった人はゼロだった。教育レベルの高さと集中力の高さを感じることができる。また、「洞察力」は十か国中一位であった。やはり「一を聞いて十を知る」文化は他国と比較して頭一つ抜けているようだ。ここまでは日本の特徴として読者の皆さんも納得されるのではないだろうか。

一方、文化特性においては、イメージの中の日本と、アジア各国と比較した日本には少し違いが出ているように思うが、これは相対比較の中の順位である。その前提で日本の特徴を見てみると、「自己主張」「個人主義」「チャレンジ志向」がそれぞれ一番強く出た。

一般的によく言われてきた日本は「自分の意見を言わず、集団での仕事を得意とし、安全志向を持つ」というイメージではないだろうか。

イメージを取り払い、データドリブン（データに基づいた客観的判断）で特徴を考えていきたいが、要因としては以下の二点が考えられる。

1．アジアの中での比較である。

2．昔の日本文化から変化している。

「国際会議で一番難しいのはインド人を黙らせ、日本人を喋らせること」などというジョークがあるように、確かに日本人は会議や研修などの場で自ら発言する人が少ない。しかしこれは一概に「自己主張」しないのではなく、オープンなディスカッションに慣れていなかったり、洞察力の強さに表れているように、場の空気を読んでその場では発言しなかったりする、という特徴だともいえる。少数での意見交換や、アンケート・メールなどの書面での意見交換では、アジア他国と比較して、自分の意見を持っていてそれを伝えようとする傾向は強いと感じる。

また、時折インドネシア人やフィリピン人から「職場の日本人は冷たい」と言われることがある。同僚と雑談せず黙々と仕事をする日本人の姿に違和感があるようだ。「チームで助け合うことは重要だが、自分の仕事はテキパキとこなさないといけない」と感じる日本人は、他のアジアの国々よりも個人主義と集団主義のバランスを取っていると思われる。

「チャレンジ志向」は革新性や個人の裁量を大事にすることであり、「安全志向」は秩序や規則を守ることを大事にするということだ。日本は安全志向に振れると思われたが、アジア各国の比較の中では真逆に出た。これは、日本が革新的なことをする文化があるということではなく、他のアジアの国々がより安全志向で、「言われたことをやる」という思考が強いことにあると思われる。

また、何より日本の価値観や文化は変化している。今後の研究では国家間ギャップではなく、世代間ギャップに取り掛かりたいが、このグローバル化の時代に入り、日本の価値観が変化していることは間違いないだろう。

日本人は、島国で同質性が高い民族であるため、適応力が低いと思われがちだ。しかし、幕末から見事な西欧近代化を果たし、常に新しい文化を自分たちのカタチでアレンジして取り入れる日本人の柔軟性こそ、我々の隠された武器であると筆者は信じている。

ＣＱＩから見られる日本人の特性を、東京女子大学の正木准教授（社会心理学博士）に聞いてみた。

「ＣＱＩの結果は、平均的な日本人を表していると思います。まず日本人が意外と集団主義ではないというのは、ＣＱＩだけでなくホフステッドの調査でも言われていることです。世界の比較ではちょうど中央値ですが、今回のアジアを中心とした国は多くが日本よりも集団主義です。これもＣＱＩの結果の通りですが、日本が集団主義と思われる理由の一つは、洞察力が強く、場の空気を読む傾向があるからだと思います。この傾向が生じる理由には、生態学的な側面と社会的な側面があるといわれています。生態学的な側面としては、日本は地震・台風・津波など自然災害が頻繁に発生する地域であり、団結して災害に対処するために、互いの感情や意図を察する能力や、非言語的コミュニケーションが社会的技能として発達したということがあります。また、人口密度が高いため、他人との摩擦を避け、円滑に共同生活を送るために、他者への気配りが自然と求められるようになります。相手の意図や感情を敏感に察知し、それに応じて行動することに重きを置くようになりました。親が子どもに「迷惑が掛かるからダメだよ」と言う教育も日本の特徴ですね。

社会的な側面としては、学校教育で個人の成績だけでなくクラスの調和や協力を重視する傾向や、間接的なコミュニケーション方法で相手の気持ちに配慮することや、ルールや周りの期待に沿った振る舞い方を求められることがあります。空気を読む力が育まれているんですね」

正木先生曰く、日本人も世代間でずいぶん価値観の多様化が進んでおり、昭和の価値観、平成の価値観には違いが出てきているが、この洞察力や正確性は世代を超えた文化的特徴であるという。ここを一つの強みとして生かしていきたい。

以上、日本を含む十か国の特徴を、ＣＱＩとインタビューを通じて分析してみた。今回お伝えしたのは、あくまでその国民性の平均値ではあるが、まずは各国の特徴を知り、日本の価値観に固執せず、個々人と接してよりよい信頼関係を築いていただきたい。

島国の日本で育った我々は、外国籍人材に対して抵抗を感じることもあるかもしれない。しかし、これは意外とそんなに大きな問題ではないように思う。他国では時折勃発する宗教対立・民族対立という根深い問題があるが、日本ではそれはあまり問題にならない。ただ自分たちと違うから苦手だ、という意識である場合が多い。洞察力の高い日本人は、相手の感情を察するのが得意であるため、接する機会があれば信頼関係を築くのは得意である。これからは外国籍人材と接する機会が増えるため、時間と共に解決すると筆者は思っている。

本章のまとめ

1．自分の考えを押し付けないために、各国の平均的な常識を知ることが大切である。

2．一人ひとりの個性をとらえて信頼関係を構築していく。

3．日本人は、さまざまな文化・民族の人たちと良い関係を構築できる。

第六章

日本のグローバル化への挑戦（鼎談・対談集）

第六章は、日本のグローバル化において一家言ある方々との対談をお届けする。企業規模や専門分野はさまざまだが、それぞれの分野でグローバル化を推進する日本のトップランナーたちだ。対談のなかから、読者の皆様も何かヒントを得てグローバル化の歩みを前進していただければ幸いである。

※鼎談者・対談者の所属・肩書は二〇二四年二月現在

グローバルで戦うために、ポリシーを形式知化せよ

■鼎談者

・奥田久栄　株式会社JERA代表取締役社長　CEO兼COO

・米倉誠一郎　一橋大学名誉教授、デジタルハリウッド大学大学院特命教授、ソーシャル・イノベーション・スクール（CR-SIS）学長、世界元気塾塾長、『一橋ビジネスレビュー』編集委員長、ハーバード大学Ph.D.　エイムソウル顧問

・稲垣隆司　株式会社エイムソウル代表取締役社長

■株式会社JERA

二〇一五年四月設立。国際市場で戦うことができるグローバルなエネルギー企業体を創ることを目指し、東京電力と中部電力の燃料・火力部門を段階的に統合して誕生。燃料上流・調達から発電、電力・ガスの卸販売に至る一連のバリューチェーン全体を保有し、設立十年経たずして、従業員は五千人、四・七兆円の売上、世界最大級のLNG取扱規模を誇る、世界に冠たるエネルギー企業へと急成長した。再生可能エネルギーへのシフトにも力を入れており、風力や太陽光発電への投資を加速している。また炭素中立を目指すグローバルな動きのなかで、JERAは脱炭素戦略である「JERAゼロエミッション2050」を掲げ、脱炭素社会の実現に向けた技術開発や新たなビジネスモデルの構築にも挑戦している。JERAの社名の由来は、「日本（【J】APAN）のエネルギー（【E】NERGY）を新しい時代（E【RA】）へ」。「世界のエネルギー問題に最先端のソリューションを提供する」をミッションに掲げる。

社長の奥田久栄氏は、中部電力を経て二〇一九年四月に常務執行役員としてJERAに参画。二〇二三年四月から現職。強いリーダーシップでJERAの影響力を世界に広げる。

■米倉誠一郎

米倉氏は日本の経営学者であり、日本にイノベーションという言葉を浸透させた人物である。米倉氏の人間性と革新的なアプローチは多くの人々を惹きつけ、肩書・老若男女・国籍問わず幅広い層からの支持を集める。

グローバルと戦うならポリシーを持て

奥田：稲垣さんがよくおっしゃる「国の文化」についてはいろいろと実感しています。昔、ベルギーのブリュッセルで電気事業者関連のパーティーに呼ばれたことがあります。大きな会場での立食パーティーでしたが、当時一番下っ端でしたので、絶対遅刻してはならないと思って十五分ぐらい前には到着したんです。ところが、誰もいませんでした。誰もいないどころか、まだスタッフが準備をしている最中で、参加者の僕の顔を見て、なんでこんなに早く来たんだという顔をして驚いている。パーティーが始まってからよく分かりました。日本だと最初にオープニングスピーチがありますが、向こうのパーティーは一時間くらい経ったところでスピーチをするんですよね。ああいう立食パーティーは、どうも三十分ぐらい遅れて行くのが、むしろ礼儀だったようです。

米倉：僕もアメリカにいるときに、早く訪ねてしまうと準備が整っていなかったりして、相手にすごいプレッシャーをかけるから、ちょっと遅れて行くくらいがいいと言われたことがありますね。

稲垣：日本が特殊なんでしょうね。五分でも遅れそうなら「ちょっと遅刻します」って連絡するのは、日本だけじゃないでしょうか。これからグローバル化が加速する世の中で、日本人も自分たちの常識ややり方に固執しすぎないことが重要になってくると思います。そんななか、JERAは日本のエネルギー業界の先頭に立って、グローバル化をどんどん加速させています。JERAを立ち上げられた頃の話を伺いたいのですが、二〇一五年の設立ということは、二〇一一年の東日本大震災も影響しているのですか？

奥田：はい。二〇一一年に震災が起こって、全原子力発電所が止まりました。日本は当面原子力が使えないというなか、化石燃料を確保する上での国際競争力を高め、意地でもエネルギー供給を安定的に行わなきゃいけないというミッションが我々に課されたわけですね。ただ国情を考えると、日本の経済のポジションは世界でどんどん低下していました。一方で、お隣の中国のポジションはどんどん上がっていっている。化石燃料の奪い合いがもう既に起こり始めていて、圧倒的に中国のほうがマーケットのなかでプレゼンスが高まってきているわけですよね。日本はというと、電力だけでも十社の電力会社があり、ガス会社も無数にある。これらの会社がバラバラに小さいロットで燃料を買いに行っていたわけです。勝てるわけがない。これじゃ話にならないというので、やはりちゃんと購買力を持ちグローバルで戦えるエネルギー事業体を作ろうとなったわけです。さらに、燃料を買うのを商社にお任せするのではなくて、燃料の上流から発電やガスの卸売りといった下流事業まで含めて、一気通貫でサプライチェーンをグローバル規模で展開する、そういう事業者を作らないと、これからは国際競争に勝てない。つまり資源獲得競争に負けないようにするということがＪＥＲＡ設立の議論の始まりでした。東京電力と中部電力の国内外の火力発電事業と燃料事業、燃料の調達機能を含む燃料事業を丸ごと全部切り出して統合しましょうという合意を二〇一四年に行い、二〇一五年に会社を設立してから順番に資産をＪＥＲＡに切り出していったんです。

稲垣：ＪＥＲＡのミッションは「世界のエネ

ルギー問題に最先端のソリューションを提供する」ですが、最初から世界のエネルギー問題の解決を見据えていたんですか？

奥田：二〇一五年設立当時は、化石燃料ベタベタな会社としてスタートしたわけですが、偶然にもその年にＣＯＰ21が開催され「パリ協定」を含むＣＯＰ決定が採択され、世界は脱炭素という、全然違う方向に歩み始めたわけです。会社を設立してから順番に東電・中電の資産を切り出し、二〇一九年の四月に最後の大きな資産、国内の火力発電所をＪＥＲＡに統合しました。ですから本格スタートを切ったのはこの時で、私もそのタイミングでＪＥＲＡにジョインしました。そしてこのときに新しいミッションを発表したんですね。

米倉：これは言葉以上に素晴らしいミッションだと思います。世界を見渡せば、脱炭素どころかエネルギーの安定供給に苦しむ国がたくさんある。そうなると、途上国にはローテクを提供して解決しろとなりがちですが、最先端のソリューションで解決するというのがイノベーティブで良いですね。

奥田：はい。我々の掲げるミッションには、日本だけでなく世界のエネルギー問題を解決する存在になりたい、という想いを込めています。その上では三つ大切なことがあって、まずは**エネルギーの安定供給**。そして**脱炭素**。それから最後に**無理のない価格設定という経済性**です。

それをどの国でもできるようにする。そういう想いを込めて世界のエネルギー問題に立ち向かうべく、このミッションを作ったんですね。そして、米倉先生のおっしゃる通り、「最先端のソリューション」という言葉にも強い思い入れがあって作っています。これは世界の最先端のソリューションを創り出したいという想いですが、日本の技術やモノだけに固執するのではなくて、世界中の叡智を集めて、最先端の選択肢、問題解決のための選択肢をたくさん用意し、共に世界のエネルギー問題を解決しようという想いです。

米倉：さまざまな世界観が支配するグローバル環境で戦っていくには、強いミッションや、ブレないポリシーが重要ですね。

奥田：ミッションに続いて、二〇二〇年十月には我々の脱炭素戦略である「ＪＥＲＡゼロエミッション２０５０」を発表しています。そのなかでは、国や地域の事情を考慮し、脱炭素を目指すロードマップをその国と一緒に作って実現をしていきますというポリシーを持っています。一方、ヨーロッパでは再エネ百％で脱炭素を実現しようという考え方が主流です。そのやり方自体は否定しませんが、世界各国にはさまざまな事情があるのに再生可能エネルギーという一つの処方箋だけで対処するという主張で、我々の方針とは異なります。国は、経済的条件、地理的条件、地政学的条件などさまざまな条件が異なります。風が吹く国もあれば、吹かない国もある。太陽が照る国もあれば照らない国もある、国境間を全部結ぶパイプラインや送電線を引ける国もあれば、周りを海で囲まれた島国もある。我々は、みんな事情が違うので、その国その国にあった処方箋を丁寧に一つずつ作っていく方針を取っています。いろんな選択肢を用意した上で、その選択肢の組み合わせも国の事情によって組み替えていかないと、どうやってもこの**脱炭素**と**安定供給**と**経済性**を同時追求できないわけですね。もちろん我々は、火力自体も二酸化炭素を出さないように技術開発をしていきます。更に火力だけにこだわらず、再エネも洋上風力も太陽光も、バッテリーもやっていく。最先端のソリューションを開発し、いろんな選択肢の組み合わせで世界のエネルギー問題を解決するんです。

ポリシーを形式知化せよ

米倉：いまのヨーロッパのやり方は、マーケティングの言葉でいうと「プロダクトアウト」あるいは「ルール・アウト」ですね。「良いプロダクト・優れたルールを作っているんだからいいでしょ！」という考え方です。日本製品もかつてはそうでした。日本車に説明はいらなかった。みんな安くて良くて長持ちして、飛びついた。しかしそこに韓国も中国も、今度はテスラの電気自動車などがさまざまな選択肢として登場してきました。グローバルはワン・ソリューションじゃ戦えないんですね。一つひとつのローカルの事情を考えて、そこに最適なソリューションを提供することをしっかりと伝えなきゃいけない。グローバルでは言葉の力、伝える力が重要です。稲垣君が研究しているように、「言わなくてもわかるだろう、ちゃんとやって」という日本のコミュニケーションの仕方ではグローバルでは通用しない、ということなんですね。

奥田：そう。ぶれないポリシーがあったとしても、その真意が伝わる表現にしないといけない。日本語を直訳した英語では意図が伝わらないこともあります。稲垣さんのいう、カルチュラル・バックグラウンドや言葉の使い方が違うんですよね。一つおもしろい事例をお伝えしましょう。ＪＥＲＡの技術は、石炭火力にアンモニアを燃料として混ぜて脱炭素化していきます。まず二十％混ぜます。次は五十％混ぜます。最後に百％にして脱炭素化するんですが、その表現に“Co-firing”という英単語を使ったんです。

米倉：「同時に燃やす」と訳せますね。

奥田：そう「同時に燃やす」です。意味としてはおかしくないんです。アンモニアと石炭を同時に燃やすという言葉ですね。しかし、この言葉の与える語感が、外国人には「Co-firing では、永遠に石炭はなくならない、これは脱炭素の延命だ！」と捉えられたんです。同じようなことはヨーロッパもしているわけですよ。航空燃料のなかにＳＡＦ燃料を混ぜて燃やしています。していることは同じなのですが、彼らは批判されていません。なぜならば彼らは“Substitute”と言っているからです。代替の燃料を「入れている」。この語感の違いが解釈の違いを生むんです。

米倉：“Co-firing”だと永久に残るけど“Substitute”だとだんだん変わっていくという印象なんですね。

奥田：だんだん転換していく方針である、という意図を伝えるために、我々も一年ぐらい前からは"Co-firing"を使わず、"Substitute"に変えています。たった一語の問題ですが、こういうところがものすごく実は大事だったりします。

米倉：言葉の表現に関しては、日本人・日本企業はもっと注意しなくてはいけませんね。特にトヨタさんがよく使う「陰徳」には「皆まで言うな、謙虚に控えめに」という日本の精神があります。トヨタ財団は、ある意味ではロックフェラー財団に匹敵するようなこともやっているのですが、世界にアピールができていません。徳は隠しておくものなんだと。これ自体は素晴らしいのですが、それではグローバル・カンパニーとしては評価されません。ＪＥＲＡは「火力でゼロエミッション」という、一見矛盾したコンセプトですが、僕はとてもイノベーティブだと思います。それをうまく、**「おおっ！」と世界が驚くようなかたちで伝えることが大事**なんです。アメリカでコンシューマー・レポート※がなぜできたかというと、「消費というのは消費者の一票なんだ」という考え方があったからです。Ａ社、Ｂ社の同じような１００円の商品を買うなら、どちらがより社会的な努力と貢献をしているかを考え購入する。その購入事実が投票に他ならないという思想でした。ＪＥＲＡのコンセプトやミッションは、世界からの投票を多く集められる内容だと思います。まさに、それを伝えることが大事です。**自社のポリシーを**

あうんの呼吸で世界中に伝わるわけがないということは我々日本人は相当意識しなくてはなりません。

Cultural Intelligence を身につけよう

稲垣：私は二〇一四年から二〇二〇年までインドネシアと日本を行ったり来たりの生活をしていました。政治・経済の中心のジャカルタでも、本当に停電が多くて、家でもモールでも急に〝バチン〟と真っ暗になることがあります。当初は停電の度に驚きました。しばらく経つと周りのインドネシア人同様、何とも思わなくなりましたけど（笑）。そんななか、二〇二三年にＪＥＲＡは現地法人のPT. JERA Energi Indonesiaを設立され、インドネシアのエネルギー問題にも向き合おうとされています。ＪＥＲＡの社員の方々は、同じものを売りましょう

打ち立てて、それを説明するための理論武装をする。そうすると当然反論も来るのですが、常に反論される想定問答集を持ちながら、日本は対外発信をしていかなくてはならないと考えます。グローバル・カンパニーに必要な力は、形式知化（言語化して他者に共有すること）にあると思います。

※コンシューマー・レポート：非営利の消費者組織であるコンシューマーズ・ユニオンが、一九三六年から発行しているアメリカ合衆国の月刊誌

奥田：おっしゃる通りだと思います。しかし日本人は形式知化が苦手なんですね。日本人だけの自己満足で「俺たちいいこと言ってるよね」だけで満足し、終わってしまってはいけません。ポリシーを変える必要はないですが、手段としての形式知化はもっと意識しないといけない。

ということじゃなく、各国の事情に合わせて解決策を創り出していくということになると、グローバル化における高い能力が求められると思います。

奥田：おっしゃる通り、一つのパッケージを販売するのではなく、相手に寄り添っていくスタンスを持つ我々としては、そこが本当に大事なポイントです。そのためには、先ほどから言われている自分のポリシーをわかりやすく説明する力に加え、**たくさんの異文化に触れた経験を積むこと**が大事です。いろんな国や地域の文化を、その違いのまま受け入れ、自分なりにアレンジする訓練ですね。ここが日本人にとってすごく大事だと思っています。しかし私は、意外と日本人はこの力が強いと思っています。宗教も文化も違いを否定することなく受け入れ、自分たちのカタチにアレンジすることが実は上手だと思います。正月は神社に行って、お盆でお寺に行き、年末にはクリスマスを祝う。近年ではハロウィンも定着してきましたからね（笑）。僕たちも、欧州でできた洋上風力は全く否定してはいません。例えばパークウィンドというベルギーの洋上風力の会社を買収して、このノウハウを吸収する選択をしました。バッテリーはイギリスの会社に出資して、そこから取り入れてきます。なんでもいいんだよと。脱炭素と安定供給と経済性に貢献するのだったら、世界中からいいものを全部取り入れて、本当の意味でもダイバーシティ&インクルージョン戦略を僕らはやっているという自負があります。そしてさまざまなオプションから、エネルギーを提供する国に一番いいものを提案していく。これは日本人だからこそできる特技なんじゃないかなという気がしています。このやり方で進化し続

けると、かなり強いビジネスモデルになるのではと思います。

米倉：日本人は、国際社会での立ち回りも覚えていかないといけません。昔、ある南米の友達に言われたエピソードがあります。当時も今も、日本は国連の常任理事国に入ろうと努力をしています。そのためには現存する常任理事国の全ての支持と、国連加盟国三分の二の支持が必要です。そのため、日本はドイツとブラジルと組んで立候補したのですね。しかし南米の友人曰く、一か国につき一票を投じるのになぜブラジルと組もうとするのか分からない、と。南米でポルトガル語を話すのはブラジルだけで、他はみんなスペイン語の国々。エクアドルとかは小さい国だけれど、国連の支持を集めるのであれば、同じ一票。仲間にする国を間違えてるんじゃないのか、ということでした。確かに、ブラジルは南米では経済大国ですが、実はそのなかでは特異な国であることも事実です。言語や文化の違い、地政学や歴史学、さらには宗教などのバック・グラウンドを勉強しておかないといけないですね。

稲垣：我々の研究しているCultural Intelligence（異文化適応力）ですが、四つの能力が必要といわれていてそのうちの一つが「知識」です。先生がおっしゃる通り、知っていれば解決できることやトラブルにならないことはたくさんあります。例えば、インドネシアでイスラム教について不勉強だったために、従業員から批判を浴びて活躍できなかった日本人もいます。**育ってきた背景の異なる人たちと仕事をしていくためには、最低限の知識や常識が求められる**んだろうなとは思います。

奥田：せっかく海外出張に行く機会があるのでしたらその国のことをまず調べてから行くと良いと思います。来日する海外の人も同じです。これはすごく大事。その積み重ねが、Cultural Intelligenceを高めてくれます。

米倉：今回僕が感じたことは、日本人がCultural Intelligenceを高めるということは、日本人がどう見られているかを知ることでもあると思いました。**自分を客観視することでより成長できる。**Cultural Intelligenceはこれからのビジネスパーソンにとって必須の素養になると思います。

違いを楽しもう！

■対談者
・中村岳　株式会社レアジョブ代表取締役社長

■株式会社レアジョブ
株式会社レアジョブは"Chances for everyone, everywhere."をグループビジョンに掲げ、オンライン英会話サービスの先駆けとして二〇〇七年に創業。データやAIを活用したサービスなどを自社開発するEdTechカンパニーであり、テクノロジーの活用によって「世界中の人々が、それぞれの能力を発揮し、活躍できる世の中の実現」というパーパスの実現を目指す。

グループでの事業としては「リスキリング事業」と「子ども・子育て支援事業」を展開。リスキリング事業ではオンライン英会話の「レアジョブ英会話」をはじめ、AIビジネス英語スピーキングテスト「PROOGOS®」や法人向け研修ソリューション、資格取得支援サービスの「資格スクエア」などを展開している。子ども・子育て支援事業としては、ALT人材派遣サービスやオンライン英会話サービス、子ども向け英語教室の運営などを行っている。

代表取締役社長の中村岳氏は、二〇〇五年、東京大学大学院情報理工学系研究科修了。NTTドコモ研究所を経て、二〇〇七年中学・高校の同級生とともに株式会社レアジョブを設立した。

違いはあって当たり前

稲垣：中村社長は幼少の頃、エジプトで過ごされたとお聞きしました。

中村：そうですね。六歳のときに、父親の仕事の関係で家族で移住して、二年間アレキサンドリア、エジプトに住んでいました。イスラム圏で、文字もアラビア語ですし、当然ですが日本とだいぶ違いました。また、アレキサンドリアには日本人学校がなかったので、インターナショナルスクールに通っていました。日本には小学三年生のときに帰ってきました。

稲垣：当時の記憶は残っていますか？

中村：一応ありますね。学校には日本人はほとんどいなくて、大半は外国人だったというのを覚えています。

稲垣：幼少の頃に、多くの外国人に囲まれて生活をするというのは希少なことだと思います。そのときの経験はいまに生きていますか？

中村：はい。自分の人格形成をした、重要な経験だと思っています。移住した当初は、全く英語ができなかったのですが、子どもなのでサッカーや追いかけっこなどですぐ仲良くなるんですよね。エジプト人の友達の誕生日パーティーに行ったり、ドイツ人のお友達を家に呼んだりしていた記憶があります。

稲垣：子どもは大人のように、国籍の違いなどの先入観はないですからね。

中村：はい。自分の考えややり方と違うことはたくさんあったのですが、**ただの違い、という感じで受け止めていた**と思います。例えば、道端で人が座って食べ物を売っている。お皿には虫が乗っていたりしている。自分は買わないですが、普通に買って食べる人もいるわけです。また、イスラム教の方はアザーン（礼拝を呼びかける音楽）が鳴ると敷物を敷いてアッラーの神に祈りを捧げます。もちろん日本人や他宗教の人はしません。学校にはいろんな国の人がいてそれぞれの文化や考え方を持っている。まさに自分にとっては異文化でしたが、人には違いがあるんだ、ということを肌で感じたことによって、後の人生で視野が広がったと思います。

稲垣：幼少期に素晴らしい経験をされていますね。

中村：これは帰国してから気づいたことですが、子ども心ながらに日本人と海外の人たちの考え方や性格は全然違うんだな、と感じました。

稲垣：お話を聞いていて、サピアウォーフの仮説※（言語相対性の仮説）を思い出しました。私はこの考えに共感することが多いのですが、例えば、SVOという文法で、主語や目的語を明確に表現して伝える英語と、それがなくても伝わる日本語では、思考が変わります。相手に強く同意を示すとき、"Absolutely, your idea is great!"（言うまでもなく、あなたのアイデアは素晴らしい！）と言ったりしますが、日本語ではせいぜい「その考え、なるほどですね～」という感じでしょうか。不満を表現するときも"I am dissatisfied with the service."（私はこのサービスに失望した）という言い方になりますが、日本語では「このサービスには、ちょっと違和感を感じます。」という言い方をするだけで、あとは表情や声のトーンで不満の大きさや度合いを伝えようとする。私自身、**英語で話すときはより直接的に表現するので、日本語で話すときとは少し人格が変わる**という気がしています。

※サピアウォーフの仮説：思考は言語の影響を受けるという仮説

中村：私もサピアウォーフの仮説には共感します。英語で話すときの方が、表現がストレートになって強い主張をしていると思います。また、外国人と会ったときは、"Hi!" と言って気軽に握手して会話を始めることが自然にできますが、日本人とだと、頭をぺこりと下げて少し改まった感じになるとか、使う言語で思考や行動に違いが生まれますね。やはり、言語が持つ文化やコミュニケーションスタイルの違いは、話し手の考え方に影響を与えていると思います。ですから、その国の言葉や考え方が染みついている人たちと仕事をしていくには、違いを受け止めた上で、**「違いを埋めていく」**というプロセスも必要になってきます。

稲垣：レアジョブといえば、オンライン英会話の先駆けです。いまとなってはいろんな会社が近しいサービスを立ち上げていますが、二〇〇七年当初は画期的だったと思います。英語を身につけるには、英会話学校まで足を運び、ある程度まとまったお金を支払わないといけませんでしたが、レアジョブはインターネットを使って、いつでも家からリーズナブルに学べる英語サービスを確立しました。素晴らしいイノベーションだと思います。しかし、私の研究分野から見ると、すごいと思うのは、講師を務めるフィリピンの人に「日本人の時間感覚」を徹底したことです。本書でもお伝えしている通り、日本人の時間感覚は世界で比較するとかなり特殊です（第一章参照）。

しかも御社の英会話レッスンは一コマ二十五分という区切りですが、日本以外のアジア諸国で「五分」という感覚を持っている国は少ないと思います。

中村：これは本当に大変でした。一般的にフィリピンの人たちは遅刻が多いです。先ほどお伝えしたように、このような違いは明確にあります。これは優劣ではなくただの違い。しかし、レアジョブのサービスクオリティを維持するためには、この違いを理解できると強みになる、もしくはこの違いを理解してくれないと問題になるので、時間厳守は徹底しました。ここには労力をかけて、ノウハウを培ってきました。繰り返しですが大事なのは、**優劣をつけるのではなく、違いを受け止め、必要あらば違いを埋める努力を徹底する**、ということですね。

稲垣：本当にそうですね。日本人が苦手な部分ですが、違いを受け止め、違いを埋めるためには、ハイコンテクストではなく、ローコンテクストコミュニケーション※で伝えることが重要ですね。

※ハイコンテクスト・ローコンテクストコミュニケーションの違いは第二章（四十二頁）参照。

中村：グローバルコミュニケーションでは、毎回毎回しっかり確認していく必要があると思いますが、日本人はあいまいな表現でもなんとなく通じてしまうので、どんどん楽なコミュニケーションになってしまっている。だから、学生のときとかにちょっとでもいいから海外に行くという経験をしてみるといいと思います。旅行でもいいんです。現地の人と話すとか、ボランティアやインターンをしてみるとか。違いはあって当たり前なんです。失敗してもいい環境で、**違いを感じ楽しむ**という経験が大切だと思います。

日本人の英語力を上げる使命感

稲垣：中村さんご自身は、英語はいつから勉強されたんですか？

中村：しっかり勉強をしだしたのは中学校くらいからですが、幼少のころの経験はアドバンテージだったと思います。文法を知らなくても、発音とリスニングはある程度できていたので、覚えが速い方だったと思います。

稲垣：中村社長のような経験をされていらっしゃる方はすごく少数派ですよね。私自身普通の日本人です。英語は中学・高校・大学と十年くらいは勉強していたと思いますが、苦手意識が大きかった。三十九歳になって、初めて海外で働くことになり、半年くらい冷や汗をかいて勉強し直しました。なぜ日本人はこんなに勉強をしているのに、英語がうまくならないんでしょうか。

中村：よく日本人は英語をたくさん勉強しているのに話せない、といわれるんですが、実は韓国や中国と比べると、**日本人は英語の学習の時間が単純に少ないん**です。中国では、「使える英語」の習得を目指し、二〇〇一年から小学校に英語教育が導入されています。北京・上海などの大都市では一年生から、地方では三年生から週四回を基準に英語授業が導入[注1]され

るようになりました。また、韓国では、一九九〇年代の金泳三大統領による改革によって、英語学習時期の低学年化・コミュニケーション重視への転換が行われました。小学校に英語教育が導入されたのは一九九七年で、日本と比較してもかなり早い取り組みです。小学校三年生から正規授業として実施されていたり[注2]、韓国各地には「英語村」と呼ばれる施設が設置され、児童に英語漬けの環境を与えるためのプログラムが行われています。

稲垣：そうだったんですね。それは意外でした。

中村：我々、昭和の時代だと、小学校は英語の授業がないですし、中学・高校の学校の授業時間だけを考えるとせいぜい千時間くらいで、実はそんなに学習時間が多いわけではないんです。実際のところ、三千時間ぐらい英語を学習したり触れたりしていかないと、ある程度話せるようにならないんですよ。

稲垣：三倍ですか……。

中村：学校以外の学習時間で残りの二千時間を埋めていかないと話せるようにはなりません。高校生である程度話せるようになっている人も、学校の授業だけでできる人はほぼいません。我々の時代だったらNHKのラジオ英会話とか、テープとかそういうコンテンツを活用しているんですね。レアジョブとしては、オンライン英会話というソリューションで、オフラインより手軽に英語で話す機会を提供しています。一日一時間でも一年間で三百六十五時間。六年やり続ければ二千時間になります。

稲垣：確かに。一日一時間、時間を割けばいいわけですね。

中村：そのくらい学習を続けられる人は英語

が話せるようになっています。ただ、特に昔の学校の授業は、基本的にはリーディング、リスニング、ちょっとライティングをするという内容で、スピーキングは少ししか行われていませんでした。英語の先生も本当に英語がしゃべれるのかな、という方が少なくなかったように思います。学校の授業は、先生も含めて基本的に読み書きに特化されていた人たちが多かったと思いますが、**これからの時代はスピーキングが重要**だと思います。

稲垣：なるほど。しかし改めて二千時間と聞くと、覚悟が必要ですね……。やる気を上げることも大事です。

中村：おっしゃる通りです。当社の事例を挙げると、佐賀県の上峰町立上峰小学校の五・六年生に、週一回の頻度でオンライン英会話を導入いただいていました。そのとき我々は、英語に慣れてもらったり楽しんでもらって、英語ができると将来はこんな世界が待ってるんだよとか、英語を好きになって英語を学びたい！と思ってもらうことをゴールにしていたんですね。児童に対するアンケートでは、英語が好きになったとか、将来英語で話せるようになりたいと思ったとか、定性的な評価も取っていました。結局、**勉強するには本人のやる気やモチベーションが重要**なので、そこにフォーカスをしていたんです。その後、彼らが中学に入学してから、佐賀県全体で行った中学生のテストでは、上峰小学校出身者の英語の平均点は、県平均と比較して高くなっていました。小学生の間に、英語を好きになって自分が学習したい、という気持ちを作ることがとても大事なんだと思います。

稲垣：なるほど。いいですね。我々が研究しているCQのなかにも「モチベーション」という要素があるんですが、モチベーションが高い人は、異文化に飛び込んでも適応していく力がある。自分の将来叶えたい夢や目標があることで、目の前のハードルを越えていくことができる。同じことですね。企業からの英語教育のご相談も増えていますか？

中村：増えています。海外赴任などの必要に駆られて、というケースもありますが、企業としてグローバル人材育成に中期的に取り組もうという姿勢のなかで、英語力を上げていくことを定量的な目標として掲げている企業も増えてきました。企業に勤めている方も、ITや財務の知識同様、英語力がビジネスにおいて有利な力になることは感じていらっしゃいます。事実、当社サービスの受講者を対象とした調査では、英会話力が高いと三十代以降に平均年収で約百万円の差が出ています。他の国では、もっと顕著に年収に差が出ます。これから国の垣根がなくなっていくと、当然ですがみんなが理解できる言葉、すなわち英語を話せることは、自分の付加価値を高めることになります。

稲垣：会社も、従業員の英語力を高める準備が必要ですね。

中村：当社グループの法人向け事業会社のプロゴスでは、CEFR（セファール）※をお客様の人事評価の制度やスキルに関するデータベースに入れていただくご提案をしたりするとともに、AIビジネススピーキングテストの「PROGOS®」で、顧客企業の従業員の【英語を話す力】を可視化しています。実は、どんなにTOEIC® L&Rのスコアが高得点でも、実践的なビジネスシーンでは英語を話せない人が少なくないからです。CEFRであれば、目に見えないスピーキング力であっても、定量的に示すことができます。今後、ＡＩの進化によってますます読み・書きの代替が進むかもしれませんが、リアルタイムのコミュニケーションで必要なスピーキングは、ますます個人の力が問われるようになるでしょう。

だからこそ、我々は英語を話すという点にフォーカスし、**日本人の英語力を上げることに使命感**を持って取り組んでいます。

稲垣：日本の英語教育に必要なのは、三千時間の学習時間、スピーキング、そしてモチベーションですね。

自信をもって海外に飛び込んでほしい

稲垣：我々は、企業向けに異文化コミュニケーション研修などを実施していますが、お客様から最近よく言われることは、若い人が海外に行きたい！と手を挙げないということです。この点はいかがお考えでしょうか。

中村：確かに最近耳にする課題ですね。私自身は、**わからないものに対してとりあえず飛び込んでみる、ということができると、早く成長できる**と思っています。もう少し辛辣に言うと、日本がどんどん落ちていくと、必然的に海外に飛び込む人は増えると思います。

稲垣：どういうことですか？

※CEFR：「Common European Framework of Reference for Languages：ヨーロッパ言語共通参照枠」の略で、言語の枠や国境を越えて、外国語の運用能力を同一の基準で測ることができる国際標準。

中村：韓国は三十年前ぐらいに通貨危機があって、韓国から出て外に行かないと駄目だとなり、みんな海外でビジネスをし始めました。英語ができないと当然海外では通用しないので、先ほどお伝えしたような英語教育を、国としてもサポートしていったんです。TOEFL®の点数も、当時日本と韓国はそんなに変わらなかったのですが、今では韓国に負けています。それは国や企業、人が危機感を感じて変わった成果でしょう。日本でも、本当に国内じゃ稼げなくなる、生活が苦しい、という状況になるとみんな外に出て行かなくてはいけなくなります。あまりそんな未来を予想したくはないですが、それくらいの危機感が必要かもしれません。

稲垣：しかし、海外に行くと気づきますが、その時代は始まっていますよね。日本に来るアジア諸国の方々が、昔と比べて日本のサラリー

国際指標・CEFR 基準の英語スピーキング力レベルと年収の相関

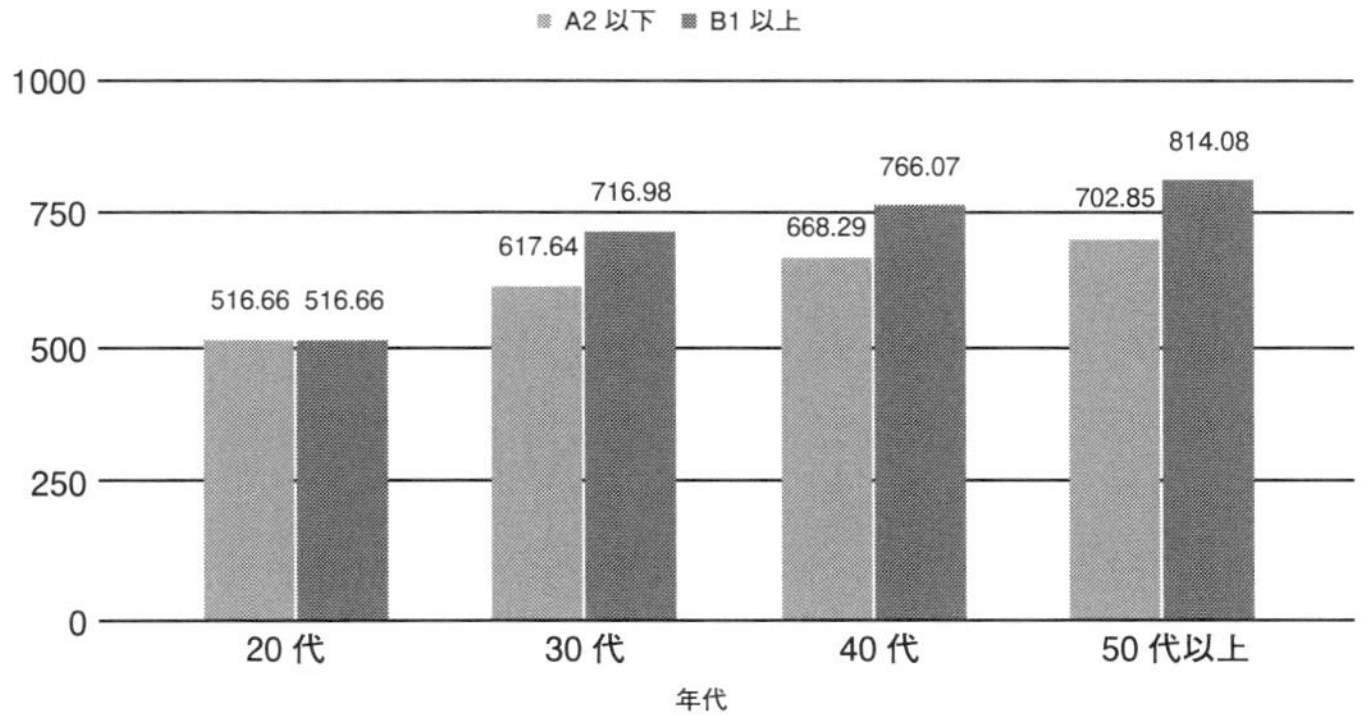

【レアジョブ調べ】

インセンティブがすごく低くなってるので、日本を選ばなくなってきています。

中村：単純な時給だけで考えると、アメリカに行けばスターバックスの時給が十八ドル程度です。一ドル百五十円（二〇二四年三月時点）で考えると三千円近くあるわけです。

稲垣：そう考えると危機感を覚えますね。では逆に、中村社長が感じる日本の魅力、日本の武器は何でしょうか。

中村：いろんな世界を見てみると、まず感じる日本の魅力は安全性です。普通に街へ出歩くにせよ、海外では危ないなと感じる地域があります。日本は本当にそういう地域が少ないし、安全です。そして、食事をはじめサービスが安い。この安全と安さは、日本人の国民性が作り上げた魅力的な文化ではないでしょうか。

稲垣：私のインドネシア人の友人は、息子の中学進学をアメリカ、カナダ、オーストラリア、日本で悩んでいます。日本の魅力は、Clean, Safety, Delicious, Reasonable（綺麗で安全でおいしくて安い）って言っていました。

中村：間違いなくそうだと思います。また、ビジネスにおける武器という観点から言うと、**「細かいことをちゃんとやる」**という力は世界的に見てもすごくうまい人種だと思います。この書籍のタイトルの「ちゃんと」という日本人らしい表現を使いますが（笑）。また、**能力のばらつきが少ない**ことも武器だと思います。人の能力を正規分布で表現すると、日本人は中央値にみんな集中しているイメージです。一方で、ほかの国だと低いところにもかなり分布しています。我々がフィリピンで雇用している英語の講師たちはすごく優秀なのですが、一般に対象を広げて平均をとると、英語やビジネススキルどころか基本的なルールも全く守れない人たちが少なくないでしょう。例えばメイドさんでもスーパーで買い物をお願いすると、三十分で終わるところが二時間帰ってこないとか、やっと帰ってきたと思ったら全然違うものを買ってきているとか、そういうことが普通に起こりますが、日本はみんな平均的に一定のレベル以上を保っています。その点は世界的に見ても強い特徴だと思います。アメリカ人も、上層部だけ見ると、日本では見たことのないとてつもなく優秀な人がたくさんいますが、その一方で足し算ができないような人も大勢いたりします。日本人の能力が平均的に高いということは、強みになると思います。

稲垣：確かに、ＰＩＳＡ※によると、日本はＯＥＣＤ加盟国のなかで上位だと聞いたことがありますね。

※ＰＩＳＡ：ＯＥＣＤ加盟国を中心として三年ごとに実施される十五歳を対象とした国際的な学習到達度テスト。二〇二二年の結果は、八十一か国中、日本の読解力は三位、数学的リテラシーは五位、科学的リテラシーは二位と、いずれもＯＥＣＤ平均を大きく上回り、上位にランキングされている。

中村：全国的に教育水準をある一定以上に保っている国なので、世界からよく称賛されるように「列に並ぶ」とか「遅刻する人があんまりいない」とか「ごみを捨てない」とか、基本的な規範が保たれているんだと思います。

稲垣：敬虔なるクリスチャンの友人に「日本

は宗教がないのにみんな道徳的で不思議だ」と言われたことがあります。

中村：やはりこれも教育水準の高さの表れだと思います。

我々レアジョブは、「Chances for everyone, everywhere.」というビジョンを掲げ、あらゆる人たちに成長する機会を提供し、自分を変え、新しい社会を作ることを後押ししたいと思っています。日本・日本人には素晴らしい魅力や武器があるので、自分と文化背景の異なる人たちとの違いを楽しみ、海外に飛び込んでいってほしいですね。

注1）中央教育審議会初等中等教育分科会教育課程部会外国語専門部会（第9回）議事録　参考資料4-2
https://www.mext.go.jp/b_menu/shingi/chukyo/chukyo3/015/siryo/attach/__icsFiles/afieldfile/2018/01/23/1400663_001.pdf

注2）中央教育審議会初等中等教育分科会教育課程部会外国語専門部会（第9回）議事録　参考資料4-1
https://www.mext.go.jp/b_menu/shingi/chukyo/chukyo3/015/siryo/attach/__icsFiles/afieldfile/2018/01/23/1400650_001.pdf

「なりたい自分になる」外国人エンジニアを増やす

■対談者
・佐藤 朋也　ヒューマンホールディングス株式会社代表取締役社長

■ヒューマンホールディングス

ヒューマングループは、「人を社会に送り出す」事業と、「人を育てる」事業を掛け合わせ、独自のビジネスモデルを元に教育、人材、介護、保育、美容、スポーツ、ＩＴと多岐にわたる事業を展開。一九八五年の創業以来「為《い》世《せい》為《い》人《じん》」を経営理念に掲げ、海外五か国、国内三百三十一拠点の各事業を通じて、労働力不足、高齢化社会、待機児童問題など、時代とともに変化するさまざまな社会課題の解決に取り組んでいる。

ヒューマンリソシア株式会社はグループの人材事業を担う総合人材サービス会社として、全国二十七拠点で、事務職から専門職まで人材確保を多方面から支援している。海外の優秀なＩＴエンジニアを採用し、グループの教育ノウハウをもとに日本語力を育成した上で国内のＩＴプロジェクトに派遣する、海外ＩＴエンジニア派遣サービス「ＧＩＴ（Global IT Talent）」も展開。日本での生活や企業文化への適応もサポートしており、採用数は六十の国・地域から千名超、派遣実績は五百社に上る。日本で働きたい海外のエンジニアと、その技術力を活用したい企業との懸け橋となることで、多様な人材活用を促進し、ダイバーシティおよびグローバル化にも寄与すべく、事業拡大を図っている。

これから日本で外国人エンジニアが急増していく

稲垣：外国人エンジニアを日本に連れてきて、企業に派遣するモデルを確立されていますが、もともとヒューマングループは、教育事業が始まりだったんですね？

佐藤：はい。一九八五年に先代が創業し、専門スクールのヒューマンアカデミーとしてさまざまな科目を取り揃えました。世のため人のためになるという「為世為人《いせいいじん》」を経営理念として掲げているのですが、教育は目的ではなく、あくまで手段であって、その後職に就き、個々人のスキルを活かして社会に貢献することが大事だと我々は考えています。その流れを作るべく一九八八年に人材派遣会社を作りました。

稲垣：そのコンセプトが素晴らしいですね。人を育てる事業と育った人たちが活躍できる場所を作ることで、創業以来、事業の両輪として回していらっしゃいますが、グローバルというキーワードにおいてもGIT事業を立ち上げ同じコンセプトでビジネスモデルを作られていますね。

佐藤：経済産業省の発表によると、二〇三〇年にIT人材が七十九万人不足すると予測されています。つまりこのままでは日本はITの技術力不足でますます世界に後塵を拝してしまう。そこで、我々としては、海外からIT人材を日本に誘致し、日本の企業に派遣しているのですが、やはり企業の現場では日本語がベースとなるため、語学力が課題となります。ここで生かせるのが日本語教育のノウハウです。我々は年間四千人規模の学生を抱え日本最大級の日本語学校を全国展開しています。JLPTベースの読み書きではなく、コミュニケーション重視の日本語を教えてきました。海外で人材を集め、日本語を教育し、日本に連れてきてIT人材を派遣するというスキームを確立し、二〇一七年にGIT事業を立ち上げました。六年経ちましたが、現在は六十か国から千人のITエンジニアを五百社に派遣しており、規模はどんどん拡大しています。

稲垣：読み書きではなく、コミュニケーション重視の日本語力を鍛える教育ということですが、一般的な教育とは具体的に何が違うのでしょうか？

佐藤：普通は文字や文法を覚えることから始めるのですが、我々は動画やイラストを使い、シチュエーションで教育します。「こんなシーンでこんなことがあったときになんと発言するか、吹き出しの言葉を答えてください。」

といったように、**日本の会話や職場でよくあるシーンやパターンを想像させて話をさせる**、ということに重点を置きます。

稲垣：なるほど。文法や単語の丸覚えではなく、ビジネス現場で使える日本語ですね。とても大事だと思います。先日、日本語検定一級を持つネパール人男性がこんな経験談を話してくれました。日本の会社に入社してすぐに、隣の日本人に「一緒にお昼ごはんに行きませんか？」と声をかけたところ、「大丈夫です」と言われたので、彼は三十分ほど待っていたとのことです。ネパール人の彼は「学校では『大丈夫』は“Yes”“OK”と習った。なぜ“No, thank you”の意味があるのか理解できない」と嘆いていました。

佐藤：単語や文法の丸覚えでは上達しません。我々の教育では、さまざまなシチュエーション

のパターンと、キーワード・論理構造を覚えてもらいます。その状況でキーワードを組み立てることをパターン認識できれば、特にエンジニアだとプログラミング言語と構造が一緒なので理解が速いです。

稲垣：外国人エンジニアを受け入れる日本人は、日本語を必須で求めますか？

佐藤：我々がＧＩＴ事業を開始した頃は、ほとんどの企業から高い日本語力を求められました。現場ではＮ１じゃないと採用しないとも言われたようです。しかし、六年経ってだいぶ潮目は変わってきています。感覚的には、三割くらいの会社は日本語力を全然求めません。それよりもエンジニア力や、稲垣さんが研究されている**文化への定着**の方が重要視されています。

世界から評価される日本人の規律正しさ

稲垣：いま、日本のサラリーインセンティブが世界で比較すると魅力的ではないということや円安の影響で、日本を希望するエンジニアを集めることは簡単ではないと思いますが、いかがでしょうか。

佐藤：おっしゃる通り、一昔前のような存在感は示せなくなっているとは思います。インドでもＴＯＰレベルのエンジニアは非常に高い給

	「日本の会社の良い部分」の上位3項目	割合
1位	挨拶	67%
2位	きれいにすること	66%
3位	時間を守ること	65%

調査名称	「ダイバーシティ&インクルージョンの推進に関する意識調査」
調査期間	2020年6月25日～7月10日
調査対象	日本での在留・就労経験のある外国籍人材
有効回答数	全34カ国・233名
実施主体	株式会社エイムソウル他

料でアメリカや中国、シンガポールなどに引っ張られますよね。しかし日本の全ての企業が世界トップレベルのエンジニアを求めているわけではありません。また、日本は給料以外の部分でとても魅力があります。漫画・アニメ・ゲームなどのポップカルチャー、食文化、歴史的建造物や四季折々で楽しめる豊かな自然などがあり、非常に人気です。それに加え、安全性・清潔さ、そして**規律正しさ**などが外国人の方々を惹きつけています。ですから、日本に来たいという外国人は世界中にたくさんいます。

稲垣：確かに、日本の魅力はたくさんあるのと、佐藤社長がおっしゃった「規律正しさ」は意外と高く評価されているんですよね。これは以前我々の研究チームで行った調査ですが、「日本の会社の良い部分」を聞いています。1位は「挨拶」、2位は「きれいにすること」、3位は「時間を守ること」で、なんと外国人の方々には**日本の厳しい規律がポジティブに受け入れられていました**。この結果は、我々研究チームも驚きました。

佐藤：日本の規律、幼少の頃の教育ワードでいう「日本のしつけ」は実は海外で高く評価されています。別の事業ですが、ヒューマングループでは、インドネシアに保育園を作りました。もちろん宗教への配慮はアレンジしておりますが、教育方針はあえてローカライズせずに、日本の保育園のやり方や考え方を維持しています。保育園の先生にも日本のしつけの考え方ややり方を徹底して教育しているのですが、これがインドネシアで大人気です。

日本人の克服すべき課題は「論理的説明力」

稲垣：これからますます外国籍人材が増えてきます。受け入れる我々日本人側が、克服すべき課題はなんでしょうか。

佐藤：GIT事業の外国人エンジニアはわが社の正社員となって、お客様のもとに派遣されます。これはヒューマンで受け入れる日本人社員を見ていて思うことですが、**論理的に説明する力**が鍵だと思います。外国人エンジニアが納得感をもって働いている部署や上司の説明には、納得感があるんだと思います。日本人同士はどうしても「言わなくてもわかるだろう」というコミュニケーションをとってしまいますが、外国人エンジニアにはそれでは通用しないんですよね。

稲垣：私は仕事のパートナーとしてChatGPTをもう手放すことができないのですが、生成系AIは学習したデータセットのパターンや構造を元に、入力されたプロンプト（質問や指示）に応じた出力を生成します。プロンプトが明確で詳細であれば、AIはその指示をより正確に解釈し、望ましい結果を生成しやすくなります。逆に、プロンプトがあいまいであれば、期待とは異なるアウトプットが出てきます。日本人が苦手な論理的説明力はChatGPTによって鍛え

られる、というAI時代のもう一つの恩恵があるような気がしています。

佐藤：本当にそうですね。先ほどのしつけや日本の規律は、とても強みであり大事なことですが、昔のように「上司の背中を見て覚えろ」という時代は終わりました。しっか**り説明責任を果たす**ということが大事だと思います。

稲垣：日本人がなくしてはいけない「規律」という強みと、変えていかなければならない「論理的説明力」に、境界線があることが見えてきました。

外国人エンジニアが日本でなりたい自分になる

稲垣：CQIもご導入いただき、ヒューマンの外国人エンジニアのあるべき姿も定量的に言語化され、定着率も上がったとお聞きしています。

佐藤：エイムソウル社のCQIは、面接時にすべてのエンジニアが受検しています。日本の文化や日本企業への適応力を定量的に把握し、採用指標の一つとして活用しています。

稲垣：御社に定着しているエンジニア、定着していないエンジニアの差分をCQIで出して、求める人物像の必要要素を捉えた結果、「同僚間のメリハリある関係性を好む」「フラットな組織を好む」「成果や目標達成を重視する」と

GITエンジニアの分析

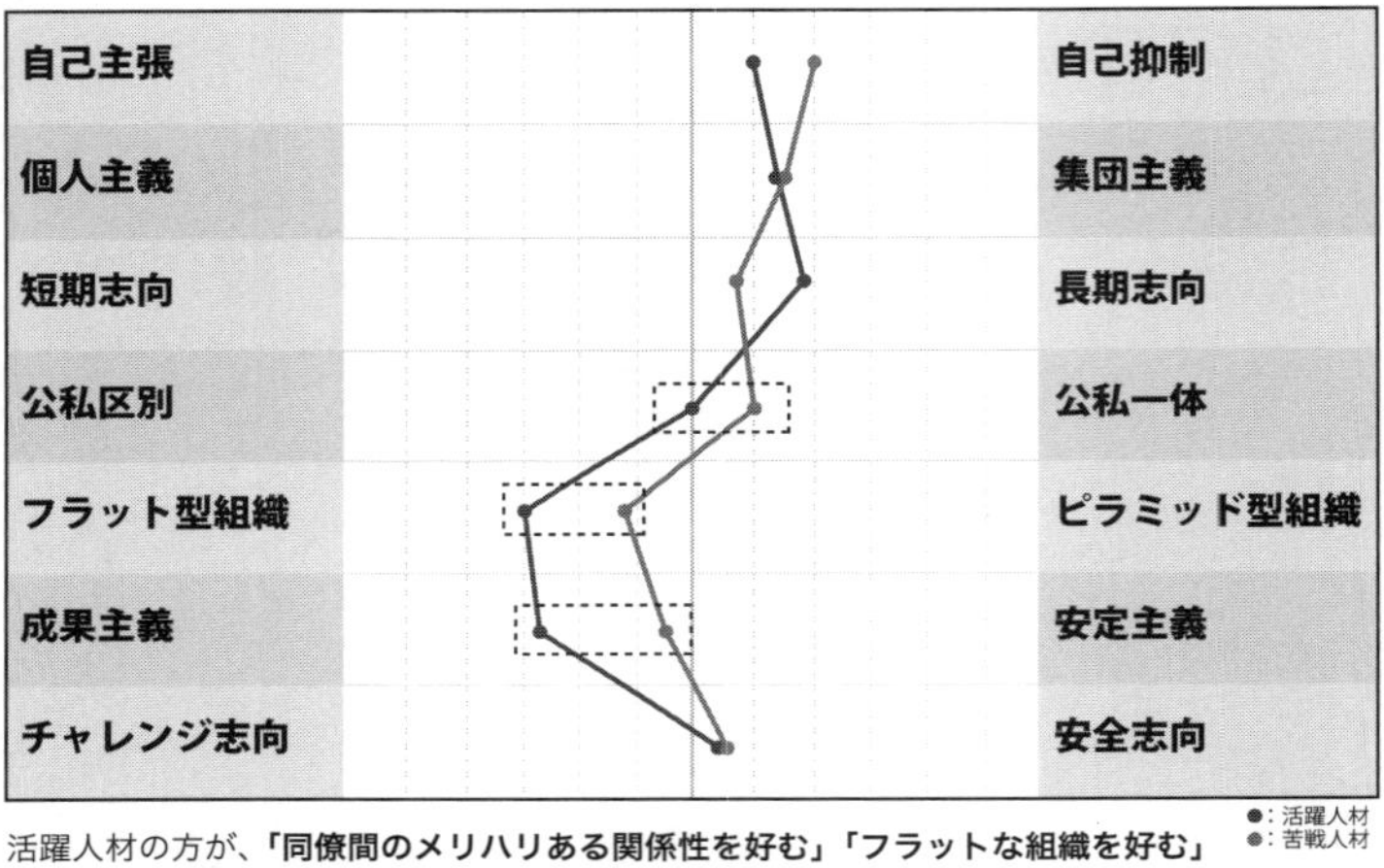

活躍人材の方が、**「同僚間のメリハリある関係性を好む」「フラットな組織を好む」「成果や目標達成を重視する」**傾向が強く出ています。

いう三つの要素が重要だとわかりました。

佐藤：我々は派遣会社ですから、いろんな文化や考えをお持ちの企業様に外国人エンジニアを送り込みます。その派遣先で求められる人間性や性格特性などをCQIのデータで追っていき、よりよいマッチングを科学的に行っています。会社ごとに定着し活躍しているエンジニアとそうでないエンジニアを比較していくと、違いが見えてきます。例えば、同じ技術力を求められるA社とB社でも求める人物像は全然違いますよね。A社は「成果を出すことに加えて、手順や規則の遵守が求められる職場」で、B社は「短期間で成果を出すことに加えて、自主的な判断と手順や規則を遵守することのバランスが求められる職場」でした。このようなデータを今後も蓄積し、お客様・エンジニア共に、お互いの文化がフィットして受け入れられる・働

文化特性：A 社

外国人エンジニアの文化特性を評価別で比較しています。

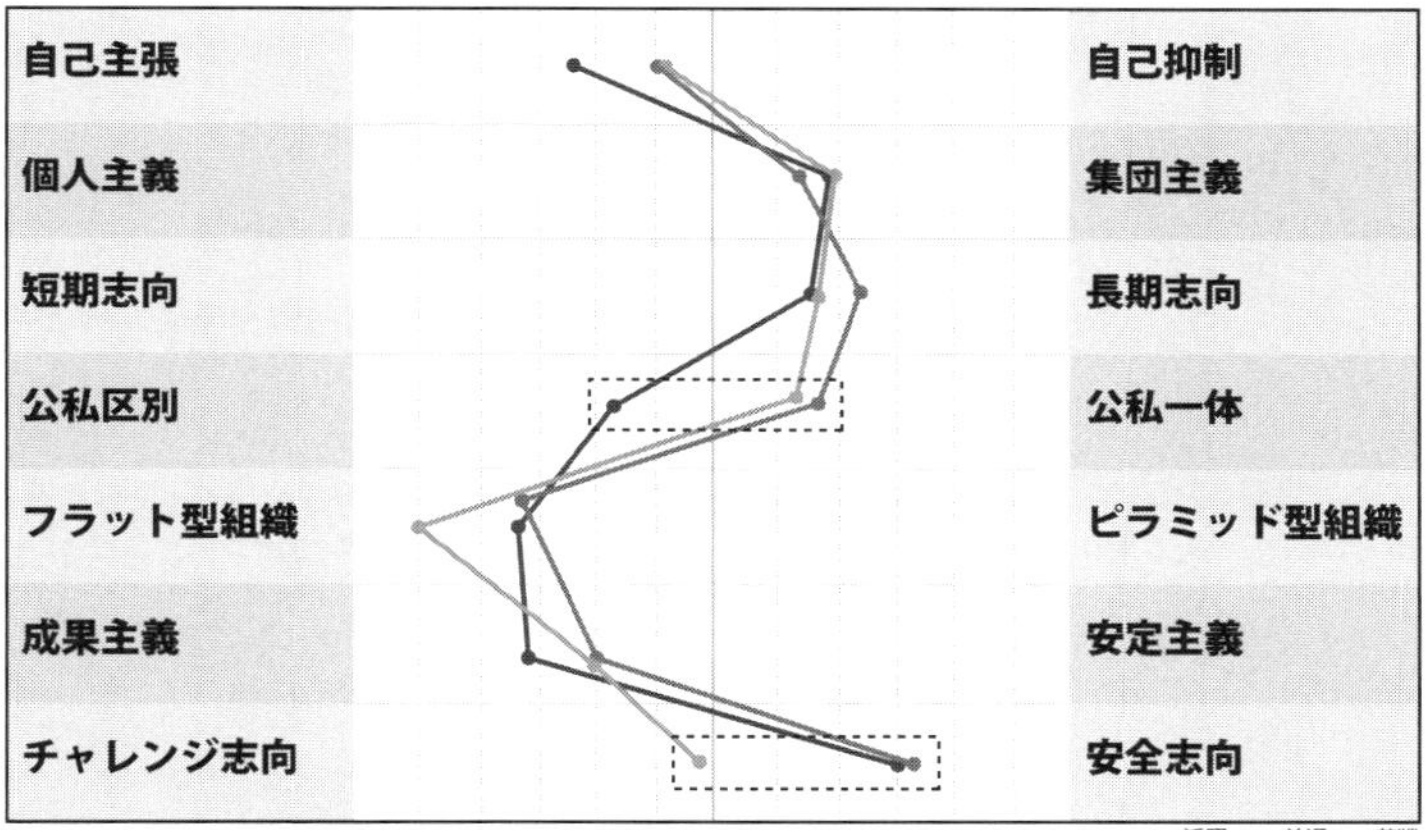

●：活躍　●：普通　●：苦戦

活躍人材の方が、**「同僚間のメリハリある関係性を好む」**
「秩序や規則を守ることを大事にする」傾向が強く出ています。

文化特性：B 社

外国人エンジニアの文化特性を評価別で比較しています。

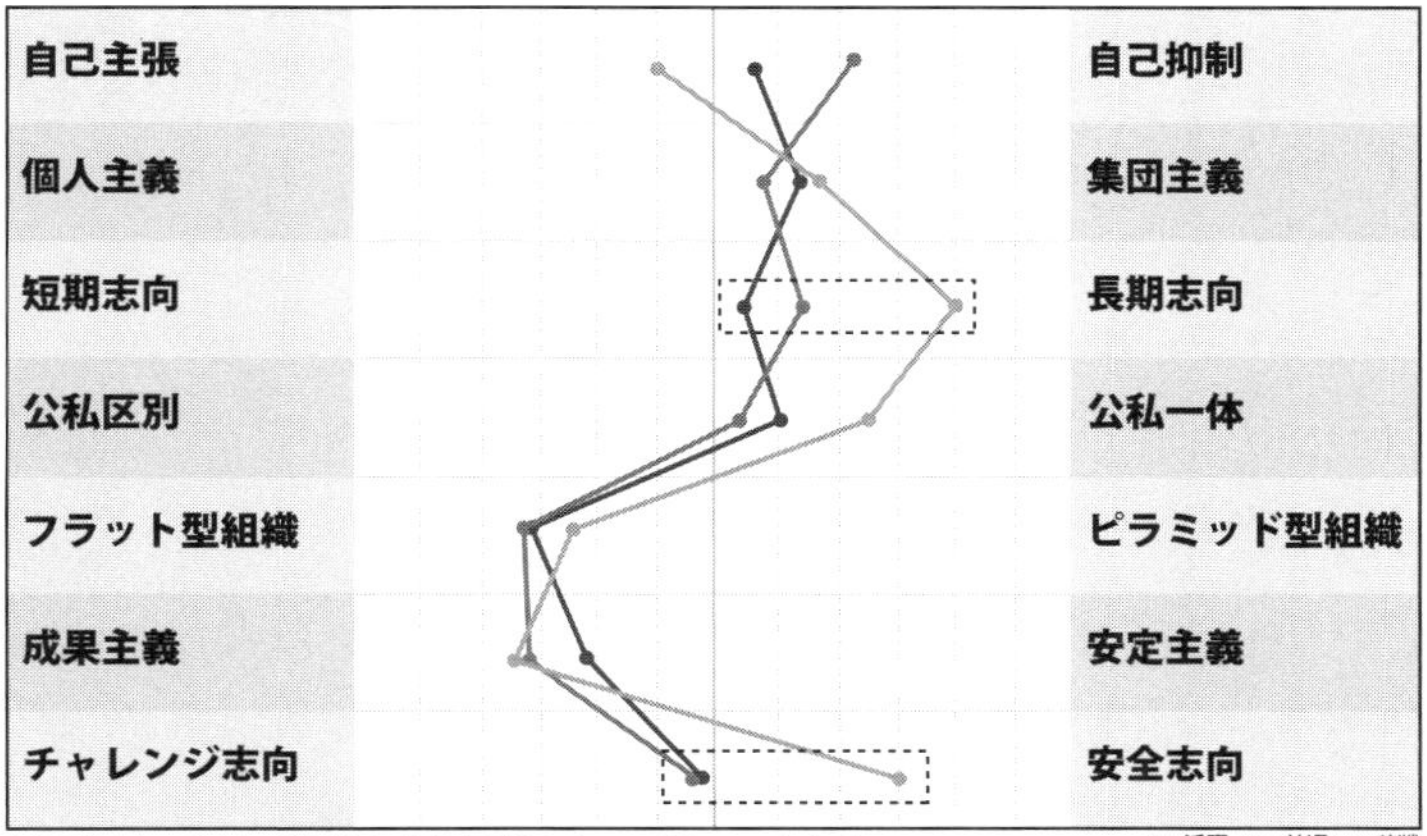

●：活躍　●：普通　●：苦戦

活躍人材の方が、**「短期志向と長期志向のバランスをとる」**
「チャレンジ志向と安全志向のバランスをとる」傾向が強く出ています。

【調査はヒューマンリソシア・エイムソウル共同にて実施】

ける状態を目指したいと思います。

稲垣：我々のポリシーとしても、「カルチャーフィット」というのはとても大事なキーワードです。やはり**人にも組織にも個性があるので、その組み合わせはとても重要です。**特に、言葉や文化背景の異なる外国籍人材の採用・面接となればより慎重さが求められると思います。派遣会社という業態で、このマッチングにとてもこだわってらっしゃるというのは大きな特徴ですね。

佐藤：経営理念の「為世為人」の次に出てくるキーワードが「SELFing（セルフィング）」という言葉です。教育や派遣を運営している我々の仕事は、つまるところ「**なりたい自分になる**」お手伝いをすることです。なりたい自分になるプロセスを設計して、そしてそういうお手伝いをする。寄り添ってお手伝いをしていく。これが我々の根幹です。これから急増していく外国人エンジニアの方々も、日本を選んでくれたのであれば、なりたい自分を見つけて幸せになってほしいと思います。

国の後押しを引き出すグローバル化

■対談者
・小林景子　株式会社パソナグローバル事業本部執行役員副本部長、株式会社パソナグループ国際業務部部長

■株式会社パソナグループ
一九七六年の創業以来、「社会の問題点を解決する」という企業理念を掲げ、〝年齢や性別に関わらず、誰もが自由に好きな仕事を選択することができ、それぞれのライフスタイルに合わせた働き方のできる社会〟の実現を目指して事業を展開。

事業領域は、人材派遣・紹介、BPOサービス、HRコンサルティング・教育・研修、グローバルソーシング、ITソリューションなど、新たな社会インフラの構築を目指す。

小林氏は、大学卒業後、出版社、広告代理店を経て、株式会社パソナにて広告・マーケティング業務に携わった後、パソナグループの海外法人（上海・香港）にて、人材紹介事業やHRコンサルティングに携わる。帰国後、グローバル事業本部にて営業推進から採用・育成などマネジメントに従事し、二〇二一年より執行役員就任。現在は、海外子会社の統括管理を含むパソナグループ全体のグローバル事業の推進を行う一方、女性活躍推進に関わるプロジェクトに参画し、社内のダイバーシティ推進の啓蒙活動を行う。

海外拠点の社員現地化とエンゲージメント

稲垣：パソナの海外進出は歴史が長いですよね。現在海外拠点はいくつあるのですか？

小林：一九八四年の香港が海外拠点第一号で、二〇二四年四月現在は十三か国、五十拠点に展開しています。派遣・紹介をはじめとして、人事や経理などのビジネスプロセスアウトソーシング（ＢＰＯ）や研修・コンサルと、海外進出する日本企業を総合的にバックアップしています。

稲垣：パソナ本体の社員で海外に赴任されている方は、何人くらいいらっしゃるんですか。

小林：実は、海外赴任者はとても少なくて、いまは十人くらいです。設立当初は、日本から駐在員がマネジメントすることがほとんどですが、設立し安定した後は、現地人材やその地に長く定住している日本人がマネジメントするケースがほとんどです。

稲垣：確かに、私がアライアンスを組ませていただいているインドネシアのパソナグループ、PT. Dutagriya Sarana でも、元パソナ社員の方が会社をマネジメントされていますね。

小林：はい。アメリカも、シンガポールも、同じように社員が現地化しているので、駐在者ではないんです。

稲垣：日本所属の社員が現地化するというのは、日系企業では珍しいケースだと思います。駐在員はだいたい三年から五年で交代するのが一般的で、ローカルスタッフには「社長はすぐに変わる」と思われがちです。

小林：そこに問題を抱えている企業は多いですよね。当社は、いわゆるローカライズという形をとっているのですが、実はこういうことが問題視される前からの経営です。例えば四十年前には香港で、創業者の南部が先頭に立って会社を立ち上げましたが、すぐに香港の方に任せました。台湾にしろカナダにしろアメリカにしろ、ローカルの人がマネジメントしています。国によって、社長は日本人だったり現地の方だったりいろいろですが、日本から期間限定で赴任した駐在員が交代しながら長期にわたってマネジメントするということは基本的にありません。

稲垣：これは、海外進出する日系企業の大きな課題の一つだと思います。韓国・中国系の企業は、駐在員が片道切符でその地で骨をうずめるということも珍しくありませんが、日本の慣習ではなかなかそうもいきませんし、現地で採用したローカルスタッフをたたき上げからマネジメントに上げていくのは簡単ではありません。どんなノウハウがあるのでしょうか。

小林：弊社の場合は、事業が人材ビジネスだからということが強い理由かもしれません。人材ビジネスはメーカーや商社のように国境をまたいだやり取りが基本的には少ない事業です。海外拠点は基本的にローカルビジネスなんですよ。なので、日本本社とのつながりを必要以上に強固にすることは求められません。ローカルビジネス色が強く、その土地のさまざまな労働関連の法律や慣習、文化が紐づいてくるので現地の事情に詳しい方が親和性が高いのだと思います。そのため、社長は台湾だったら台湾人、カナダだったらカナダ人、インドだったらインド人が就いています。香港・アメリカ・シンガポール・インドネシアの社長は現在は日本人ですが、みんな十年か二十年とか、その地での経験が長い方になります。

稲垣：業界特性上、三～五年で入れ替わらない人材をリーダーに置かれている事の意義はよく理解できましたが、彼らのロイヤルティーやエンゲージメントマネジメントはどうされているのでしょうか。確かにローカルビジネスがメインで頻繁に本社とやり取りが少ないとはいえ、パソナグループとしてグローバルをマネジメントしていくのは容易ではないと思います。

小林：おっしゃる通り、各地域が独立性を持ちながらマネジメントするので、より一層グループ全体のエンゲージメントには気を張っています。いままでの歴史的には三段階あったのではと考えています。

第一段階は香港を皮切りに、各国の拠点を立ち上げていったころです。マネジメント層に就いている人を年に何度も日本に呼んで、創業者の南部自ら合宿研修をしていたそうです。

稲垣：すごいですね。各国から社長やトップマネジメントを集めるんですね。どんなことをやっていたんですか？

小林：パソナとしての考え方や社員に求める行動指針、いまでいう「Pasona Way」を浸透させるために、パソナグループはどんな会社なのか、どういう世界観を作っていきたいのかというのを、徹底して語り合っていたと聞きます。

第二段階は、会社が大きくなってきた時期。その当時、国際業務部の責任者が頻繁に海外に飛んでいました。現地でたくさんコミュニケーションを取ると共に、年に二回はプログレスミーティングという全社的なキックオフ会議を開いて、海外拠点長を日本に呼びます。その時に合同でコミュニケーションを取って、パソナグループの考え方や現状・将来像を共有していました。

稲垣：すごい労力をかけていますね。二〇二

〇年になると新型コロナウイルスのパンデミックで行き来ができなくなりましたが、その時はどうやってコミュニケーションをとっていったんですか？

小林：まさに、それがきっかけで第三段階に入ったと考えています。私はパソナグループのグローバルコミュニケーションにおいては、転換期となる機会だったと思っています。それまでは、各社責任者が日本に来るか日本から行くかといった日本を中心とした物理的で直線的なつながりでしたが、パンデミックになり世界中の国境が閉じたことで、オンラインで世界が一気につながりました。そのうち、日本を介さずに各国の拠点がアメーバのようにつながり始めて、パソナグループの人と人とのさらなるグローバルネットワークが期せずして一気に深まることになりました。

稲垣：先ほど「Pasona Way」というお話がありましたが、それが全世界で徹底している行動指針や理念ですか？

小林：そうです。パソナグループの企業理念や使命のもと、社員一人ひとりがどのように行動すべきか「パソナグループの『芯』」を示したものが「Pasona Way」です。パンデミックにより簡単に行き来できなくなったからこそ、どうすれば浸透していくのかを何度も議論をしました。

稲垣：パンデミックが来たタイミングで始

まったんですか？

小林：パソナグループとしては二〇一八年に「Pasona Way 本部」を作り、浸透に向けたさまざまな取り組みを行ってきました。パンデミックは特にグローバル事業において、その勢いを加速させましたね。もちろん国や地域によって文化が違うので、日本のやり方を押し付けるのは抵抗感があるでしょうし、直訳しただけの文章では意味が分からない。だから**その国の状況や国民性に合わせた表現の仕方**を、各国の社長と考えました。これにかなりの時間とエネルギーを費やしましたね。これが第三段階です。

稲垣：例えば、どんな表現の工夫をされたんですか？

小林：一例を挙げると、Pasona Way では「お客様のために」という項目に以下のような文章があります。

『足の裏が光る』
お客様のために労を惜しまず足を運び、真摯に取り組む

「足の裏が光る」という言葉は、"Even the soles of our feet shine" という英文にしていますが、この言葉だけでは、とても理解される内容ではありません。

ただ文字を伝えるだけでなく、海外の拠点長自らに、自国の文化や慣習、仲間たちの個性に合わせて、意図する内容を落とし込んでもらいました。拠点長がファシリテーションをして、メンバー一人ひとりに Pasona Way のどのポイントを一番重視しているのかを考えてもらい、それに沿った行動に対するエピソードを言語化してもらっています。

また、パソナグループの哲学については、社長自らがファシリテーターとなりディスカッ

ションをしたり、社員一人ひとりの Way について のシェア会、また、拠点によってはチームごとに「我々が目指す Way とは？」を絵にして表現したりと、**その国における個性を生かした**実施方法をしています。

稲垣：なるほど。この部分は、かなり力をかけて実施されていますね。第一段階は創業者が丁寧に想いを伝えに行き、第二段階はその想いを引き継いだ人間が加速させ、第三段階は想いを言語化して、オンラインでアメーバのように世界をつなげた、という変化ですね。

高いハードルを崩すために国を巻き込む

稲垣：国内のグローバル化も主軸事業だと思いますが、日本企業のグローバル化に関してはどのようなご意見をお持ちでしょうか。

小林：日本国内で展開している企業様へは、外国籍の方の人材紹介もしていますが、まだまだ外国籍人材の活用に関しては、ハードルが高いです。まずは言葉の問題や、稲垣さんが研究されている文化の違いが大きいと思います。「採用をしたことがないから」という理由も大きいです。その他、**業務内容を明確にする**という感覚が外国籍人材採用では必要になってきます。日本の場合、新卒一括採用という特有の文化があり、いわゆるメンバーシップ型※で、総合職という職種が一般的です。

※メンバーシップ型：業務内容や勤務地を明確に定義しない雇用システム

一方で、外国籍人材採用ではジョブ型※という考え方が必要です。外国籍人材を雇用する場合、在留資格が必要で、技能実習生や特定技能などは、詳細に業務内容が定義されています。「技人国」と呼ばれる技術・人文知識・国際業務の在留資格も、もちろん業務が明確に定められています。ここが、日本人と就業ビザが必要な外国人の間でずいぶんズレがあるように感じます。

稲垣：それはおっしゃる通りですね。我々の調査でも外国籍人材の早期離職の原因の第二位は、業務内容のミスマッチでした。（六十二頁：第三章「早期離職の実態」）

小林：これらのハードルがたくさんあって、日本企業で自ら積極的に外国籍人材の採用をしようという会社はまだまだ一握りです。とはいえ、外国籍人材採用をしないと人材の安定的な確保やグローバル化が難しいということは皆さん気づいている。パソナはそんな企業の背中を押すために、国や市区町村からのサポートを引き出そうとして色々と仕掛けています。稲垣さんに毎年お手伝いいただいている東京都の「海外高度人材獲得支援事業」も、弊社が東京都と共に行っているプログラムです。

稲垣：当社は、御社が東京都から受託された「海外高度人材獲得支援事業」※で、二か月間のインターンシップが始まる前の導入研修、中間振り返り研修で、外国籍人材と受け入れる日本人向けに毎年研修を実施させていただいております。

※ジョブ型：明確に定義された職務内容に基づく雇用システム

二〇二三年度のプログラムも、インドネシア・タイ・インド・ベトナムなどから、千名の優秀な若者が応募してくれ、選ばれた二十名に研修をして二十社に送り込みました。既に外国籍人材が社内にたくさんいる企業様も、初めて外国籍人材と働く企業様もいましたが、皆さんインターン生の優秀さには大変驚かれていました。

※海外高度人材獲得支援事業：海外在住の高度な専門知識や技術を有する外国籍人材二十名が、東京都内の中小企業に二か月間インターンシップで働くプログラム。基本的な費用は全て東京都の負担

小林：パソナの各国の拠点が、かなり力を入れてトップ大学卒業生にアプローチして人材を募集しています。五十倍の競争率をくぐりぬけてきた方々なので、とても優秀ですよね。その方々を実質無料で受け入れることができるので、とても手厚いプログラムだと思います。

稲垣：このプログラムに参加された、外国籍人材を初めて受け入れた企業様からは、「**外国籍人材と働くことは思ったより難しいことではない**」とか「いままで日本人同士では気づけなかった当社の強みや課題に気づけた」という声を毎年お聞きします。

小林：確かに、言葉や文化などいろんな違いがあるので、乗り越えないといけないのですが、正直食べず嫌いな部分もあるので、そこを国の力を借りて一歩踏み出せればと思っています。

稲垣：日本人は前例主義が強すぎる、とよくいわれており、確かに最初の一歩を踏み出すのは慎重ですが、逆に前例ができると広がるスピードは速いと思います。特に外国籍人材採用においては、他国でよく起きている、過去の民族間の問題や宗教の問題があるわけではないので、意識のブレイクイーブンを超えると、一気

に外国籍人材採用に踏み切る会社がどんどん出てくると思います。私は変化の潮目がもう少しで来ると思っています。

小林：パソナは、日本国内だけでなく、グローバルでこういった活動を行っています。例えば、韓国の大手銀行や大学との連携による人材育成と就職支援や、ミャンマー協会とのミャンマー人材の就労支援、スリランカ政府（労働局）との連携や、JICAなどとの協業による難民の方々の就労支援、国連機関（UNITAR）ともMOU（基本合意書）を締結してポーランド在住のウクライナ人女性のDX研修支援やアフリカの女性・若者に対してのDX研修を協業するなど、我々の持つリソースを活用してさまざまな人材育成・就労支援を行っています。

日本のファンを増やす

稲垣：二〇二五年の大阪・関西万博では、御社がパビリオン出展をされると伺いました。十三企業のうちの一社に選ばれたんですね。

小林：はい。大変名誉なことです。子どもからお年寄りまで、世界中のすべての人たちが、いのちを尊び、いのちへの感謝で包まれる、そんな世界を創りたいという願いを込めてパビリオンを出展します。世界中から多くの方々に、私たちのパビリオンを訪れてもらい、「ありがとう」が響き合う世界「NATUREVERSE

（NATURE × UNIVERSE）」をともに創る未来の創造者になってほしい、という想いをこめています。

稲垣：からだ・こころ・きずな。とても素晴らしいコンセプトですね。海外の方々から日本の素晴らしい点として評価いただくポイントでもあると思います。

小林：おっしゃる通りです。これらは我々日本が世界に誇れる訴求ポイントであると思います。日本は給料が安い、円安で日本に来て働きたい人が減少した、とよく言われますが、実際はそんなことはありません。先ほどの「海外高度人材獲得支援事業」で稲垣さんもおっしゃっていただきましたが、二〇二三年度は二十名の内定枠に対して、千名の応募があったんです。しかも各国の超優秀な人材です。海外の事業に関わると、改めて「日本ファン」が世界中にたくさんいてくださる、という実感を持つことが多々あります。その魅力をしっかりと自覚し、訴求していきたいと思っています。

稲垣：確かに、いろんなところで「GDPが四位に落ちた」「日本は給料が上がっていない」とネガティブな声をたくさん聞きますが、まだまだ世界の四位で

からだ　1
医療／食
最新の医療と食により健康な身体をつくります。

こころ　2
生きがい／思いやり
「思いやり」の精神のもと、誰もが自分の未来に想いを馳せることができ、ダイバーシティにあふれ、生きがいにあふれる、心豊かな社会を創ります。

きずな　3
働く／互助
あらゆる人がイキイキと働き、幸せに暮らすことのできる、真に豊かな社会、「ミューチュアル・ソサエティ（互助の社会）」を創ります。

あるし、アジア諸国に対するサラリーインセンティブはまだまだ強い。そして、**安全・安心・清潔**というソフト面や、**食や文化、倫理観**など、日本を魅力に感じてくれる人はたくさんいます。

小林：私はかつて香港にしばらくおりましたが、日本人の諸先輩方々が作ってきてくれた日本ブランドというものは確かにあり、そこにずいぶんと守られてきた記憶があります。日本人というだけで時間に正確で約束を守るとか、そういう下駄をはかせてもらっています。

パソナグループは、世界中にいる日本に好意を持ってくれている方々に日本の魅力を訴求し、企業に受け入れの間口を広げてもらう活動をしています。加えて国に企業の背中を押してもらうサポートを依頼する。いろんなことを仕掛けていって、まずは外国籍の方々が日本で実際に働くきっかけを作っていきたいと思います。

高度移民政策で日本をグローバル化させる

■対談者
・柴崎洋平　フォースバレー・コンシェルジュ株式会社代表取締役社長

■フォースバレー・コンシェルジュ株式会社
世界中の人材と企業を繋ぐ、国境を越えた外国人・グローバル人材の採用を支援している。自社のデータベースには百八十六か国、累計約四十六万人の高度人材が登録し、約千社との取引実績を保有。二〇一九年からは「特定技能」分野にも進出している。

ハイクラス人材のポジション採用から、新卒採用、外食・宿泊・介護等の専門職種の大規模採用まで幅広く対応可能。十五年以上の実績から、状況に合わせて最適な戦略を提案する。就職できる企業が限られている「雇用不足」の国から、年々採用活動の難易度が上がる「人材不足」の日本へと、優秀な人材を迎え入れ、ビジネスの力で世界中の社会問題の解決に貢献している。

代表の柴崎洋平氏は一九九八年上智大学卒業後、ソニー株式会社に入社。携帯電話向けカメラの商品企画、半導体の営業・マーケティング、PlayStation3のフォーマット普及に従事。世界を代表する多くのグローバル企業と世界中でビジネスを行う。二〇〇七年ソニー株式会社退社後、同年、フォースバレー・コンシェルジュ株式会社設立。世界経済フォーラム（ダボス会議）Young Global Leaders 2013選出。二〇二三年YouTube PIVOT 公式チャンネル　テーマ「アジア人材獲得は、インド・ネパールを狙え」に出演。二〇二三年自由民主党　外国人材活躍推進議員連盟総会にて登壇。世界から自分の働く場所や会社を探せる、選べる、そんな当たり前なことを叶えるグローバルなデジタルプラットフォームの開発に取り組んでいる。

世界の人材の流動性を高める

稲垣：フォースバレー・コンシェルジュの主力事業は、海外から優秀な人材を日本に連れてくる、という人材紹介だと思います。この事業を立ち上げられた経緯や想いを教えてください。

柴崎：大学卒業後、私はソニーに入社して半導体事業部門に配属されました。いきなり海外担当になって、優秀な自社エンジニアと一緒に、ノキア、モトローラ、サムスン、LG、ジーメンスやTSMCという世界トップの携帯電話会社や半導体関連の企業を行脚することになったんです。お相手は経営企画でMBAを取得しているような、すごく優秀な人たちばかりなんですよ。一方私は新卒で「大学四年間アメフトだけやってました!」という気合だけで仕事をしている(笑)。最初は圧倒されたのですが、仕事は結構取れるんです。なぜかというと、日本のエンジニアがスーパー優秀だったからです。

稲垣：技術者は日本の方が優秀なんですか?

柴崎：当時、エンジニアは日本のほうが圧倒的に上でした。ただビジネスサイドは圧倒的に世界が上。ちなみに当時というのは、モノづくりの時代でエンジニアは機電系でした。それから二十年経って、ソフトウェア、コンピュータサイエンス、IT・AIの時代が来て、日本の優位性はかなり下がってきています。話を二十年前に戻すと、日本のエンジニアは世界からリスペクトされていました。しかし、当時のソニーのオフィスには見渡す限り日本人しかいない。もし、北米で出会った彼とか、ヨーロッパのお客さんだった彼女が日本で働いてくれれば、一気にグローバルレベルに引き上げられるんじゃないだろうか、もっともっと日本は強くなれるんじゃないだろうか、ということをおぼろげながらに思っていたんです。海外のＴＯＰレベルと交わると、人も組織も成長する。これはビジネスだけではなく、スポーツも一緒ですよね。

稲垣：私が高校生だった一九九三年、Ｊリーグが開幕してジーコやリネカーやリトバルスキーがやってきて、一気にレベルが上がったことをよく覚えています。そういう感覚ですね。

柴崎：そうです。**ビジネスも世界から優秀な人材を集めたほうがレベルが上がります。**そこに興味があったんです。加えて、ソニーマインドは「自社のためだけでなく、日本の産業界のため、世界を変えるため」という視座で考えるのですが、新卒から入社した私には、そのマインドが最初に注入されています。これがいまの私の基本的な指針になっています。人材業界はプレイヤーがたくさんいてレッドオーシャンですが、国を跨いだ人材ビジネスは、ビッグプレイヤーがいないブルーオーシャン。じゃあ、これをやって世界を変えようと思いました。

稲垣：ちょっと仕組みが違いますが、国を跨いだリクルーティングサービスとしてのメガプレイヤーは、LinkedIn や Indeed がありますね。そこことは違うんでしょうか。

柴崎：確かに LinkedIn、Indeed は世界的メガプレイヤーですが、彼らにない重要な機能は、国を越えて移住させる機能です。つまりビザの問題です。越境して就職するにはこの問題を避けて通れませんが、この両巨頭はビザに関しては触れていません。この一番難しいビザの問題も含め、人材の越境を促進し、世界的プラットフォーマーになることが我々の目的です。

稲垣：なるほど、おっしゃる通りビザの問題は一番センシティブですね。

柴崎：肝は、ビザと現地の各種ライセンス。これを突破できる見込みも十何年の歴史で掴んできました。この問題をクリアして、世界の人材の流動性を高めます。

稲垣：構想は理解できました。次に疑問に思うのは、GDPが世界四位になって円安となり、給与レベルも何年も上がっていない日本に、世界の優秀な人材が来てくれるのかということです。

柴崎：世界の人口はいま八十億人を超えました。そのうち経済先進国に住んでいる人が十五%で十二億人。残り八十五%は、新興国・途上国に住んでいて六十八億人います。人の流れは基本的に途上国から先進国に向かいます。自国では稼げない、家族を養いきれないから、もっと稼げるところに移り住むわけです。

稲垣：昔、日本でも青森や岩手などの地方から東京に集団就職する、ということがありましたが、それと同じですね。

柴崎：そうです。そして人がどう流れるかを読むための指標の一つが一人当たりGDPです。この数値は大体所得と比例します。円安になっている影響はありますが、日本はだいたい三万ドル強。世界基準で考えるとまだまだ高い位置にいるわけです。ボリュームゾーンは千~四千ドルです。ここの差が大きければ大きいほど人の流れがあるということです。

稲垣：サラリーインセンティブが大きいわけですね。

柴崎：日本は選ばれなくなっている、といろんなメディアで言われていますが、その主語は何か、ということです。世界には二百か国以上あるのに、メディアは十把一絡げに言う。それは間違いです。我々のリサーチによると、日本の一人当たりＧＤＰの十分の一以下の国にとっては、日本はまだまだ魅力があるんです。特にインド・ネパール・バングラデシュ・パキスタンなど、平均所得水準がまだ低い**南アジアの人にとっては日本で働くインセンティブは大きい**んです。

稲垣：確かにそうですね。そう考えると、かつて日本に多く来日していた中国・ベトナムは、日本の一人当たりＧＤＰの十分の一以上になってきています。この国からは来日インセンティブが弱くなっているということですね。

柴崎：はい。昔と比べて弱くなっています。

世界の一人当たり GDP ランキング

順位	国名	一人当たり GDP（単位 US ドル）
1	ルクセンブルク	131,380
2	アイルランド	106,060
3	スイス	105,670
4	ノルウェー	94,660
5	シンガポール	88,450
	～	
35	韓国	34,160
38	日本	33,140
71	マレーシア	13,310
72	中国	13,140
92	タイ	7,810
107	モンゴル	6,180
118	インドネシア	5,270
124	ベトナム	4,620
128	フィリピン	4,130
138	インド	2,730
141	バングラデシュ	2,650
162	ネパール	1,400
165	ミャンマー	1,250
	～	
185	シエラレオネ	526
186	イエメン	486
187	マラウィ	480
188	スーダン	421
189	ブルネイ	230

IMF（2024 年 4 月）
https://www.imf.org/external/datamapper/NGDPDPC@WEO/OEMDC/ADVEC/WEOWORLD

ただ、過去や現在ではなく未来を見ることが大事です。現在ベトナムは一人当たりGDPは四千五百ドルぐらいですが、経済成長率を八％とすると、十年続くと一・〇八の十乗で、二・一六倍。つまり、ベトナムは次の十年で約一万ドルになる計算です。

稲垣：つまり、ベトナムも十年後には千ドル台の国から人材が流れてくるということですか。

柴崎：その通りです。一万ドルを超えると今度は受け入れ国になるんです。こうして、送り出し国が受け入れ国になって、人材の流動性が上がり、経済は成長を遂げていくのです。

高度移民政策

稲垣：柴崎さんは、あまり聞き慣れない高度移民政策を掲げられていますが、一般的にいわれる「移民政策のトリレンマ」では、移民と治安と自由は相互に矛盾する目標といわれています。この点について解説していただけますか。

柴崎：まず、移民という定義ですが、国際移住機関（ＩＯＭ）によると、「本来の居住地を離れて、国境を越えるか一国内で移動している、または移動したあらゆる人」のことを指します。つまり、技人国でも技能実習生でも特定技能でも、広義では移民ですよね。移民は恒久的に日本に住む人だ、という方もいますが、どの在留資格で来日しても、更新や変更で楽に上限なく在留できますから、実質日本は、移民を認めている国なんです。ただ、日本人は「移民」というワードにあまり良い印象を持っていないため、政府はその言葉を使いません。また、稲垣さんのおっしゃる通り、移民政策のトリレンマで、移民を受け入れると治安と自由が両立しないと言われています。

稲垣：「高度」という言葉をつけているところにポイントがあると感じます。

柴崎：そうです。日本が受け入れる移民は、高度なスキルか教育的バックグラウンドを持っている人を優先すべきです。いまの技能実習生の受け入れの最大の問題点は、受け入れる人材を政府・地方自治体、省庁がコントロールできていないということです。送り出す人材、人数などの決定権は、なぜか各国のブローカーにあるケースが多いです。残念なことに、日本には移民庁がないゆえにコントロールが利かず、手綱を握るのは海外ブローカーであるため悪質なブローカーも暗躍できる状況になっています。人こんなばかげたことが起きているんですね。人手不足にも関わらず、日本がアグレッシブに移民政策をとらないから、海外ブローカーに握られた移民大国になってるんです。移民の問題の一つは、稲垣さんがおっしゃられたように、外国人が大量に入ってくることによって治安が悪化することです。次に、チープレーバー（安価な労働力で働く人）が日本人の給料を下げ、日本人の職を脅かすことです。この二つの問題を完全に回避できるのが、私が提唱している「高度移民政策」です。

稲垣：高度外国人に絞ると問題が解決する、という部分をもう少し詳しく教えてください。

柴崎：いまブローカーが日本に送り込んでくるのは、主に地方出身で立場が弱くて、教育水準や所得が低い人たちが多いです。彼らは、多くの借金を背負わされてジャパニーズドリームを夢見てやってくる。しかし現実は仕事も厳しかったり、借金を返せるほど稼げないことが多いので、国内のブローカーの甘い言葉に誘われて、失踪・不法就労など悪事に手を染めてしまう。**受け入れる人を大卒以上、もしくは高等教育機関卒以上にすることで統計的に、失踪・不法滞在・不法就労が一気に減る**といわれています。治安も悪化しません。また、この人たちは、日本人と同じように暮らし、母国に送金するだけではない消費人材になるので各地域の経済活性化に貢献します。日本で働き日本で消費する人材です。

稲垣：なるほど。しかも、先ほどの話であったように、一人当たりＧＤＰのギャップで国を選定すれば、高度外国人材もまだまだたくさん来るということですね。

柴崎：その通りです。ネパールの最高学府を出たメカニカルエンジニアの初任給はいくらぐらいだと思いますか？　一万円台ですよ。しかもこの人たちは、その仕事に就ける人のほうが少ない。それは国内に働き先がないから。しかし、日本の工場でメカニカルエンジニアとして働けば、母国では手に入らない収入を得ることができます。

稲垣：二つ目のポイント、日本人の職を脅かすことに関してはどんな回避策がありますか？

柴崎：日本中の仕事を、エリアと職種のマトリクスで整理すると、今後十年間日本人では埋められない箇所が見えてきます。例えば地方のホテルや飲食です。ここは日本人と競争していない分野なので、外国人材との職の奪い合いにはなりません。私は、この高度移民政策を日本

中の自治体に提案しています。危機感を感じられているところは、知事も興味を持ちます。人が集まらない地域や仕事に、失踪リスクの低い高度外国人材をマッチングするというWIN-WINの仕組みです。

稲垣：素晴らしい構想ですね。では海外からどうやって人材を集めるのですか？

柴崎：いま、インドやネパールでも始めていますが、この構想を各国にぶつけると、相手国も大臣クラスが出てきてくれます。ネパールでは財務大臣も国土交通大臣も労働大臣も弊社の活動を歓迎してくれます。彼らも良い送り出し先を探しているんです。それだけでなく、日本からたくさんの企業を連れていって、日本からの投資を呼び込んでいます。例えば今度ある有名な日本のラーメンチェーンがネパールに出店する予定なのですが、そうするとここで現地の雇用を生むことになります。従業員は、現地のホテル・レストラン専門大学と連携してインターンをしてもらう。そこで教育された人を日本に呼ぶんです。そして、いずれ日本から母国に帰る人が出てきたら、母国に事業を立ち上げて、自分の専門性を生かして働く。これが**循環型のサステナブル（持続可能）なスキーム**です。

稲垣：日本に送り込むことで、自国も持続的に成長できる、という仕組みですね。

柴崎：日本だけ一人勝ちのスキームは長続きしません。焼き畑農業になってしまいます。

稲垣：具体的にフォーカスしている国はどこですか？

柴崎：いまは南アジアです。南アジアには、世界の人口八十億人のうち二十億人がいます。四分の一です。パキスタンはもうすぐ二億五千万人。バングラデシュも二億人。一人当たりGDPは千ドル台です。インドは十四億人で二千ドル台です。優秀な人材はいるものの所得が低いからチャンスなんです。

高度移民庁ジャパン構想

稲垣：とても理にかなっている構想だと思います。一方、日本の政策はロジカルに動くわけではありません。実質的には移民政策をしているにも関わらず、移民という言葉を使わない。しかし各国のブローカーやエージェントは、今後永住できる可能性がある特定技能で、日本に人材を大量に送り込んできます。柴崎さんは、特定技能をどう捉えていますか？

柴崎：私は、特定技能には大賛成ですが、ビザの対象業種を決めるプロセスがダメだと思っています。

稲垣：それはどういうことですか？

柴崎：例えば、最近でいうと、特定技能の業種に「自動車運送業」を追加しました。要はドライバーですね。現実的に、ドライバーはどの国も教育水準的には高い人はあまりいません。例えばインドや他の国でも、タクシードライバーで英語を話せる人はほとんどいません。

稲垣：インドネシアもそうですね。

柴崎：それを受け入れるというのは、また各国のブローカーが誰でもいいから連れてくる、という状況を誘引することになります。治安が悪くなる可能性はあります。繰り返しますが、私は特定技能で外国人材を迎え入れることは大賛成ですが、**入れる業種・エリア・人材の質を考えないといけない**と思っています。日本は移民政策はないという体裁ですから、移民庁のような組織がなく、法務省傘下の入管庁が移民政策を作っている形になっています。本来、入管庁はディフェンスのポジションです。つまりサッカーのディフェンダーにどうやってシュートを決めるかを考えさせるようなことをしているわけです。点を取る専門家のフォワード集団、移民庁を作って戦略的に考えるべきなんです。留学生の受け入れも同じです。アメリカは、留学生の受け入れにかなり戦略的に取り組んでいます。でも日本はそれを考える機能がない。各国政府のように、海外で日本主導のプロモーションなど、皆無に近いです。つまりは外国人獲得をアグレッシブに考える省庁、部門がないんです。もちろん、各省庁が断片的には担っています。経産省、厚労省はじめ、ビザを取り扱う法務省。留学生だと文科省です。海外の窓口としては外務省。内閣官房と内閣府も関わってはいます。各省庁がそれぞれのミッションに取り組んではいますが、日本の移民政策を戦略的に考えるリーダーシップはどこにもないんです。

稲垣：そこを横串したリーダーシップ機能はどうやって作っていけばいいんでしょうか。

柴崎：国が主導するのは難しいと思います。だから、私は民間で「高度移民庁ジャパン」というネーミングの組織を作って、さまざまな活動をし、日本と世界を変えていこうと思っています。

稲垣：それこそがソニーマインドなんですね。大変勉強になりました。ありがとうございました。

法律の整備で日本の外国人雇用を進化させる

■対談者
・杉田昌平　弁護士法人 Global HR Strategy 代表社員弁護士、社会保険労務士法人外国人雇用総合研究所代表社員社会保険労務士

■杉田昌平代表弁護士
弁護士（東京弁護士会）、入管届出済弁護士、社会保険労務士。慶應義塾大学大学院法務研究科特任講師、名古屋大学大学院法学研究科日本法研究教育センター（ベトナム）特任講師、ハノイ法科大学客員研究員、アンダーソン・毛利・友常法律事務所勤務等を経て、現在、弁護士法人 Global HR Strategy 代表社員弁護士、社会保険労務士法人外国人雇用総合研究所代表社員、独立行政法人国際協力機構国際協力専門員（外国人雇用／労働関係法令及び出入国管理関係法令）、慶應義塾大学大学院法務研究科・グローバル法研究所研究員。

■弁護士法人 Global HR Strategy
″Beyond Borders with Compliance 国境を越えるという全ての挑戦を、法が支える世界を目指して″ を MISSION に活動する Business Immigration Law Firm。
東南アジア・南アジアを中心とした諸外国と日本との間の人の国際移動を円滑に行うための一切の手続を行う。在外経験のある専門家が集まり、企業活動に関わる入管業務や外国人雇用に関する法務・労務を従来の企業法務のレベルで提供することを目的に二〇二〇年十二月設立。

変えていくべき労働法と雇用契約

稲垣：日本のグローバル化を、社内規定や法律面から考えていきたいと思います。現行の社内規則や労働法はグローバル化に向けて進化していくべきでしょうか。

杉田：まず、社内規定について考えたいのですが、日本の歴史の長い会社の就業規則を見ると面白くて、勤務時間中に宗教活動をするな、と定めている例があります。違和感がありませんか？

稲垣：それはありますね。ムスリム（イスラム教の信仰者）の方などからすると、失礼だと捉えられると思います。

杉田：働くルールというのは文化ごとに違っていて、それぞれ自分たちの常識やバックグラウンドからできています。人材が多様化すると、ルールは厳しくしたらよいのか、緩くしたらよいのか。

稲垣：これはまさに日本企業がこれから向き合うべきポイントです。

杉田：参考になる話があります。渥美俊一さんという経営コンサルタントの話です。渥美先生はもともと読売新聞の記者だったんですが、記者時代にアメリカウォルマートのフランチャイズシステムを取材し研究されました。そこから日本のチェーンストア経営研究団体「ペガサスクラブ」を設立されます。日本が誇るフランチャイズチェーンであるイトーヨーカ堂、ジャスコ（現イオン）、吉野家などが加盟していますが、チェーンストア経営システムを研究している団体です。渥美先生が研究の対象としたウォルマートで働く人は移民大国アメリカの労働者なので、バックグラウンドがバラバラです。中南米から来る人もいますし、イタリア系の人もいます。

稲垣：多様性の塊ですね。

杉田：そうなんですよ。その多様性の塊が一つの組織としてミスなくクオリティレベルを保って働くにはどうすればいいいんだろう、という点が、特に店舗を複数展開する上では課題となります。ここは推測ですが、他店舗展開する際の一つの解は、ルールを画一化させることだったのではないかと思います。作業のやり方や使う単語を統一し、コマンドプロンプトをすごく厳格に定義して指揮命令を徹底する。**解釈の余地を極限まで少なくするん**ですね。この方式がいいかどうかは別として、このやり方とフランチャイズは相性が良かったのではないかと思います。

稲垣：解釈の余地を極限まで少なくする、という観点はいいですね。我々が本書でも繰り返し言っている、暗黙知の形式知化です。

杉田：言わないでもわかるでしょうという前提の日本の組織と、言わないとわからないという前提のアメリカの組織の違いですね。

稲垣：これから日本は間違いなく多様性が増えていきますが、日本のルールや規律・法律は、多様性を受け入れるべく多様にすべきなのか、トラブルを起こさないために同質にすべきなのか、どちらなんでしょうか。

杉田：その課題は、工業製品を作るメーカーの工場なのか、サービス業なのかによって分かれると思います。工場の場合、統一した規格を統一した時間で作るとなるとアプローチの幅はそんなにない。多様性は消す方向にいきます。一方、一つの目的に対してアプローチ方法はたくさんある、というサービス業は、ある程度ワークルールは緩くしたほうがいいと思います。

稲垣：なるほど。そう考えると、サービス業でも、ザ・リッツ・カールトンのフロントスタッフから、宿泊施設のクリーニングスタッフまでさまざまですから、業務内容で多様性をどこまで取り入れるか取り入れないか、という判断が必要ですね。

杉田：おっしゃる通りです。ＧＡＦＡのような企業はダイバーシティが富んでいる働き方で、ワークルールもかなり柔軟ですね。その方がイノベーションも起きやすいと思います。もちろん、労働基準法に定められた法定労働時間を遵守しなければなりませんが、夏休みが八月十三日から十五日に固定されている会社もあれば、七・八月のうちにとっていいという会社もあるわけです。多様性が高まっていくと、日本の盆と正月に休むという概念から、旧正月、レバラン休暇、クリスマス休暇など、多様性に対応するため選択肢は増えていきますね。

稲垣：なるほど、ありがとうございます。いま話していただいた社内規定や業務ルールは、日本の法律をベースに、その上に作られた会社ごとの決めごとで、どちらかというと、採用力やパフォーマンスに影響する話だと思います。次に、ベースとなる法律について考えたいと思います。日本の労働基準法・入管法をはじめとする法律は、いまからこのグローバル時代に向けて、もっとバージョンアップすべきなのか。もしくはその上側の就業規則などの刷新とか、そういうところで事足りるのか。どんなふうに変化していくべきでしょうか。

杉田：最初に結論を申し上げれば、バージョンアップせざるを得ないと思います。労働法はもともと工場法なんです。製造業を意識した法律に頑張って継ぎ木して継ぎ木して、サービス業を含むようになってきています。ただこのグローバル化の波が来る前にも既に、最近の働き方は多様化していますよね。終身雇用で一日八時間フルタイムで働く、という概念から、副業がでてくる。スポットワークで数時間単位で雇用が生まれるという働き方もあります。雇用ですらなく業務委託という契約もある。

稲垣：**働き方自体が多様化**していますね。

杉田：そうですね。一人一日八時間、という固定化された働き方が溶けていっています。さらには、遠く離れた北米に住んでいるエンジニアを日本で雇うということも今はできるわけじゃないですか。「じゃあ就業時間は何時なの？」という問題が出てきます。

稲垣：ちなみにその場合はどこの法律が適用されるんですか。

杉田：一応法律としては、役務提供地なので、働く場所の法律が適用されます。

稲垣：そうなると、北米の法律を理解していないとリスクを負う可能性もあるということですね。

杉田：ありますね。ただ、こうした世界のどこでも働ける、モビリティが高いビジネスパーソンは、あんまりベーシックなワークルールに縛られていないと思うので、より自由に会社との間でネゴシエーションしているケースが多いと思います。こういう解き放たれた個々に最適化された環境を労使がともに好むケースは、それぞれの国のワークルールから超越し始めているので、そもそも古来の労働法が追いついていません。

稲垣：本当にそうですね。

杉田：ただ、ベーシックな農業や工業のような、ある種キャピタルインテンシブ（資本集約型産業）な仕事の場合は、ある程度法律がしっかりと機能すると思います。

稲垣：ありがとうございます。日本の外国人雇用の在留資格でいうと、いわゆる技能実習、特定技能、そして育成就労で働く、キャピタルインテンシブな仕事の法律は、**労働基準法をアップデート**していく必要があり、技人国などの在留資格で来るエンジニアやマーケティング・HRなどの高度外国人材は、個別契約で彼ら彼女らの**多様性とモビリティを生かしていく、**ということですね。

外国人雇用のグランドビジョンは経済界が作るべし

稲垣：いろいろなところで、日本は円安で賃金が上がっていないため採用力が落ちている、という話を聞きますが、先生は、日本の採用競争力が弱いのは**賃金ではなくスピードが問題だ**という主張をされています。このあたりをもう少し教えていただけますでしょうか。

杉田：技能実習・特定技能の業種で働く外国人にとって、実は日本の賃金はとても高いんです。例えば、建設現場のワーカーは、中東のサウジアラビアとか、UAEとかだと多くても月六百ドル（約九万円）といわれています。しかも安全に対する意識が低いので多くの人が不慮の事故でケガをしたり死亡したりしている。カタールだと十年間で六千五百人亡くなっていますが、日本の実習生の労災は年間大体五～十件です。

そんな条件の良い日本に、なぜ人が流れてこないかというと、来日するまでの手続きの煩雑さとスピードが原因です。中東だと最短一か月で働くことができますが、日本の技能実習生は、最低六か月はかかってしまいます。

稲垣：なぜ、人手不足で間口を広げようとしているのに、他国と比較してそこまで時間がかかってしまうのでしょうか。

杉田：諸外国の移動はもっと雑多で、陸続きだったりすると簡単に行けてしまいます。イギリスの不法残留者は百万人いるともいわれています。一方、日本は**厳密に審査**をしています。恐らく日本にとっては厳密に審査しているという感覚はないと思いますが、ほかの行政手続きと同じようにちゃんとやっている。「ちゃんと」というワードを使ってしまいましたけど（笑）。

ですから、日本は「給料が高く」「仕事が安全で」「手続きの遅い」国なんです。他の国は「給料が低く」「仕事が危険で」「手続きの速い」国です。

稲垣：なるほど。ただ、ここまで聞くと、スピードが遅いというのも一概には悪いことではないですね。

杉田：そうなんです。日本に来る外国人は、他国に行く人と比較をすると、今日明日のお金に困っているわけではなく、ある程度待てる余裕のある人たちです。

稲垣：厳格に審査をしている、という安心感は持てましたがスピード感には不安が残ります。日本はいま人手不足という事実は間違いないですよね。

杉田：日本はどんどん外国人労働者を増やしています。二〇二二年の十月末は働く外国人の数が百八十二万人、二〇二三年の十月末は二百四万人です。年間約二十二万人が増えてるんですよね。言い換えれば、日本人が働くことができた年間二十二万人分の雇用のポストを外国人が獲得しています。

これが、仕事の奪い合いが起きているアメリカだと大問題です。なぜ白人の人より仕事にありついている有色人種がいるんだ、という議論に発展しますが、日本はどの新聞をひっくり返しても技能実習生に仕事を奪われる、という反対デモなどはない。

稲垣：人権問題のデモはありますが、仕事を奪われたというのは聞いたことがないですね。

杉田：ですよね。これは、まだまだ日本の人手不足が解消できていないからです。仕事を奪われたというよりも、仕事のほうが圧倒的に多過ぎて、労働供給が追いついていないという状態なんだと思います。ただどこかで飽和には達しますので、そうなったときにはおそらく仕事を奪われたという議論が出ると思います。

稲垣：育成就労という新しい在留資格で、このスピード感は改善されるんでしょうか。

杉田：今回の制度改正でも、手続を簡易化してほしいという意見が多いと思いますが、安全を守るためには結局厳しくするので、結果的に今回の制度改正によって「より手続きの遅い」国になると思います。

稲垣：海外は、移動しやすいという理由以外に、早く手続きできる理由があるのでしょうか。

杉田：おそらく審査をすごく簡単にしていると思います。ガサッと集めてガサッと採用する。日本は、外国からの技能労働者の採用にも新卒

採用の方法をあてはめていて、一人ひとりの個性を見ながら採用し、出入国の手続でも一人ひとり慎重に審査する、という感じでしょうか。

稲垣：ここをスピーディーに行うにはどうすればいいんでしょうか。

杉田：やはり、一人ひとり慎重に審査する部分を変えていくしかないと思います。問題を起こす、起こさないはやはり教育水準に影響を受けます。例えば主要な出身地国においてそれぞれの国の上位二十大学の卒業者の審査を簡易化するといった学習歴で別トラックを用意することができれば、治安上の問題も、審査のスピードも解決に向かうと思います。

稲垣：なるほど。とても良いアイデアだと思いますが、ここに国がテコ入れしないのはなぜなんですか。

杉田：それは国が、この国際労働市場を出入国管理として見ているからだと思います。戦略的に「採りに行く」のではなく、来た外国人を審査するという受け身の姿勢です。なぜこうなっているかというと、背景があります。いまの入管法は一九九〇年に変更されているのですが、その二年前、外国人雇用がこれから増えるから、いろんな制度を考えないといけないということで労働省が検討会をやって、外国人を雇用することを許可制にするという制度を作ろうとしたら、法務省からそれは人権侵害だというう指摘が入りました。当時「外国人」というのは誰を指していたかというと、朝鮮半島から来た特別永住者の人たちのことでした。その人たちの雇用を許可制にするのは人権侵害だ、外国人雇用の課題は、労働省ではなく法務省が出入国管理として扱う、ということになったんです。

稲垣：労働力向上という観点ではなく、外国人管理として捉えられたんですね。

杉田：はい。加えて言うと、日本語学校でも同じことが起こっています。学校なので文科省管轄と思われますが、留学という在留資格の発給を管理するということで、法務省で文科省の意見を聞きながらですが在留資格の要件として定められているんです。

稲垣：これも、学力向上という観点ではなく、外国人管理として捉えているんですね。

杉田：そうです。なので日本は一九九〇年以降ずっと外国人雇用の管理は、全て出入国管理政策だといって突っ切ってきたんですね。労働政策として見ていないんです。

稲垣：外国人の管理は法務省が行う、ということで突っ切ってきたのに、二〇二四年の法改正では、日本語学校は文科省管轄に、特定技能は入管法で定め、斡旋や労働基準については厚生労働省が管轄する職業安定法や労働基準法で対応することになりました。

杉田：その通りです。出入国在留管理と、仕事などの活動内容の管理を分離したのが令和の入管法だと思います。

稲垣：それはより縦割りになるんじゃないでしょうか。

杉田：縦割りにはなりますね。すごく煩雑になります。外国人の入国・雇用ということを横断化して見ていかなくてはなりませんが、外国人を増やすのも減らすのもどっちも反対を強く生じさせるので、政治サイドではコントロールしづらい。だから、経済サイドの実需が動かしているんだと思います。経済サイドがリードしてもいいと思いますが、横断的・包摂的な外国人雇用のグランドビジョンを作っていくべきだと思います。

モビリティーの高い会社を作る

杉田：特定技能は技能を高めて上の段階に進めば永住できる、という制度になっており、課題はあるものの外国人雇用にとってもメリットのある選択肢だと思います。一方、技人国などの高度外国人材にとって、日本に永住することのメリットは意外とないように思います。一時的に日本に滞在してもいいけれど、子どもと一緒に、家族と一緒に住むには……と思われる理由としては、日本語です。日本は綺麗だし安全だし食事はおいしい、リーズナブル、という最高の環境ですが、私生活や休日に日本語が話せないと快適に過ごせない空間が多過ぎるという国です。日本語を話さずに学校に行けて、日本語を話さずに役所に行けるのは、東京の港区とか一部の都市だけだと思います。

ＴＳＭＣ※ができて熊本県に住む人が増えると期待したら、高給な人は福岡県に住んだといいます。外国人の方は通勤の利便性よりも、生活の利便性を取ったということですね。

※ＴＳＭＣ：台湾の世界最大の半導体受託製造企業。熊本県に工場を設立した。

稲垣：なるほど。高度外国人材にとってはより日本全体の受け入れ力が課題ですね。

杉田：そうですね。日本でファーストキャリアを作るのはいいと思うんです。普通、海外のビザ発給は、ビジネス経験を書かないといけないので、みんなインターンなどでキャリアを作るわけですが、日本は経験がいらない。これはとても珍しい。なのでファーストキャリアインジャパンにはすごい合理性があるんですね。インドでも、Tier1のトップ層はGAFAに行きますが、Tier2くらいからは、日本で働くことが魅力的だと思うようです。しかし、五年経った後の年収を見たときに、次のキャリアも日本を選ぶかというとそうではない。その上、家族ができたら言葉の問題があるから日本を離れる、ということになるんだと思います。

稲垣：確かにそうですね。日本語の問題は解決が難しいですが、会社に入ったら勤め上げる「就社」や、「正社員雇用」という、人を囲い込むという感覚からは、脱していかないといけないのかもしれません。外国人の方も日本人も、**会社や国境を軽やかに行き来することを前提に、人材戦略を練っていく必要がある**と思います。

杉田：そうですね。しかし、歴史を紐解けば、そもそも日本はそういうことに長けていたんです。戦後の一九四五年からの日本は、出入国の歴史だと凪の時代です。日本の高度成長期は、外国人雇用も日本人が海外に行くこともなく、内需の国でした。だから日本は移民国家ではないというイメージが強いです。しかし、日本は、明治・大正・戦前とさかのぼって考えていくと、併合後の朝鮮半島や台湾、中国から今よりも多い人数が来ていましたよね。一九三八年、終戦直前に朝鮮半島から移動してきた人は約八十万人いたんです。そして日本が終戦を迎えたとき、いわゆる「引き上げ」といわれますが、海外から大量の日本人が戻ってきました。その数なんと六百六十万人。うち三百三十万人は軍人軍部で、三百三十万人は民間人。投資移民などで日本から海外にたくさん出ていたんです。なので、たくさんの人が海外から働きにきて、たくさんの人が海外に出て行ったという、入りも出も多い、すごくモビリティの高い時代が既に戦前の日本にはあったんですね。過去の日本は、モビリティジャパンだったという事実。戦後から高度成長期の四十〜五十年の出入国凪の時代を経て、もう一度**モビリティの高い日本に戻りつつある**という状態だと思います。

稲垣：なるほど。もともと日本人は歴史的にフットワーク軽く外に出てもいたし、外からも受け入れていた民族だということですね。

杉田：そうです。移民という言葉には、どうしても侵入されるとか乱されるとかいうイメージが付きまとうかもしれません。しかし、そもそも一九八二年まで日本でも「移民保護法」という法律が存在していたくらい、移民という事象は日本に存在しました。また、京都や浅草やニセコでインバウンド向けの宿や食品の価格が上がっているのは、既にグローバル化のサーキュレーション（循環）のなかに日本も位置づけられ始めているからだと思います。ワークルールもモビリティの高い人々によって、より日本の固定概念から抜け出したフラットなワークルールになっていくんだと思います。

稲垣：この時代の流れを止めず、加速させるための法律・ルールというものをどう進化させるか、大変大事な局面ですね。一つの国家として、全領域に対応する一律の法律だけではコントロールが難しいことがよくわかりました。それぞれの地域レベル、活動シーン、組織・人単位で、**最低限のルールと心地よい文化を作っていくことが求められる**時代であると感じました。

杉田：絶対的な正解はありません。みんなで悩みながら答えを出して、一ミリでも前に進んでいきたいですね。

国境を越えたONE TEAM

■対談者
・廣瀬俊朗　株式会社HiRAKU代表取締役、元ラグビー日本代表キャプテン

■廣瀬俊朗
一九八一年生まれ、大阪府吹田市出身。五歳から吹田ラグビースクールでラグビーを始め、大阪府立北野高校、慶應義塾大学、東芝ブレイブルーパスでプレー。東芝ではキャプテンとして日本一を達成した。二〇〇七年には日本代表選手に選出され、二〇一二年から二年間はキャプテンを務めた。現役引退後は「ビジネス・ブレークスルー大学大学院」にてMBAを取得。ラグビーW杯二〇一九では、国歌・アンセムを歌い各国の選手とファンをおもてなしする「Scrum Unison」や、ドラマ「ノーサイド・ゲーム」への出演など、幅広い活動で大会を盛り上げた。現在、慶応義塾大学大学院 システムデザイン・マネジメント研究科にて履修中。

二〇一九年に設立した株式会社HiRAKUの代表取締役として、ラグビーの枠を超え、学生の部活動サポートから大きな組織の企業研修まで、さまざまな形で経験を活かしたチームビルディング・リーダーシップのアドバイスやサポートを行っている。スポーツの普及・教育・食・健康や、国内外の地域との共創に重点をおいた多岐にわたるプロジェクトにも取り組み、全ての人にひらけた学びや挑戦を支援する場づくりを目指している。

二〇二三年二月、神奈川県鎌倉市に発酵食品を取り入れたカフェ『CAFE STAND BLOSSOM～KAMAKURA～』をオープン。

二〇二三年ワールドカップに足りなかったもの

稲垣：二〇二三年のラグビーワールドカップは、実況などで現地や日本を飛び回られていましたね。お疲れ様でした。

廣瀬：ありがとうございました。

稲垣：廣瀬さんも選出された二〇一五年のラグビーワールドカップは、南アフリカを破り「ブライトンの奇跡」と呼ばれる歴史的勝利を収めました。二〇一九年のワールドカップは、なんと全勝で一次リーグを突破し準々決勝に進出。残念ながら南アフリカの厚い壁に阻まれましたが、ベスト八という輝かしい成績を収めました。二〇二三年五月には、世界の強豪国に日本を加えた十一か国で構成される「ハイパフォーマンス・ユニオン」として位置づけられましたね。アスリートでない自分からすると結構不思議な感覚があるんですが、例えばサッカーも全然ワールドカップに出られなかったのに、一回出られた瞬間にグンとレベルが上がることがありますよね。

廣瀬：それはあると思いますね。「無理だろう」という固定概念がブレーキをかけているのでしょう。そのブレーキをこえたら自分たちもいけるという自信につながります。百メートル走でも、桐生さんが十秒を切ったらその後日本人が連発しましたよね。

稲垣：山縣選手、小池選手、サニブラウン選手と続きました。

廣瀬：誰かが超えたらメンタルブロックを突破できるんです。

稲垣：廣瀬さんが日本代表キャプテンだったときに、メンタルブロックを超えた瞬間はありましたか？

廣瀬：一つは代表キャプテン二年目のウェールズ戦ですかね。いままで一回も勝てなかった相手に、二十三対八でしっかりと勝ち切ったとき、「俺たちも普通に勝てるんだ！」とある種のキャズム（深い溝）を超えた感覚があります。

稲垣：そんな、力をつけてきた日本代表だからこそ、二〇二三年のワールドカップは、国内外でかなり期待が大きかった大会だったと思います。

廣瀬：そうですね。今回の結果は少し残念でした。

稲垣：サモアとチリには勝利を収めましたが、イングランドとアルゼンチンに敗れました。しかしそのアルゼンチン、イングランドはベスト四までいきましたよね。

廣瀬：そうなんですよね。アルゼンチン戦もそうですけど、日本は実力的にはかなり世界のトップクラスになってきています。

稲垣：思うような結果を残せなかった原因は何だったんですか？

廣瀬：新型コロナウイルスの流行が理由で、チーム作りが遅れたというのが一つ目の原因です。国際試合もチーム招集後二年間くらいはできませんでした。海外のチームはあのときでも無観客で試合をやり続けたんですよね。チーム作りを四年間で考えたときに半分弱試合がなくなってしまったのは、コーチサイドとしてはつらいものだったと思います。二つ目の原因は、そのブランクに伴ってキャプテンを決めるのが遅かったことです。

稲垣：姫野さんがキャプテンになられていましたね。

廣瀬：姫野さんに決まったのは八月末です。ワールドカップに行く数週間前くらいでした。

そんな状況だったので、恐らくコーチ陣も姫野キャプテンもつらかったと思います。その条件下でよく頑張ったなという感じですかね。

稲垣：廣瀬さんがキャプテンになられたときは、どれくらい前に決まったんですか？

廣瀬：僕は二〇一二年、エディーさんが監督に就任した直後にキャプテンとして指名されました。二年間キャプテンを務めた後に、リーチマイケルが次のキャプテンになり、二〇一五年も一九年も六年間その体制で戦ったんですよね。やはりチーム作りには時間も大切です。次第に芯が通っていくんです。

稲垣：ワールドカップの数週間前までキャプテンが決まっていなかった、というのは素人ながらにも驚きです。新型コロナウイルス流行の影響は大きいとは思いますが、なぜそんなに遅れてしまったんですか？

廣瀬：何人かキャプテンの候補を挙げつつも、なかなか決められなかった、というのが一つだと思います。しかし、結局正解はない話なので、そこは腹をくくって覚悟を決めることが必要です。ベストを考え過ぎたんじゃないかなと思います。

稲垣：もう一つ、今回の選出メンバーについて二〇一九年と比較すると、外国人選手が七名から十二名に増えましたよね。比率でいうと、二十二％から三十六％に高くなりましたが、その影響はあったんですか。

廣瀬：外国人選手が増えたこと自体は、僕らはそんなに強く意識はしませんが、バックグラウンドも違いますし、日本に来てどれくらいなのかとかは気にするかもしれません。日本に対する好奇心とか日本語に対する好奇心、つまり**文化に対する好奇心**は結構大事かもしれないなと思っています。人数が少し多かったとしても、日本に愛着があったり、コミュニケーションをよく取ろうとするとか、そういう人であれば大丈夫です。逆に日本人であっても利己的すぎたり、チームと違う方向を向いていることのほうが困ります。国籍問わず、**個々人のパーソナリティーが、チーム作りに影響する**と思います。

稲垣：二〇一五年、二〇一九年と快挙を成し遂げましたから、ワールドカップが終わった後もいろいろとドキュメンタリー番組が作られていましたが、「ONE TEAM」になる過程でかなりプロセスがあったように思います。

廣瀬：おっしゃる通り、あのときはみんなで日本のさざれ石を見に行ったり、俳句を作ったり、釜石で試合するときに日本の歴史を勉強したり、チームで想いを共有する時間がたくさんありました。今回は八月末にキャプテンを決めて突貫でチーム作りをしてきましたから、取り急ぎラグビーのパフォーマンスを上げよう、ということに集中するしかなかったと思います。その分、前の代表チームにあった、見えない土壌作り、文化作りのようなものが手薄だったかもしれません。これが、二〇二三年の日本代表に足りなかったものの一つと考えています。

稲垣：なるほど。企業と同じく、ラグビーの代表チームも、チームの土壌となる文化作りというのが大事なんですね。

コミュニケーションスキル

稲垣：チームの土壌となる文化を作るために、お互いの意思疎通を具体的に図ることにも注力をされていたと思います。

廣瀬：それは、当時の監督のエディーさんにめちゃくちゃ言われました。Specific（具体的に）ということをかなり強調されていたと思います。例えば、僕らは「集中しろ！」とよく言います。集中とは何なのか、ということです。「集中しろ」と、言われても「わかってるよ」と思ってしまいます。何をどこにフォーカスしたらよいのかを伝える必要がある。「集中！」ってすごく曖昧なんです。

稲垣：私の息子もランバイクというスポーツをしていますが、レース前に「集中！」って言ってしまいますね（笑）。どちらかというと、親側のエゴで、意味のない掛け声かもしれません。具体的な依頼や指導をすることが必要ということですね。他国籍の方の日本語レベルはどのくらいなんですか。

廣瀬：これは人によってまちまちですね。トンプソン・ルークみたいな、とても日本語が流ちょうな選手もいますが、全然話せない人もいます。リスニングは徐々に上がっていきますが、スピーキングはハードルが高かったです。ラグビー用語はある程度みんな予測がついているので、割と試合中はなんとかなりました。しかし、練習中やミーティングでは細かいことを伝えるのが難しかったことはあります。ラグビーでは「ノーミス！」という言葉もよく使うんですよね。「これはノーミスでいこう！」という意味なのですが、何をノーミスでやるのか。例えば、パスのキャッチミスが多かったら、「ハンズアップしよう」と言った方がいい。そうするとキャッチしやすくなるんですよ。これがつまりノーミスにつながる一個のソリューションだと思います。そのほうがみんなわかりやすいと思います。

稲垣：**具体的な行動を伝える**ということですね。

廣瀬：あと名前も具体的に言おうという話になりました。「パス！」だけではなく名前を言われたら反応できる確率が上がります。

稲垣：その具体的な声がけは、東芝のチームと日本代表とで変えましたか？

廣瀬：東芝のチームだと一年間ずっと一緒にいるので、じっくりチームを作れるという意識があったのですが、代表だと時間が限られているので、「より濃く」を意識してやりました。短期間で一気にチームを作りたいので、より具体的に、より濃く意識したと思います。

稲垣：具体的な言葉に落とし込むというのは日本人はあまり得意ではないですね。最近、私はChatGPTを使って仕事をしていますが、最初はなかなかうまく使えませんでした。その理由の一つは、自分のプロンプト（ユーザーが入力する指示や質問）が具体的ではなかったということだと思います。自分の伝えたいことが言語化できてないんです。自分の知りたいことを具体的に言語化することでChatGPTも期待通りの返答をしてくれるようになりました。ある意味、AIはグローバルコミュニケーションを鍛えてくれるんじゃないかと思っています。

廣瀬：それはとても面白いですね。先日、私はデフ（聴覚障がい者）の人たちとオンラインミーティングをしたんです。音声認識で自分が話している言葉が表示されるようにしたんです。すると、とてもわかりにくく話していることが発覚しました（笑）。

稲垣：なるほど！それ結構恥ずかしいですね（笑）。

廣瀬：ほんと恥ずかしいですし、申し訳なくて。自分の言葉ってこんなにわかりにくく曖昧なんだ、と思いました。

稲垣：それも、言語化のいい訓練かもしれないですね。日本代表でも、海外勢と比べて日本人の言語化能力には課題がありましたか？

廣瀬：最初は如実だったと思います。海外勢はディスカッションにも慣れていて自信がありますが、日本人はあんまり自信がない。最初はずっと黙っていて、練習中にうまくできなくて怒られる。ストレスがたまるけどミーティングの場では言えなくて、終わってからあだこうだ言って、「なぜミーティングで言わないんだ」とまた怒られる。意見が言えない日本人とディスカッションする外国勢もストレスがあったと思います。

稲垣：自信がないというのは、ラグビーのことじゃなくて、ディスカッションですか？

廣瀬：両方あると思いますね。やはり、ディスカッションもそこまで慣れていない感じがしますが、それは先生やコーチに言われたことをそのまま受け止めることを良しとされてきた時代があったからだと思います。僕らの世代は、トップダウンだった気がします。

稲垣：廣瀬さんはそれを変えようとしたんですか？

廣瀬：チームのためにならないと感じたとき

は言いましたが、言うタイミングはかなり考えたと思います。やはり、**信頼関係が築けていないと、大切な言葉は相手に刺さりません。**日々のコミュニケーションは、その大切なことを伝えるための準備でもあると思います。相手のことをよく知り、相手のタイミングや興味関心を把握した上で、伝えたいことを伝える。ただ言いたいことを言語化するだけではなく、そういう「間」のようなことはとても大切だと思います。

強い暗黙知がONE TEAMを作る

稲垣：二〇一九年の流行語大賞で「ONE TEAM」が選ばれましたが、廣瀬さんにとって、ONE TEAMとはどんなチームなんでしょうか。

廣瀬：個性のあるメンバーが、自分のやりたいことや得意なこと、そういうものがうまく生かされたなかで、みんながまとまっているという状態ですかね。

稲垣：厳しいスポーツの世界なので、もちろん綺麗ごとばかりではないと思うのですが、自分が試合に出られない悔しさや、なんで俺を選んでくれなかったんだという憤りなど、そういう感情も人だったら普通はあると思います。みなさんそういう感情をどうやってコントロールしてONE TEAMになっていったのでしょうか。

廣瀬：自分自身、キャプテンを交代してから試合に出られないという悔しい思いもしました。

それはそれはつらいことでしたが、日本代表が好きだったから、試合に出られなくてもやれることがある、と気持ちを切り替えました。ONE TEAMは目的ではありません。そしてなろうと思ってなれるわけではないと思います。お互いの個性を尊重し生かし、勝つという目的に向かっていく。試合に出ている選手も出ていない選手も、自分の役割やできることを考えて、チームの目的のために動いていく。次に試合に出る人がいたら別の人が出られない。出られない人は自分の役割を全うする。自分がいま試合に出ていることは、そういう想いを紡いでいるんだと知り、周りに感謝する。その感謝を他の人が受け止める。だから最高のパフォーマンスを出そうとするんです。そういう**想いの連鎖が結果的にONE TEAMを作る**んだと思います。

稲垣：目的ということでいうと、廣瀬さんの著書『なんのために勝つのか』（東洋館出版社、二〇一五年）に書かれていましたが、あのときの目的は、「憧れの存在になる」というキーワードでしたよね。企業でも、理念やビジョンなどで目的を言語化するというのはすごく大事ですよね。

廣瀬：すごく大事だと思います。特に多国籍な場合、言葉にしておくことは極めて重要で。本書のタイトルである「ちゃんと」ではわからないです。だから僕らの大事なことはこれだよっていうのを言葉にもしました。

稲垣：なるほど。他に大事なポイントはありますか？

廣瀬：もう一つ大事なのはリーダーシップです。やはりチームを引っ張る存在の背中を見てみんなプレイしているので、リーダーに芯が通っていないとメンバーはついてきてくれません。

稲垣：メンバーはリーダーの人間性を見ているんですよね。

廣瀬：そうですね。特にきついときに人間性が見えるんですよね。普段どれくらいそこを磨いてるかに尽きるかなって気がします。

稲垣：その人間性は、どんな磨き方があるんですかね。

廣瀬：ストイックに自分を成長させていくのもそうですし、いろんな立場の人を知って感謝するということも必要だと思います。その人の立場に立ってアクションをしていく。自分はキャプテンとしての立場があるけれど、試合に出られない人もいるわけで、その人の気持ちを思ってアクションすることが大事な気がしますね。

稲垣：人間関係はとても大事ですね。

廣瀬：大事です。**信頼できる関係をいかに作るか。そのために必要なことの一つは「会話量」です。**代表チームでは意図的に“glue”（接着すること）を作ってきました。全く違う考えや文化を持っている人たちを接着させる仕組みとして、ワン・オン・ワンやチームミーティング、メンター制度を設けたり、食事を共にして会話したり。また、双方の文化を知っている選手であるリーチ マイケルをチームに迎え入れたりして、孤立した人間が出ないように、チームの密着度を意図的に高めていました。

稲垣：日本のトップレベルのアスリートたちも、地道に信頼関係を作っているんですね。

廣瀬：もちろんです。そうすると、メンバーのメンタルが致命的に悪くなる前に気づくことができます。みんなでフォローしようという雰囲気になれるんですね。

稲垣：それは素晴らしい文化ですね。ビジネスでもそうですが、こうしないといけない、これはしてはいけない、というルールで縛るよりも、そういうことを当たり前にやる「文化」を作ることが組織を強くします。

廣瀬：まさに私がキャプテンとして意識していたのは、ルールにしたり誰かに言われなくても、自ら行動を起こす、という文化づくりでした。ここはとても難しいところなんですが、日本代表の素晴らしいところは、自分のロール（役割）以外のことも助けに行けるところなんです。例えば二〇一五年の対南アフリカ戦では、一人か二人少なくて、ポテンヒットが来てもおかしくない状態だったのですが、積極的に助け合ってなんとかやり抜くことができたんですよね。そのウエットさが強みでした。お互い、相手を思い合って助けてくれる。あえて言葉にしなくても寄り添い合っているのが強みと感じることがありますね。目を配る感覚が海外の人より多い気がします。

稲垣：本書では、文化や背景の異なる人とは、「ちゃんと」というあやふや

な言葉ではなく、明確に伝えることの大切さを伝えています。その段階でやるべきことを徹底し、さらに強い組織にするためには、ルールを超えた文化を作ることが必要です。チームのなかで「わざわざ言わなくてもわかり合える」という強い暗黙知を作ること、それがチームの究極の姿だと思います。

廣瀬：そうですね。稲垣さんの言葉を借りれば、**強い暗黙知が ONE TEAM を作った**んだと思います。

もう一つのD&I、女性活躍が経済発展の鍵となる

■対談者
・森本千賀子　株式會社ｍｏｒｉｃｈ代表取締役社長

■森本千賀子
一九九三年、獨協大学外国語学部英語学科卒業、リクルート人材センター（現リクルート）に入社。転職エージェントとしてCxOクラスの採用支援を中心に、三万名超の求職者と接点を持ち、二千名超の転職に携わる。リクルートキャリアでは累計売上実績は歴代トップで全社MVPなど受賞歴は三十回超。カリスマ転職エージェントとしてテレビやメディアの出演多数（二〇一二年NHK「プロフェッショナル～仕事の流儀～」二〇二二年「ガイアの夜明け」・日経新聞夕刊「人間発見」連載等）。二〇一七年三月株式会社ｍｏｒｉｃｈ設立。NPO理事や社外取締役・顧問など二十枚以上の名刺を持ちながら、「複業＝パラレルキャリア」を意識した多様な働き方を自ら体現。日経オンライン・プレジデントオンラインなどの連載のほか、『１０００人の経営者に信頼される人の仕事の習慣』『本気の転職』『無敵の転職』など著書も多数。二男の母の顔ももち希望と期待あふれる未来を背中を通じて子供たちに伝えている。

労働力不足解消のカギは「女性活躍」にある

稲垣：森本さんは、日本を代表するヘッドハンターでもありながら、さまざまな企業の顧問・社外取締役を務め、経営支援もされていらっしゃいます。今回は、外国籍人材の活性化に加え、日本企業が取り組むべきもう一つのＤ＆Ｉ、「女性活躍」についてお話を聞かせていただければと思います。

森本：女性活躍に関して冒頭から厳しい実態をお伝えすると、いわゆる行政からのプレッシャーではなく、真にその必要性や意義を見出して前向きに取り組んでいる企業は多くはありません。特に大企業の経営陣の方々が歩んでこられた時代は男性中心の社会であり、ジェンダーのアンコンシャスバイアス（思い込み）を持たれているケースが散見されます。そこが変わらない限り、基本的に本当の意味での女性活躍はないと思っています。しかしそのなかでも、女性活躍が比較的進んでいる企業は、経営者はじめ経営メンバーの方が若いときに欧州や欧米に赴任し、女性が活躍している現場を目の当たりにしていたという共通点があります。しっかりと機会を与えれば女性は活躍できるという経験をしているために、女性に重責の仕事やマネジメントを任せても大丈夫と、信じられるのだと思います。しかし、そういった経験のない方たちが大多数なので、いま政府の政策として「三十％を女性役員にしていこう」という方針を打ち出しています。これはとても良いアイデアですね。上層部を変えない限り、基本的には日本の構造は変わらないと思います。

稲垣：実際、女性が活躍する会社は増えていくのでしょうか。

森本：いま投資家も、「経営ボードに女性がいなければ投資しません」ということをグローバルでは言い出しています。さらに、「女性が経営ボードにいる企業は時価総額が総じて高い」という実績もついてきています。機関投資家たちも、基本的には女性がボードメンバーにいない企業は多様性に欠け、イノベーティブが課題と見ているため、女性比率は重要な指標になりつつあります。その流れのなかで、女性活躍を「経営戦略」として組み込まなければいけないという危機感を持った企業は増えています。しかし具体的に実施しようとするときに、すぐに経営ボードにアサインできる女性が育成されているわけではないため、「まずは社外役員から」という話になっています。上場企業の女性取締役の比率は全体の十六・五%で、そのうちの九割が社外取締役というのが実態です。常勤取締役に絞ると女性は一割という状態なので、まだまだ課題は大きいと思います。

稲垣：女性が経営ボードやマネジメントに入っていけない要因はなんでしょうか。

森本：その一つは、両立の問題です。復職率は上昇していますが、その先の女性マネジメント比率となると、低いままです。ちょうどマネジメントへの登用のタイミングで出産などが重なることが多いのですよね。そこで、男性の家事・育児参加率の低さが課題になってきます。海外諸外国と比べて日本は圧倒的に低く、ノルウェーなどの男性家事・育児先進国と比較すると六分の一くらいです。日本の行政も、男性育休取得率を上げようとかなり強化策を講じており、実際に右肩上がりにはなってきているのですが、中身を見てみると取得期間は一週間ほどの短期間。女性のように半年や一～二年など、長期で取得している男性はめったにいません。

やはり、休んでいる間に欠員補充をしなくてはならなかったり、その人が戻ったときのキャリアをどうするかだったり、男性の場合はまだまだケーススタディが少ないんです。

稲垣：欧米で、男性の長期休業がうまくいっているのはなぜですか？

森本：休業したときには必ず欠員を補充して、戻って来たときにはポジションを与える。男女関係なくそういうマインドセットであるからだと思います。女性がうまくいく、男性がうまくいかない、という話ではなく、育児休業後に復帰するスキームが、**たくさんのケーススタディでナレッジ化されている**ということですね。

稲垣：そもそも、「男女」という区別や「外国人」、「シニア」という区分けの概念が薄いんですね。

森本：そうです。私の友人が北欧に旅行に行ったときにたまたま絵本を買ったら、登場する消防士さんが女性だったみたいです。日本の絵本では絶対考えられないですが、それを北欧の子どもたちはなんの違和感もなく読んでいるんですよね。

稲垣：あえてお聞きしますが、女性活躍の概念は変えていくべきなのでしょうか。

森本：変えていくべきです。これから特に日本は、生産労働人口が減っていきます。それをどうやってカバーするかというと、「女性」か

「シニア」か「外国人」か。それでも不足すると言われていますが、なかでも**最も即効性があると私が思っているのは、「女性」**です。すでに男性と同じ人口がいる、かつ労働ポテンシャルも高く、すぐに手がつけられると思っています。まさに今の労働力を考えると、手をつけざるを得ない。特にいま採用環境がとても厳しいため、ある意味、圧倒的に採用力を強化する一つの手段として、女性活躍が進んでいる企業ブランドを構築することが強烈な解決策になります。

女性の特性を捉えた制度とマネジメント

稲垣：では、その概念はどうやって変えていけばよいでしょうか。

森本：まずはみなさんの意識と会社の仕組み（制度）を変えていかないといけません。結局、当事者である女性自身と、その女性を引き上げたりマネジメントしたりする側の意識を変えていくことが重要です。それに加えて、それをサポートする仕組みや制度。この両輪を回していかないといけません。サポートする仕組みや制度は、いろいろな成功事例がありますが、例えば時間短縮勤務とフル出勤を何度も繰り返し選択することができるような柔軟性のある制度を作っている会社や、育児休業をしている間でも十割の給与を出すという会社があります。また一般的に、育休や産休を取ると、その間はキャリアが一旦止まってブランクになるのですが、その期間もキャリア構築が継続されるようにカウントに入れる、という制度で支えている会社もあります。もちろん、女性や管理職向けに、しっかり意識改革する研修を体系的に行うというのも重要ですね。

稲垣：なるほど。男性／女性で差別をしてはいけないけれど、**それぞれの事情に合わせて区別してサポートする**ということが大事ですね。これは、外国人でも同じことが起きています。ある大手の会社では外国人の定着がとても悪かったのですが、日本人向けの研修をしたところ、管理職の方々が口をそろえて「私は外国人だからって特別扱いをしません」と仰っていました。「外国人だから甘やかさないよ」という。言葉面は正しいかもしれませんが、これは間違いです。文化背景も言葉も慣習も宗教も異なり、そのうえ日本人と異なる在留資格で働いているため、さまざまな違いに配慮し、状況に合わせた伝え方や仕組みを作らなければ定着しません。

森本：その通りだと思います。

稲垣：私は外国籍人材のマネジメントにおいては、**学習することで解決できる**と思っています。島国の日本は同質性の高い民族であるため、自分たちと考え方や価値観の異なる外国人に対してどうしても苦手意識があるのですが、最低限の知識を身につけ、一対一や少人数同士で話し合う経験をすることで、「同じ部分」と「違う部分」の境界線が見えてきます。同じ部分には安心感を覚え、違う部分については距離感やコミュニケーションスキルを学ぶことで、「外国人の方と一緒に働くことは全く問題がない」という自信になります。

女性をマネジメントするスキル

稲垣：外国人労働者は、二〇二三年十二月に初めて二百万人を超えました。二〇三〇年に四百万人、二〇四〇年に六百万人と急増するともいわれています。日本の労働力不足を解消するためには、外国人マネジメントは必須の能力になっています。しかし、よくよく考えると、女性の労働生産人口は既に三千万人いるわけですから、女性が活躍する環境作りをしない手はない。「女性のマネジメント力」というのは学習できるのでしょうか。

森本：できると思います。フェムテラシーといわれているのですが、女性特有の三つの健康課題として「(一) 月経による体調不良」、「(二) 妊娠・不妊ケア」、「(三) 更年期症状」があり、その具体的な情報をインプットし、女性理解に努める。フェムテラシーも女性の力を引き出すためには必要な知識だと思います。

稲垣：確かに知識の学習機会が少ないかもしれませんね。

森本：さらに、男性と女性で感性も異なります。稲垣さんがよく例に出される「時間」に対する感覚。例えば五分遅刻した人がいたら、日本人は「五分も遅刻した」と思う一方、外国人は「五分しか遅刻していない」と思う。時間に対する感覚が異なることと、それを徹底したい場合は言葉で形式知化する技術を身につけるということ。女性のマネジメントも構造は同じだと思います。賛否両論ある概念ですが、女性ならではの六つの感性、「共感性」、「協調性」、「親和性」、「繊細性」、「母性」、「勤勉性」があるともいわれており、個人的にはとても参考になっています。この感性をよく理解してコミュニケーションを取れれば、そこに心理的安全性を感じて意欲的に働く女性は増えると思うんです。

例えば私はリクルート所属時代、子どもが小さくて仕事と家庭の両立が大変な時期がありました。時短勤務をしていると、十六時や十七時に帰らなくてはいけない。当時のリクルートはみんながむしゃらに仕事をしていたため、そのなかでパッと立ち上がって「失礼します」と帰るのは、ものすごく勇気のいることなんです。そのときに、当時の上司は必ず自分でアラートをかけて、「森本さん時間だよ！」と言ってくれていたんです。日中にいきなり電話がかかってきて保育園に呼び出されることもたびたびありました。みんなに申し訳ない気持ちを抱えながら保育園に迎えに行き、子どもの体調次第では翌日も休暇をとって会社に行けないということも。一日休んだ翌日に会社に戻ったときに、当時の上司から「森本さん、お子さん大丈夫か？」という一言を言われた瞬間、この人のために頑張ろうって思いました。その一言に罪悪感から救われ、勇気を頂いたものです。

稲垣：なるほど。**共感性や親和性を強く刺激するわけですね。**

森本：そうです。もちろん男性でもこのような気遣いをされると嬉しいと思いますが、女性はよりその感性が強いため、そこを理解してマネジメントする。感性が強いということは、疎かにされると傷つくし、大事にされるとモチベーションが上がるんです。

稲垣：ここはもっと研究できる部分ですね。我々はアジア十か国の文化を研究し、比較していますが、やはり各国ごとに文化的特徴があることがわかっています。例えば、「やってはいけないこと／やったほうがいいこと」、「伝わりやすい表現／伝わりにくい表現」などがあります。宗教も同じで、「豚肉は食べない」、「牛肉は控える」、「お祈りは一日五回する」などなど。これは“Must”と“Must not”が多分にあります。これはCultural Intelligence（異文化適応力）のとても大事な要素で、知っているか知っていないかという知識なんですよ。それだけでコミュニ

ケーションのスムーズさが全然違います。

森本：さらに一説には、男性脳と女性脳の構造が異なるともいわれています。例えば、仕事ぶりを評価してマネージャー昇格の内示をしたときに、男性は理由がなんであったとしても、「よし、やった！」と思う人が多いですが、女性の場合は「なんで私なんですか？」と思うわけです。女性には「インポスターシンドローム」という性質があるのですが、これは「初めてや未知なる経験に対してものすごくストレスがかかる」というもので、女性は男性より高いストレスがかかるといわれています。ですから、例えば女性がマネジメント昇格を打診された場合に、「なんで私なんだ」とか、子どもがいる人であれば「子どもが熱を出したらどうしよう」とか、そのほかにも「私は数字の管理が苦手だし」、「部下を怒るなどできない」など、自身の抱くマネジメント像に自分は当てはまらないと考え、そのことに対してものすごくストレスがかかってしまうんです。

稲垣：なるほど。ある程度男女の機能的な違いがあるのであれば、学習すべき重要な知識ですね。外国人に関しても、「外国人に寄り添おう」、「外国人の気持ちを理解しよう」という道徳的な意識はもちろん必要なのですが、あくまでも企業活動なので、「彼らの力をどうやって引き出すか」、「自分にはできない部分で力をどう発揮してもらうか」という「実需」を求めるために、身につけるべきマネジメントスキルがあると思います。女性も同じで、「女性の立場に立とう、寄り添おう」といった道徳的なイメージで研修を受けるのではなく、どのようにしたら女性が力を発揮してくれるのか、「**これからのビジネスパーソンにとって必須の技術を学ぶ**」という姿勢で身につけていくべきなんですね。

女性が活躍する機会を提供する

稲垣：ある大手企業のクライアントの話ですが、ダイバーシティ&インクルージョン部という部門を新設し、会社としてあらゆる啓蒙活動を始めたものの、なかなかうまくいかなかったとのことです。しかしこの会社は、女性活躍を前に進めるためにある大胆な手法をとりました。

森本：大胆な手法とは何ですか？

稲垣：新卒の女性採用比率を一気に上げたんです。配属される新卒の女性比率が高まったことで、社員は「どうしたら戦力化できるか」を知るために、それまで会社から指示されてしぶしぶ出席していた女性活性化の社内研修にこぞって参加するようになったといいます。管理職の女性マネジメントに変化が起きて、活躍する女性が増えてきた。

森本：正解だと思います。必要に駆られて人は学習するんですよね。**まずはやってみる**、が大事です。スタートアップの世界でも、女性が活躍している割合は低く、起業家の女性比率はたった三%といわれています。J-Startup※でも、女性経営者は九%です。一方、実は調達額一円あたりの時価総額は男性経営者より女性経営者の方が二割ほど高いといわれています。つまり、女性だから起業に向いていないわけではないのです。

※J-Startup：経済産業省が推進するスタートアップ企業の育成支援プログラム

先日、東京都主催の女性起業家向けの講演会に参加したとき、参加者の約九割が個人事業の起業家でした。多くの方は法人化することにすごく抵抗があるといいます。なぜかと聞くと、「マネジメントの経験がないので、社員を雇って会社を成長させていくイメージがわかない」とのことでした。

稲垣：なるほど、企業勤めをしていたときにその経験を積めていないんですね。

森本：そうです。自分のチームを持つ、マネジメントするといった経験は、会社でもそうですが、もっと言うと社会人になる前の学生時代のリーダー経験などが、おそらく男性と比べても圧倒的に低いんです。最近でこそやっと運動会の応援団長が女性といったケースがちらほら出てきましたが、たいていの場合は学生においても男性がリーダーシップをとる。そういったことから、学生時代から社会人の若手時代に、リーダーシップをとった経験は男性の方が圧倒的に多いのだろうと思います。

稲垣：確かにそうですね。女性がリーダーシップの経験を積んでいくということの重要性について、欧米では解決に向かっているのでしょうか。

森本：欧米は学生でも女性がリーダーシップをとるケースが圧倒的に多いですし、そもそも**男性だから、女性だからと区別する概念があまりない**のだと思います。そのため、女性は抵抗感なくリーダーシップをとるし、周りも女性をその地位に引き上げようとするわけですね。

稲垣：ありがとうございます。我々ＨＲの人

間や、経営の立場としてやるべきことは、まず
は女性が活躍する機会を作るということですね。

もう一つのD&I、障がい者とシニアがもたらす光

■鼎談者

・志村季世恵　バースセラピスト、
　一般社団法人ダイアローグ・ジャパン・ソサエティ代表理事

・志村真介　ダイアログ・イン・ザ・ダーク・ジャパン創始者

■ダイアログ・イン・ザ・ダーク

ダイアログ・イン・ザ・ダーク（D-D）では少人数のチームで完全に光を閉ざした「純度100%の暗闇」を訪れ、さまざまな感覚を拡張させ、眠っていた感性を呼び覚ます。案内人は普段から目を使わない視覚障がい者。特別なトレーニングを積み重ね、チームメンバーの安全を担保しながら暗闇を案内する。一九八八年ドイツで生まれたD-Dは、世界五十か国以上で約一千万人以上が体験。グローバルな世界のなかでダイバーシティ&インクルージョンの体験ができる唯一無二のプロジェクトとして、D-Dは世界経済フォーラムをはじめとするトップリーダーたちからも必要とされている。D-Dの暗闇では、他者と自分の垣根を超え、自分自身との出会い直しや、人の可能性に気づくことができる。わが国では一九九九年から開催され、すでに二十八万人の方々が体験。子どもから、先駆的なオピニオンリーダーまで好評を博している。

○ダイアログ・ダイバーシティミュージアム「対話の森」　https://taiwanomori.dialogue.or.jp/

○企業研修プログラム　https://biz.dialogue.or.jp/training-lp/

■志村季世恵

心にトラブルを抱える方のカウンセリング、また末期がんを患う方へのターミナルケアに独自の手法を以て家族や本人と関わり、その方法は多くの医療者から注目を浴びている。人は臨終を迎えるその日までいのちを活かすことができ、誰かのいのちを守ることもできることを伝えている。一九九九年からはダイアログ・イン・ザ・ダークの理事となり活動を通し、多様性への理解と現代社会に対話の必要性を伝えている。著書に『エールは消えない』（婦人之友社）、『さよならの先』（講談社文庫）他多数。J-WAVE　DIALOGUE RADIO ～in the dark～ナビゲーター。https://www.kiyoe-s.com/

■志村真介

コンサルティングファームフェローを経て、一九九九年からダイアログ・イン・ザ・ダークを主宰。一九九三年『日本経済新聞』の記事で「ダイアログ・イン・ザ・ダーク」と出会う。感銘を受け発案者ハイネッケに手紙を書き、日本開催の承諾を得る。日本初開催後十年間、短期イベントとして開催。視覚障がい者の新しい雇用創出と、誰もが対等に対話できるソーシャルプラットフォームを提供している。二〇二〇年東京竹芝にダイアログ・ダイバーシティミュージアム「対話の森」をオープン、現在に至る。著書に『暗闇から世界が変わる』（講談社新書）。

ダイアログ・イン・ザ・ダークが生まれた背景

稲垣：最初にダイアログ・イン・ザ・ダークを知ったとき、どんな印象を受けましたか？

真介：感動しました。普通に考えると、目に見える世界がすべてじゃないですか。見えない世界は不便なこととしか考えていない。しかし、見えない付加価値をこんなにクリエイティブな装置として世の中に送り出す。それを一般の人たちが、時間と自分のお金を消費して体験する。普通、美術館というのは「すごいもの見た」体験だと思うんですけど、これは見るのではなくて、人と人との関係性とか、人と人とのコミュニケーションが目に見えない付加価値になるんです。

稲垣：それから日本で開催することになるんですね。

真介：まずは一九九九年に東京ビッグサイトで二日間だけ行い、二百二十二人の人が体験をしてくれました。そのなかには、脳科学者の茂木健一郎さんや当時杉並区立和田中学校の校長だった藤原和博さんなどの、オピニオンリーダーが多数参加してくれました。しかし、完全な暗闇を作るのは当初なかなか困難でした。日本の消防法の壁が立ちはだかったんです。

稲垣：緑に光る非常誘導灯をつけないといけないということですね？

真介：そう。純度百%の暗闇を作るために、我々スタッフはほんの少しの光も漏れないように何度も何度も入念にチェックをします。それなのに非常誘導灯があるなんて、すべてが台無しです。所轄の消防署に取り外す許可を求めに行きましたが、前例がないのでダメだと言われました。

稲垣：日本人はルールを逸脱することを嫌がります。どうやって突破したんですか？

真介：最初は門前払いだったんですが、何度も何度も足を運び、常に非常誘導灯をつける目的を話し合うようになりました。すべての人が安全に脱出できるから、逃げられるから、その場から出られるからということで、非常誘導灯がついてるんですよね。この「すべての人」ということがそもそもおかしいよね、という話になりました。

稲垣：目が見えない人は、そもそも非常誘導灯が見えないですからね。

真介：そうなんです。その話し合いを続け、消防のプロとしては、こういうふうにするといいんじゃないか、合法的にはこうしたらいいという話し合いになり、いま純度百％の暗闇を作ることができています。それからは消防署の方も来てくださるようになりました。

季世恵：ある意味、火災現場と同じとおっしゃっていましたね。電気が落ちて煙で見えなくなってしまう。だから視覚以外の感覚を使って救出に行かないといけない。また、ダイアログを体験して横に人がいる安心感を知ったとおっしゃっていました。暗闇で不安を感じたときにアテンドの人が傍にいてくれた。それは大きな安心感だった。ふと火災現場での被災者を思い出した。被災者は恐怖におびえている。火災現場を出たら自分の仕事は終わりではない。救急隊員にその方を預けるまでは横にいるようにしたいとおっしゃっていました。

稲垣：目的は非常誘導灯をつけることじゃなくて、目が見える人見えない人、子どももお年寄りも国籍も年齢も関係なく、すべての人が安心感を持って誘導されること。そのためには優

しく声をかけるとか、横にいる安心感とかが大事だということですね。

　面白いと思うのが、消防士の方が救われる側の気持ちを理解するには、自分も救われる経験をされたということ。受け手、相手の立場になることの大切さです。

季世恵：暗闇のなかって、自分が普段いる環境とは全く異なる世界じゃないですか。そこはそもそも見えない人がいる世界。我々はその人たちの世界にお邪魔することになるんだけれど、そこには大変さだけでなく、私たちが想像していた文化とは全然違った豊かなものがあるんです。そこに何か動く、琴線に触れるものがあるんでしょうね。

稲垣：そこですよね。豊かなものがあるんですね。本来相手側の立場に立つとか、相手の気持ちを推し量る、という行為は「大変」と思われることが多い。結果的にそれを知ることで成長するし気持ちも豊かになるんだけれど、**自分のコンフォートゾーン（快適な空間）から出る大変さを経験しないといけない。**ダイアログがつくづくすごいなと思うのは、それを楽しみながら経験できることです。

　お恥ずかしながら、私が初めてダイアログを体験した二〇一〇年のことを思い出しました。当時、結婚前の妻に無理やり連れてこられて。来たときには多分喧嘩していました（笑）。

真介：我々もよく覚えています。スタッフから「喧嘩しているカップルがいますけど、どうしましょう」ってインカムで流れてきて（笑）。

稲垣：はい。あのカップルは危ないと思われていたでしょうね。彼女にダイアログという暗闇のミュージアムが面白そうだから行こうと言われたんですね。当時仕事が忙しくて、久しぶりの休みでゆっくりしたかったから断ったら怒ってしまった。暗闇に入る前は相当険悪だったと思います（笑）。

ところが、この暗闇体験で私は衝撃と感動と楽しさを覚えました。暗闇でサッカーをしたりブランコに乗ったり、橋を渡ったりワインを飲んだり。枯葉の上に寝っ転がったりしました。とても面白く、楽しんで出てきました。

季世恵：スタッフが「仲良くなって戻ってきました〜」って言ってて、ほっとしましたよ。

稲垣：お恥ずかしい。相手の立場に立つというのを、あれほど面白くエンターテインメントにしているということが、本当にすごい発明だと思いました。「**相手の立場に立つ**」ということを私がいま行っている研究に置き換えると、外国人とのコミュニケーションの取り方です。日本人の方に、外国人を受け入れるための研修をすると、興味を持ってくれる方が二割、仕事だから真面目にやる方が六割、正直面倒だと感じていそうな方が二割です。ここにダイアログ的なアプローチがあると、楽しみながら自分の価値観を広げられると思い、日々努力しています。

魔法の言葉「だから、こそ」

稲垣：見えない世界のダイアログ・イン・ザ・ダークに続き、音のない世界、ダイアログ・イン・ザ・サイレンスもオープンされましたね。

本当にすごいチャレンジを次々とされていると思います。オフィスには、目の見えないスタッフと、耳の聞こえないスタッフが一緒に働いているということですか？

季世恵：そう。耳が聞こえない人と目が見えない人って、全然違うんですよ。ある意味一番遠い存在なのね。ダークのスタッフは手話を使う人の手話が見えないじゃない。そして、サイレンスのスタッフはダークのスタッフの声が聞こえない。

稲垣：どうやってコミュニケーションを取るんですか？

季世恵：確かにコミュニケーションは普通には取れないのですが、お互いに興味を持ち始めると、なんとかしてつながりたいと思うからコミュニケーションが取れるようになってきます。

稲垣：コミュニケーションの壁を越えられるんですか？

季世恵：そう。仲間だし、なんとかしようと思って。耳が聞こえない人は、自分の声を聞いたことがないし、小さい頃に発話して「何その声、変な声」とか「変な話し方をする」とか言われた嫌な記憶がある。でも、聞こえない人たちが、見えない人のためには声を出そうと発話しているの。聞き取りにくいときがあっても見えない人は私たちより耳を澄ます力があるのでしょう。ちゃんと理解できるの。そして、今度は聞こえない人たちのために、見えない人が字を書くようになるの。

稲垣：見えない人が字を書くんですか。

季世恵：通常は点字を使う人たちが多いですが、墨字（普通の文字のこと）を書ける人も多いです。でも書いた字を確認はできませんから通常は書きませんよね。だけど聞こえない仲間に伝えたいから書く。見えているわけじゃないから、字が重なったりしているので読みにくい。でも今度、聞こえない人はそれを読めるの。「大丈夫、わかるわかる」って言って。じゃあ今度は手話を覚えようとなる。見えない人が手話を覚えて、「こんにちは」ってやってみると、聞こえない人が手を取ってこうやるんだよと教えてあげる。「わかった、こうだ！」って言ってどんどん覚えていくの。全然違う文化なんだけれど、相手に興味を持てば、分かち合っていこうとする。いまのテクノロジーはすごいから、本当はスマホで聴覚障がい者と視覚障がい者は会話ができる。もちろんアプリも使うけど、最初は**相手に興味をもって、自分の枠から出る**ということが大事なんだと思うんです。

稲垣：なるほど。自分が読みやすい文字かどうかではなく、相手を好きであれば読もうとする、というのはわかる気がします。私の息子は五歳で当然字は下手ですが、手紙を書いてくれたりすると、こっちは一生懸命読みますからね。

季世恵：でしょ。

稲垣：興味があるから。好きになれば、相手のことを知ろうとする、聞こうとする、読もうとする。そういうことですね。その壁はどうすれば越えていけるんでしょうか。

季世恵：最初はやはり壁があります。それを徐々にコツコツと崩していく。最初、サイレンスの人たちに、「同じ日本人だけど自分たちのことは外国人だと思ったほうがいい」って言われたの。全然違う国の人だと思ってくださいって。なんでそんなことを言うのかと思ったんだけど、言語が違うから文化も違うんです。手話は文法的に英語に近い。本当に手話しか知らないろう者の方からＬＩＮＥが来ると、「えっ」

という感じの文章が来るの。ぜんぜん違う言葉の世界で生きている。でも、ここで一歩引いてしまうとだめなのね。だから飲みに行った。

稲垣：ん？ 飲みに行ったんですか。

季世恵：しょっちゅう飲んでた。飲んで笑ったら同じだって気づいたの。そして手話とは言えない言葉まで教えてくれるようになる。公用語ではないみたいな勝手に作られた手話もあるのね。

稲垣：スラングみたいなのがあるんですね。例えばどんなのがあるんですか？

季世恵：例えば、「手ぶらでごめんね」とかいうでしょ？ これ、やると恥ずかしいんだけど、胸に手を当ててブラブラさせるの（笑）。

稲垣：手ブラか（笑）！

季世恵：そういうのをいっぱい教えてくれて。笑いながら私を迎えてくれるから彼らの世界に飛び込むことで知ることができる。お酒飲んで笑いながら真似していると、「この人面白いな」って思ってもらえて距離が縮まる。「同じ人間なんだ」って思ってくれる。だから私は、人と距離を近づけるには、「自分もこの人も同じ、普通なんだ」ということを見せることが大事なんじゃないかなって思うんです。

稲垣：季世恵さんはそうやって等身大の自分を見せられることが本当にすごいと思います。

季世恵：見えない人もそうなんですけど、私は助けられてばかり。私はすごい方向音痴で、すぐに迷子になるので、目の見えない彼らにずっと心配されてるんです。

稲垣：目の見えない人に、迷子の心配をされている（笑）。

季世恵：彼らを連れて迷子になると「季世恵ちゃん、また同じところを歩いてない？ 迷ってるでしょ?」ってバレるの。彼らはさまざまな情報をキャッチしています。聴覚、嗅覚を使った記憶、空間把握能力が高い人も多い。「バレた?」って言うと、「見える人も道に迷うんだ」って笑ってる。私の足りないことを知ってもらって、お互い助け合うことを知ることも大事だと思う。

稲垣：相手の役に立てることとで、自分の価値を感じるんですね。

真介：人って、相手のできないことや違いを見つけるのが得意じゃないですか。九十九%が同じでも一%の違いに目がいく。そこを改善したくなりますよね。「季世恵さんは道に迷ってだめだなー。教えてあげよう」となる。変な緊張感がなくなっていく。できなくてもいいんです。もっと言うと、自分と違っていて当たり前なんです。

稲垣：障がい者も外国人も同じかもしれませんが、自分と違う相手と接すると、「外国人だから、障がい者だから仕方ない」と思ってしまうけど、違っていて当たり前なんですね。

真介：ダイアログを二十五年やって、最近発見した言葉があります。単純なんだけど。「だから」に「こそ」をつけるんですよ。「季世恵だからこそ」っていうと、季世恵だからこそできることがある。視覚障がい者だからこそ、聴覚障がい者だからこそ、五歳の息子だからこそ、って言ってると、相手のできないところではなく、それを生かした強みが見えてくる。

稲垣：「〇〇だから」の後は否定が来ますが、**「〇〇だからこそ」の後は肯定が来ます**ね。これはすごい言葉ですね。

真介：この言葉で視点がぐるっと変わるんですよ。不思議と、その人のできることにフォーカスできるんです。ダイアログ・イン・ザ・ダークを発案したハイネッケが、プロジェクトメッセージで、“Moving beyond differences.”と言っていました。違いを越えてその先に何があるかを探っていくのがこのダイアログの本質です。そのプロセスとして自分を壊す必要もあるし、相手のいいところを拡張する必要もある。

暗闇の話に戻すと、世界中の暗闇のなかで一番使われている言葉はなんだと思いますか？

稲垣：暗闇のなかですよね。「ありがとう」ですか？

季世恵：それもよく言われます。もっと言われている言葉があって、それは“I'm here.”

稲垣：「私はここです」ですか。

真介：“I'm here.”は、GPSのように、私はここにいますっていう位置情報だけじゃないんですよ。「本当の私がここにいます」ということです。普段は○○社の誰々とか、社長・部長の誰々とか、勝手に自分を着飾っているんです。ここにいる稲垣さんは、ただの稲垣さんじゃないわけですよ。エイムソウルの社長であり、対談の取材者であり、息子を持つ親である。人はいろんな鎧を身に着けている。その鎧があるから、異文化と出あうとストレスがあるわけです。でも暗闇でそれが全部取っ払われると、ただの人になります。

季世恵：○○社の社長だったら言えないことも、暗闇のなかでは、ただの人だから「怖い」って言えるし、「ごめん」も言える。

真介：「ありがとう」も言える。

稲垣：肩書きを取ったら私が出せる。

真介：日本のダイアログでは、暗闇に入るときにニックネームで入るんですが、暗闇のなかではどこどこ社長のなんとかですとか、政治家の何党ですとか、そういうことは全部リセットされます。以前、一橋大学名誉教授の野中郁次郎先生※が入られました。

※野中郁次郎：一橋大学名誉教授で日本を代表する経営学者。「知の創造」という視点で研究を続け、「知識創造経営理論」を世界中に広めた。「SECI（セキ）」モデルは、ナレッジ・マネジメントの核となるモデルで、共感や対話がとても重要だと述べている。

季世恵：みんなに「ジローちゃん」って呼ばれてましたね（笑）。そのとき私はリンゴちゃんというニックネームで入りました。

稲垣：野中先生がジローちゃん（笑）。

季世恵：暗闇の丸太橋を渡るとき、ジローちゃんは「行けるかな」って、ちょっと不安があるご様子でした。

稲垣：ご高齢ですから。

季世恵：ところが、リンゴちゃんの私が「私、丸太橋怖いです」と言ったら、突然ジローちゃんが、すごいダンディーな雰囲気になって「大丈夫、リンゴちゃん。手を貸してごらん」っておっしゃって、私の手を引いて一緒に渡ってくれたの。「よくできたね」って言ってくださって。それからジローちゃんは、暗闇でもスタスタ歩くようになって、たびたび「リンゴちゃん大丈夫かい」と声をかけてくれました。

真介：暗闇から出てきたら、自分の気づきをワンメッセージで表現してもらうんですが、ジローちゃんは「本当の共感がここにある」って書かれていました。ご存じの通り「**共感**」はナレッジマネジメントの中核です。

季世恵：日本人は共感というと、Sympathyのイメージが強いんですよね。これは「同情」と訳されます。しかし、共感の本当の意味はEmpathyです。

稲垣：本書の第一章でも書いたのですが、私のグローバルへの扉を開いてくれたRickがEmpathyを使ってこんなフレーズを言っていました。

「The most importance of human communication is "Empathy".」

真介：そう。Empathy。自分と異なる文化や価値観を持っている人に自己投影して、相手が何を考えどう感じているのかを想像する力です。明るいところに出てきた野中先生は、暗闇のジローちゃんがEmpathyを感じたと言ってくださった。いくら仲良くなってもアテンドは目が見えるようにはならないし、彼らと同一化することは無いけれど、**それぞれの文化を認め合いながら、どうやってその先に向かうか**ということなんですよね。

稲垣：なるほど。季世恵さんの、相手をリスペクトするその姿勢は、Sympathyじゃなくて Empathyだから相手に届くんですね。

人とは、光そのものだ

真介：異文化に触れることの面白さですが、例えばイギリスに留学に行くとします。イギリスの文化を知りたくて、勉強したくて行くわけですよね。ところが行ってみると、向こうの方々はイギリスのことを教えてくれるだけでなく、あなたはどこから来たのとか、あなたのアイデンティティはどういうものとか、あなた、

あなた、あなたと聞いてくるわけです。日本にいて、自分のルーツや考え方、私ってこういう人間だなって考えるチャンスはあまりないけれど、違った文化のところに入ると、自分の理解を深めるチャンスが高まるんですね。異文化に触れると自分自身がわかってくる。これは実に豊かなことだと思うんです。

稲垣：実はこの本を書き進めていくにつれ、結局そこに行き着いたんです。自分とは何者か。少しわかってきたことは、**他人のなかに入ることによって、自分の輪郭が見えてくる**っていうことですね。

季世恵：あるでしょうね。ぼやける部分もあるでしょうしね。

稲垣：逆にぼやけるんですか。

季世恵：ハイネッケは、お父さんがドイツ人の軍人で、お母さんがユダヤ人だったんです。相反する二人の間に生まれた。ただ、ハイネッケは九歳になるまで、お母さんもドイツ人だと思ってたんです。夫婦で結婚するときに話し合って、争った民族間じゃなくて、お互い同じ民族にしておこうと偽った。ところがあるときに、ドキュメンタリー番組を見て、アウシュビッツに運ばれるユダヤ人を見たとき、ドイツ軍のことをとても尊敬していたハイネッケ少年は、お母さんに「この人たちがいたからドイツは負けたんだ」って言ったそうです。すると、その言葉を聞いてお母さんは涙が止まらなくなって、やっぱり嘘はつかないほうがいいと思い、「私の身内はみんなここで死んだ。お母さんはユダヤ人です。あなたはドイツ人とユダヤ人の間に生まれたんですよ」と言ったのだそうです。ハイネッケは、そこで自分のアイデンティティが全部壊れたんですよね。ドイツ人と思っていた自分が、半分ユダヤ人だった。九歳のハイネッケ少年は、朝まで寝ないで考え続けて、何をしたら良かったんだろうと思って。まずは自分のなかでやれることをやろうと思って、大切にしていた戦闘機のプラモデルを翌朝全部捨てたと言っていました。それは自分を壊したということなんですよね。自分を知ることって、ある意味壊すことになってくるんだろうと思います。

稲垣：知ることによっていままでの自分を壊すこともあるんですね。

季世恵：そう。小さな自分が壊れていくみたいなことってあると思うんですよ。さっき真介は、お互いを知ることで自分のことも知れると言いましたが、その次もあるんだろうなと私は思っています。そこがまた違った世界になってくると思うんですよね。**混じり合って超える**という感覚です。ハイネッケは自分で考えて、民族間の争いによってこんなひどい戦いはもうあっちゃいけないんだと思って、哲学家になるんです。そこから「すべての争いは対話で解決する」ということだったり、「人は出会いによって成長する」という価値観を掴んでいくんです。そしてダイアログ・イン・ザ・ダークが生まれました。

稲垣：世界に展開されているダイアログ・イン・ザ・ダークのコンテンツは、すべてハイネッケが考え、統一されていますが、日本だけ独自の開発を許可されていると聞きました。それはなぜですか？

季世恵：これには理由があって、昔ハイネッケと一昼夜話したんです。私にはお母さんが三人いるのね。それぞれの母に子どもがいたから、私には腹違いのきょうだいがたくさんいます。子どもって大体は母親の文化を持って生まれて育つので、我が家には三通りの文化があったんですよ。私は自分の母とお風呂に入るときに、「まずは足から洗いなさい」って教えられたの。自分の体をうんと使ってくれて、歩かせてくれた足が一番大切だから、感謝しながら足を洗うんだよって言われて。ありがとうって言いながら毎日洗ってました。ところが姉とお風呂に入ったら、「髪の毛から洗うでしょう」って話になったの。頭から洗ったほうが流れがスムーズで速いでしょう。足から洗うのは理にかなってないと言うんです。言われてみればそれもそうだと思ったんだけど、違和感があるの。母には足からだと教わっているから。

稲垣：文化が違うんですね。

季世恵：そう。こんなことでもそれを壊すのは結構大変なの。でも複雑な家庭のなかでは、私がその文化をつなぐ役目だったんですよ。ここは頑張ってやってみなければいけないと思って、お姉ちゃんにならって、頭から洗ってみたわけ。「ママごめんね」って心のなかで言いながら。最初のうちは違和感があるんだけど、やってみたらこれもありかもねって思いだすんです。

稲垣：なるほど。文化を受け入れられたんですね。

季世恵：そうなんですよ。もう一人の兄はまた違うことを言ってきた。「いや、背中から洗うのが当然でしょう。ゴシゴシ力強く」と。

せっかく頭から洗うのに慣れたのに。でもこだわりを捨てて、全員に合わせてやってみたわけ。ママと入るときは足から、お姉ちゃんと入るときは頭から、お兄ちゃんとは背中からゴシゴシ。そんなことをやっているうちに、私がこだわってることを手放したほうが幸せになることがあるなと思ったの。幸せに近づくというのは、どっちの理も理解するということなのかなと思う。

そんな話をハイネッケにしたら、日本はコンテンツを独自に作っていいという許可をくれたんです。

稲垣：いまの話を聞いて思い出したのは、僕がインドネシアに行ったときの経験です。インドネシアは親日だと聞いていましたし、確かに日本人を温かく迎え入れてくれるのも感じていました。カリバタ英雄墓地※を訪れたときには、私を見るなり、お墓を掃除していたインドネシア人の方が、無言で日本兵が眠る場所に案内してくれました。オランダに三百五十年統治されていたインドネシアを解放した日本として、誇らしく思っていました。当時、私の仕事を手伝ってくれていたTamaという友人がいて、彼とは公私ともに仲良くしていたんですが、あるときその彼に、「日本とインドネシアは仲がいいよな。インドネシア人と一緒にオランダからの独立戦争を戦ったんだ」という話をしたら、Tamaに「稲垣さん、僕は日本人が大好きですが、そうじゃない人もいるんですよ。僕のおばあちゃんはオランダ側の人間で、家族を日本兵に殺されたんです」と言われました。自分の浅はかさを恥じるとともに、とてもショックを受けました。それがある意味自分の輪郭がぼやけたり、壊れた瞬間なのかもしれないですね。米倉先生がよくおっしゃる、「正義の反対はもう一つの正義だ」ということを知りました。

※カリバタ英雄墓地：インドネシア独立戦争に参加した約七千名の兵士が埋葬されている。そのなかで共に戦った二十七名の日本兵も眠っており、インドネシアを訪れた歴代の日本人首相も足を運び献花をした。

季世恵：本当にそうです。私の幼少期の複雑な家庭のなかでも、父が三回結婚したということは、女性からすると誰かが苦労しているわけです。だからきょうだいたちとも、ぎくしゃくしていた。**正義というのはそれぞれに違うんですよね**。ハイネッケは、それを超えていかなきゃいけない努力をしたほうがいい、ということをあなたは実体験で知っている、と言ってくれた。だから小さなことでもいいから自分の文化をちょっと疑ってみるとか、自分の文化は、はたから見たらどうなんだろうとかっていうことを考えるべきなのかもしれない。

稲垣：自分とは何者か、ということが少し見えてきた気がします。

季世恵：何者かでありたい自分を、だんだんに何者でもない自分にしていくことが、人としての成長なんだろうと思っています。

稲垣：何者でもない自分にしていくんですか。

季世恵：赤ちゃんって何も持たないで生まれてきて、たくさん愛をもらって、いろんなことができるようになっていって。ゲームでいうと成長していくことでいろんなアイテムや武器を持っていくんです。学歴やお金や地位もそうかもしれない。さらに歳を重ねていくと、今度はそういったことを手放していって、シワシワな、何者でもない自分になるという成長を感じていくのが人間なんだろうと思ってるのね。何もない自分が、なんてすごいんだろう、なんて豊かなんだろうと思えてくる。そういうことを求めて人間は生きていくんだろうなと思ってるんですよね。

稲垣：そこからダイアログ・ウィズ・タイム※を開発されたんですね。僕が初めて真介さん・季世恵さんに出会ったのは、三十代半ばでした。それから十五年ほど経って、もうすぐ五十歳になります。やはり自分も確実に歳を取る。この決して抗えない時間の流れのなかで、自分の人生をどう終結させていくのか、ということを最近考えるようになりました。そうなると、自分とは何者なのか。さらに、そもそも人間とは何なのか、と哲学的な問いが頭を巡るようになってきました。

※ダイアログ・ウィズ・タイム：「未来に会いに行こう。」をテーマに、七十五歳以上の高齢者アテンドと共に、老いを体感できるさまざまなアクティビティを体験し、限りある命や生き方、時間について対話するソーシャルエンターテインメント。

季世恵：私、CQを求めていくのが人間の本当の願いなんじゃないかと思ってるんですよ。自分の国があの国より豊かだと比べてしまったり、こっちは良くてあっちは駄目だと決めつけてしまうような考えがないほうが平和じゃない？　それがなかなかできない世の中だけれど、この考えが広がっていくと、本当の意味で成熟した国や人になるんだろうなと思うんですよね。それを求めているのが本来の人間の姿じゃないかしら。戦いは絶対に収まらないんだ、じゃなくて。

人は、治らない病気になると最初のうちは「自分は何かいけないことをしたんだろうとか」とか「なんの罰が当たったんだろうとか」と思って、自分のマイナスな部分をいっぱい見て心の方が病んでしまう。でも、その気持ちをなんとかして手放せれば、だんだん変わっていって「ありがとう」と感謝したい自分になっていく。私はターミナルケアで、俳優の樹木希林さんをはじめ、たくさんの方に寄り添い、ときには看取りましたが、みなさん最後に「ありがとう」って言うんです。そう言って死にたい。誰かを呪ったり、恨んだりしてる人を見たことがないのね。なぜかというと自分の心が平和でいたいから。

稲垣：僕のおばあちゃんも、最後そうでした。ずっと「ありがとう」って言ってた。

季世恵：そうでしょう。みんなそうなの。ここまで長くいろいろな人の死を見てると、ありがとうって言って死にたいのが人間なんだ、感謝したいのが人間なんだと思えてきます。

稲垣：感謝したいのが人間なんですね。

季世恵：こんなに世話になった、こんなに愛してもらった、こんなこともいっぱいしてもらったということがいっぱい出てくるんじゃないかな。「あれもこれもない！」と思っているうちはまだ元気。削ぎ落としていくと「ありがとう」しか残らないんだろうなと思います。最後にありがとうって言うために、残りの人生をどう過ごしたいのか。人間はそれを本当は求めてるんだろうと思います。

真介：違うものが出会って、出会うことによってお互いが変化するわけじゃないですか。自分で細胞が変わっているような感じがするけれども、こうやって出会ったことによって変化が促進されると思う。

季世恵：確かに。

真介：ダイアログには、視覚障がい者・聴覚障がい者・七十五歳以上のシニアが活動して

います。もしここが障害者団体だったら、一般の人に、Sympathy（同情）を求めることがゴールだと思うんだけど、ここは、一緒に出会ってお互いが変化するわけですよ。だからEmpathy（共感）を求めている。お互いが成長する。

季世恵：お互いの色を重ねてるんですよね。

対話と対話で違う色が生まれる。

真介：それは対等に出会わないとそうならないんですよ。

稲垣：人と人が対等に出会うと違う色に変化するんですか。

真介：そう変化する。例えば稲垣さんが青で、私がピンクだとする。色を混ぜると、初めは綺麗なんだけど、そのうち黒になっちゃうんですよ。自分の立場とか、自分の正義とか、悲しみとかうらみとかジェラシーとか、そういうことを手放せないと重ね合わせた色は黒になってしまう。でも、光があると、いろんな色を重ね合わせても黒にならない。重なったところは透明になるんですよ。これが光と色の大きな違いなんです。お互いがいい状態にあると、出会い重なり合ったところに透明感が出てくるんですよね。だから、会場には透明感のある色を重ね合わせているんです。

季世恵：この前、小学生が「暗闇は眩しかった」と言っていました。あの子は暗闇に光を見たんだよね。人の温かさとか思いやりとか、優しい光を。
真介：外国から来た子は愛は行為じゃなくて、人の存在そのものだって言ってたね。
季世恵：Doingじゃなくて Beingだって。
真介：人と人が出会うことで、自分とは何かというのがわかる感じがしますよね。今日は稲垣さんと久しぶりにお会いして話をしましたが、昔からお互いいろんな経験をしていて、過去は過去でいいんだけど、いまはいまとして、またステージがちょっと違うところで出会えてるような感じがしますよね。

稲垣：またいい出会いができているということは、我々それぞれが光を見ているということですね。
季世恵：人は光そのものなんですね。

異文化コミュニケーションとは

■対談者
・正木郁太郎　東京女子大学准教授

■正木郁太郎
社会心理学を専門とし、二〇一七年に東京大学大学院人文社会系研究科の博士後期課程を修了後、同研究員などを経て、二〇二四年現在東京女子大学で准教授として教鞭をとっている。専門分野は組織で働く人々の心理・行動や、集団のマネジメントの研究。主な研究テーマとして、日本におけるダイバーシティ・マネジメントの調査・分析に取り組んでおり、代表的な著書に『職場における性別ダイバーシティの心理的影響』（東京大学出版会、二〇一九年）がある。その他にも、オフィス環境や働き方の制度の影響、職場で感謝や称賛のコミュニケーションを交わす意義といった、現代の企業組織のマネジメントには欠かせない幅広いテーマの研究に取り組んでいる。企業との共同研究やサービス開発などの経験も多く、エイムソウルとは日本におけるグローバル人材のマネジメントについて共同で調査・分析を多数行っていた。また、二〇二一年まで同社の顧問も務め、ＣＱＩのコンセプト策定などにも携わった。

CQIの生まれた背景

稲垣：正木先生と最初にお会いしたのは、インドネシアの日系メーカーで事故やトラブルが日本よりも多く起こる原因をご相談したことが始まりでした。

正木：そうでしたね。調べていくと、日本では考えられないような物品の整理の仕方・管理の仕方とか、ルールを守らないということがあって、それが積み重なった結果、工場内で人と車の接触があったり、エレベーターで事故があったり、工場の爆発があったりしている。そんなことが起こる原因の一つに、文化の違いがあるからということで「CQ」を基にした研究が始まったと記憶しています。

稲垣：私はそのときに初めてCQという概念を知りました。先生はもともとCQには詳しかったんですか？

正木：私の研究分野は社会心理学、組織、ダイバーシティでした。国や文化によって価値観が違う。じゃあなぜ違うのか、違いとどのように向き合うべきかという研究の一つに「CQ」というキーワードがあり、広く異文化適応について知識として持っていました。しかし、当時は日本では大変ユニークな研究だったと思います。

稲垣：その分野でしっかりとデータを集めていっていることが、CQIが特許※を取れた一つの根拠ですが、この文化、というのはどうしても固定概念やイメージが先行するので、しっかりとした裏付けがなくても、みんな「なんとなくわかっている気でいる」分野だと思います。インド人はよくしゃべるとか、日本人は集団でいることを好むとか、アメリカ人は過ちを認めないとか。しかしデータを元に分析をしていくと、イメージ通りのこともあるし、全然違うこともありますね。

※CQIは二〇二一年五月に特許（第六八八六六五三九号）を取得。

正木：そうですね。第五章でもコメントしたように、集団主義といわれる日本人ですが、世界的に見ると、集団主義と個人主義の中間くらいにマークされます。しかしアジアは集団主義の国が多いので、アジアの方々から日本人は個人主義に見えることが多いと思います。昨今はインターネットの普及や世界情勢の大きな変化から、若い方々の考え方もがらりと変わってきています。イメージではなく、**データを用いた文化の議論が必要**ですね。

稲垣：文化の研究者には、ホフステードやエリン・メイヤーなど、世界的に有名な方々がいますが、アメリカの研究者が多いイメージです。

正木：組織における異文化適応からもう一つレイヤーを大きくして、違う文化にどうなじむか、という研究であれば、社会心理学に限っても、日本にもいろいろな研究者がいらっしゃいます。しかし「違う文化を持ち働く組織にどう馴染むか」「日本の企業とそこで働く外国人の文化の違い」という解像度を上げた部分ではほとんどいないと思います。そういう意味で日本人のCQや文化を研究されていることは、とても希少価値が高いと思います。また、そもそものところとして、社会心理学の研究は多くがアメリカ中心で進みすぎているということも、たびたび問題視されています。

社会心理学の代表的な研究で、人間というのは自己肯定感、自尊心を保ちたいから、人に対してちょっと自慢をするとか、強く言うとか、「自己高揚」と言われることをするのが当

たり前だ、それが人の心のメカニズムだといわれています。しかし研究の対象者は当初は多くがアメリカ人でした。元々、アメリカ人のデータをもって人間全体の傾向だと主張してしまっていた経緯もあります。しかし日本人やアジアの人々を対象として研究を重ねると、謙遜をしたり、「私たちが頑張ったから」という「集団高揚」をするといった、文化に応じて行われる独自のふるまいや心の仕組みも見えてきました。**コミュニケーションスタイルは人それぞれ、国それぞれでいろんな考え方がある**ので、アメリカ中心だけで見ていくのは研究としても偏りがありすぎると、世界の研究者も気づき始めています。

稲垣：それは研究をしている身としては、大変励まされますね。我々の異文化コミュニケーションの研究の主語は「日本人が」とか「日本に来た〇〇人が」であって、日本を主軸に考えているので、その軸をずらさない研究を続けていこうと思います。

ダイバーシティ&インクルージョンの本質

稲垣：第四章に詳しく述べていますが、CQは一部、後天的には変えにくい生まれ持った性格が関係してきます。生まれ持って内向的な性格の人が、トレーニングを受けて外向的な性格に変化するというのは短い時間軸では難しい。ここに対してはどう向き合っていけばいいでしょうか。

正木：例えばCQをはじめ異文化適応には、いろんなことに興味、関心を持って飛び込んでいける性格かどうかという「開放性」が影響します。おっしゃる通り、性格なので後天的には変わりにくいとされていますが、能力や経験で補うことはできます。例えば、開放性は低いけれども、異文化に飛び込みそこで成し遂げたい夢や目標があると自分を客観視して発言や行動を変えようとする人は、新しいことにどんどんチャレンジしていけますね。

稲垣：そこがまさにCQの醍醐味ですね。仮に生まれ持った性格が異文化適応力にプラスに働いていなかったとしても、モチベーションやメタ認知、行動、知識という能力を向上させることで、CQを高めることができるということですね。

一方、私が日本人の海外赴任者や、海外から来日した外国人を見ていると、たまに考え方がカチコチの人もいます。「こうあらねばならない！」という固定概念からなかなか抜け出せない人は異文化の方々と良い信頼関係を築けていません。そういう人たちに対してはどういうアプローチをしていけばCQが高まっていくのでしょうか。

正木：もちろん人間は成長する生き物なので、変化は期待できるのですが、どうしても異文化適応に向いていない人もいます。そういう方は無理やりそういう環境に身を置かない、ということも選択肢としてあると思います。多様性を受け入れることが正しいことで、受け入れないことは間違いである、というわけではないですから。

稲垣：確かにそうですよね。いまの話をお聞きして思い出しましたが、一橋大学の楠木建教授がこのようなことをおっしゃっています。「多様性の問題にしても、無理やり『良し悪し』にせず、『好き嫌い』を軸に考えるべきだと思う。好みが違うのだから無理に合わせることはない。『好き嫌い』で争うのはおかしい。自分と好みが違う人がいても、気持ちよく放置する、というのが成熟した社会のふるまいだと思っている。」※

※ https://chuokoron.jp/politics/120019_2.html
（中央公論.jp　二〇二二年四月二十八日　楠木建　ダイバーシティ経営の根幹は「好き嫌い」にある　より）

だから、外国人を受け入れましょう、新しいチャレンジをしましょう、新しい考えを受け入れましょうということに対して、多様性を取り入れる会社や人はそれでいいのですが、それが性格的に無理で絶対できない人も組織にはいます。会社であった場合、結果的にマーケットから支持され利益を出せているのだとしたら、それは価値のある組織なのだと思います。**多様性を受け入れない人を撲滅する必要もありません**よね。

正木：そうですね。僕自身も全く同意見です。「こうあらねばならん」を強要すると堅苦しい世の中になります。とはいえ多種多様な人が共存する社会において好き勝手にしてください、というのも違うと思っていて、楠木先生のおっしゃる「気持ちよく放置する」にポイントがあると思います。その「気持ちよく」というのは、最低限の守らなきゃいけないものがあるんだと思うんです。突き詰めていくと、それは倫理観のようなものになると思います。

稲垣：それは重要ですね。

正木：自分が多様性を取り込むか否かは、それぞれで選択すればいいのですが、宗教や民族、ジェンダーなど、**変えにくいアイデンティティに関わるところへの配慮や倫理観は、最低限の守らなければいけない部分**ですね。

稲垣：CQでいう「知識」の部分ですよね。最低限の知識を身につけつつ、自分独自の世界観を持つことですね。

正木：そうですね。企業のダイバーシティ&インクルージョンとは、みんな違っているのだから好き勝手にやる、ということではありません。会社である以上、ある目的のために集まってみんなで成し遂げようということが必要です。理想としては、最低限守らなきゃいけないものははっきりさせ、それ以外はなんでも良い、という状態だと思います。

以前、ダイバーシティ&インクルージョンに積極的と評判のある企業の人事の方から伺った話ですが、性的少数者でも障がい者でも外国人でも、この会社に貢献できない、貢献する気がないのであれば、その方が活躍できる場所は自分たちの会社ではない。ただし、もし貢献できる能力があって、モチベーションがあるのだが、ただ足が悪いとかハンデがあるという話であれば、階段にスロープをつければいいし、互いに配慮をすればいい。なぜかというとその人は同じミッションを共有し、会社に貢献できるから。その線引きをはっきりさせることが、日本の会社が苦手なことだ、ということをおっしゃっていました。

稲垣：その日本の会社が苦手な線引き、というのは説明力、つまり形式知化のような気がしますね。

先日、東京都が二十人のインド、インドネシア、タイ、ベトナム、四か国の超優秀な若者を集めて、都内の二十社の中小企業に二か月間インターンさせるプロジェクトがあり、私が導入研修と振り返り研修を担当しました。一社、歴史が長い中小企業があって、そこは社内ルールが昭和的なところがありました。その会社の受け入れ担当の日本人の方が、受け入れたインド人の方がルールを守らないと嘆いていたんです。話を聞いてみると、会社で決められている朝の掃除をサボっていると言います。私は一瞬「この昭和的なルールを変えないとグローバル化の時代には取り残されるんじゃないか」と思いましたが、その方になぜ朝の掃除をやっているのかを聞くと、時間を守る意識や、5Sの教育、そこで生まれる何気ない会話に価値があるんだとおっしゃっていました。掃除をすることが目的ではなく、その行為を通じて徹底したい会社の哲学があったわけですね。しかし、掃除をすることを徹底させようとすると伝えたいことの本質、その哲学が伝わらない。

正木：そうですね。もしそうした一つひとつの習慣や行動が原因で社会や外部の環境の変化についていけなくなったのなら、その哲学の表現の仕方、今回でいうと朝の掃除を変えたほうがいいと思います。しかし、その行為やその先にある哲学が何かの強みにつながっているのなら、それがなぜ重要なものなのか、「文脈」を作り、またはっきりと伝えることが重要だと思います。もし明確な哲学や「文脈」が無いなかで、漫然と何かを強いているのだったら、やめたほうがいいと思います。

稲垣：会社の文脈の理解って本当に大事ですね。僕たち日本人はそれをみなまで言わなくても、背景を汲んで、理解しようとするけれど、

全然文化背景が違う人に対しては、「ちゃんと」話をしなきゃ駄目だっていうことですよね。

正木：そこは絶対です。**できる限り曖昧な言葉を使わずに、具体的に伝える。**これは国をまたがってという話だけではないと思います。私も東京大学から東京女子大学の教員になって、そもそも性別が、男性マジョリティーのところから圧倒的な女性マジョリティーに飛び込みました。カリキュラムも違うので、学生が過去に教わってきた内容も当然違います。すると、教え方も伝え方も聞き方もいろんな常識もやはり違う。どうしたら伝わるのかをしっかりと考えないと、ただ言われたルールを守るだけになってしまう。表面的にはうまくいっているように見えますが、真髄のところはうまく伝わってなかったりする。それを避けるためには、それがなんのためにとか、全体像がどういう風になっているかを伝えないと、変なほうにいってしまうんですよね。

稲垣：これこそまさに、暗黙知の形式知化ですが、その過程を踏むことで、自分たちの強みの再確認ができるかもしれません。

正木：そうですね。ダイバーシティ＆インクルージョンの本質の一つは違いから生まれるイノベーションですが、それに加え、**自分たちのアイデンティティや存在意義に関わることの確認作業ができる、あるいはしなければならないということです。これはもう一つのダイバーシ**

ティ&インクルージョンの本質だと思います。

一番大切なこと

稲垣：素朴な疑問ですが、なぜ人はカテゴリーを作るんでしょうか。日本人・外国人、高齢者・若者、男性・女性、黒人・白人、宗教や民族など、それぞれのカテゴリーとそれ以外を分けて考える動物だなと感じます。

正木：社会心理学的には社会的カテゴリー化と呼ばれますが、人間がこの世に生まれて社会生活を送るなかで、どうしてもいろんなものをカテゴリーでくくって認識していかないと、おそらく複雑な社会を作れなかったからだと思います。カテゴリーをくくることで、自分との同質性や異質性を認識する。それによって同質性のなかでの共通言語ができたり、仲間を守る意識が芽生えたりする。あるいは、異質性のある人や組織に伝えるための変換技術や意識が生まれたりもする。一方で、そこから生まれた負の資産が偏見や敵対心だったりする。しかしこれは多くの人々で複雑に社会を作り、群れとして活動していくために仕方のない必要悪でもあるように感じます。

ただ、仕方がないからといって、そこで諦めていたら何も前に進まないので、そうなってくるとどのようにして副作用を修正するか、ということが大事になります。グローバル化、ボーダレス化が加速しているいま、おそらくそうした修正が求められる時代に入っているわけです。じゃあその方法はなんですかというのを考えていくと、複雑な制度の議論などもありうると思いますが、たぶん結論としてはすごくシンプルに、相手の立場に立って考えること、「ごめんなさい」をはっきり言うこと、「ありがとう」

を心を込めて言うこと。**一番大切なことは、結構そういう基本的なこと**なんだろうと思います。

稲垣：なるほど。自分と価値観が違う相手だから、間違って失敗することや、思いもよらず助けられることがある。そのときに素直に言葉や行動に移すということですね。

正木：そうだと思います。そして、本来日本人ってそれが得意な民族だと思うんですよね。技術としてというか、しつけや教育としての礼儀作法が当たり前に身についている人が多いからです。自分と全然違う文化の人を安心して受け入れられる鍵はそういうところにあると思っています。実は「仕事のなかでも『ありがとう』って言いましょう」という研究※を二年ぐらいずっと続けています。

※正木郁太郎『感謝と称賛：人と組織をつなぐ関係性の科学』（東京大学出版会）

稲垣：すごい研究ですね！

正木：心理学のなかで、もともとは恋人関係や友人関係で、人が感謝すること、されることは、どういうプラスの効果や機能があるのか、どういう人間関係で特にプラスなるのかという研究が多くありました。それを会社のなかで、職場やチームでやったらどうなるのかという研究に取り組んでいます。実際、感謝をよく交わす職場ほど、助け合いや、チームワークが良くなっていることが確認されています。感謝や謝罪の機能は、対人関係を強め、絆を強める感情であり、行為だと考えています。そしてダイバーシティの問題も本質的には、先ほどの通り人間をカテゴリーに分けて「分断する」という点が問題の根本にあります。だからこそ、「ありがとう、ごめんなさい」という言葉でそうした分断をつなぎ直して修復し、一緒に働く仲間としてのつながりを取り戻すことが大事だ、ということですね。

稲垣：人とのつながりを感じることが社会においては大切なことだと思いますが、言い換えれば結局人間は、他者がいることで自分という存在を認識する。そこを突き詰めて考えていくと、やはり人間とは何者か、自分は何者かという問いに行きつくんですよね。自分とは何者なんでしょうか。人間の細胞は、だいたい七年で全部入れ替わると言われていますよね。細胞は死んでいって、ものを食べて復元することを繰り返している。七年で生まれ変わるとすると、先生に初めて会った頃の私は、肉体的にはいまの私ではない。じゃあ、自分とは何者なのか。

正木：根本的に自分はどこにあるのか、というのはおそらく永久にわからないと思います。しかし、一つ言えることがあるとすれば、**結局は気の持ちよう、自分で自分自身のことをどのように考えているか**、に左右されるところも多いと思います。社会心理学で登場する言葉を使うと「自己概念」というキーワードです。自分が自分のことをこういう風に捉えているから、それに従った行動を取る、というようなことです。

稲垣：まさにCQのメタ認知ですね。

正木：そうです。メタ認知は、自分にとって異文化、カテゴリーの違ういろんな人と接するなかで、自己概念を作っていくことにもつながるのだと思います。

稲垣：人間って、結局一人じゃ生きていけないんですね。

正木：そうですね。みんなでよく生きるということだと思います。結局CQの話もそこにつながってくる部分があります。**自分がいるコミュニティで、和気あいあいと楽しくやる。CQはそのためのツール**なのかもしれません。

稲垣：私が常に意識しているのは、上司・部下、業者・お客さん、先生・生徒、親・子、いろいろ立場の違いはあっても、人は全て対等であるということ。その意識を大切にしたいと思っています。

正木：そうですね、対等にお互いに敬意を払って関わることができるか。そもそも私自身がなぜ「感謝」の研究に着手したのだろうかと振り返ってみても、恐らく根本の問題意識は同じで、**人に対して対等に敬意を払えているか、**その大事さを感じたからだと思います。それならば、インクルージョンなるものを難しく捉えなくても誰にでもできるし、一方で本質的でもあり、誰もが取り組まなければいけない、先ほどの「倫理観」にあたるかと思います。

自由であれ！　無駄なことはない！

■対談者
・米倉誠一郎（プロフィールは二百十七頁参照）

「日本ってもっとよくなる」という視点

稲垣：日本がダメだ、ダメだと言われることが多いですが、本書の対談でお会いしたグローバル化のトップランナーたちからは「日本はまだまだ魅力的だぞ！」という意見が多くありました。

米倉：日本の安全・秩序・清潔・自然の美しさ、などは素晴らしいですね。ＧＤＰもドイツに抜かれたけれどまだまだ世界の四位。失われた二十年といわれますが、人心も街もゾッとするほど荒廃したわけでもないし、観光客数の増大を見ても世界を惹きつける力がある。ただ、それらをどう自覚的に一過性ではない魅力に変えていくかということが大切だと思う。僕が一橋大学で教えていたときの教え子がＨＥＮＮＧＥ株式会社という会社を創業したのだが、彼の会社はエンジニアの八十％がなんと外国人。

稲垣：小椋一宏さんですね。

米倉：そう、彼らは成長する過程で、日本以外から優秀なエンジニアを採用しようと決断した。欧米だけでなくインド工科大学などからも採用。よく知られているように、インド工科大学ではGoogleやマイクロソフトが初任給一千万とか二千万円で優秀なエンジニアを争奪している。「小椋君の会社ではそんな給料は出せないだろう？」と聞くと、「それは無理です！でも、彼らのなかには、お金ではなく日本に行って働きたいという人材がいるのですよ。小さい頃から日本のアニメで育って、秋葉原や四季折々の風景、安全で親切な日本人、超おいしい日本食などが大好きっていうエンジニアが結構いるんです。したがって、ＧＡＦＡ＋Ｍ級の給料を上回る魅力をどれくらい伝えられるかが大事なんです」と言うんだ。

稲垣：そうですね。日本を悲観的に見るのではなく、肯定的に見れば魅力がたくさんありますね。

米倉：ただ、問題は「こんなにいい国なのだから、外から人を入れない方がいい、このままでいい」という思考も根強いことだと思う。重要なことは、彼らに日本の素晴らしさを伝えるだけじゃなく、**彼らを受け入れると「日本ってもっとよくなる」という視点**。僕の法政大学最終講義のゲストに「ジャパネットたかた」の高田社長が来てくれたので、日本人学生と留学生たちが高田社長にビジネス・プレゼンをする機会を設定したんだ。いやー、混成チームの発想がすごく面白かった。例えば、あるチームの中国人留学生が、「ジャパネットが構想している長崎スタジアムは、スタジアム単体だけで完結してしまっていてもったいない」と断言。そのチームは、周辺には素敵な洋館などがあるので、観光客の周遊性を高めて長崎という町全体を盛り上げる構想を提案したんだよね。彼女には、中国の上海にある「新天地」と呼ばれる地区がその視点から観光メッカになったという実体験があった。面白いことに、その発想は「上海と長崎は似ている」という視点。上海にもフランス租界やイギリス租界があって、独特の居留地文化がある。上海はそれらをリノベーションしてブティックやカフェを建造し、古い洋館とモダンな店が織り交ざった新天地を創り出した。いまや中国人だけでなく外国人観光客にとっても訪れたい場所になっているという。こうした国際比較は日本人だけでは全く出なかった発想だった。

僕は日本人だけに教えるよりも、いまや国籍も年齢もジェンダーも多種多様な学生たちに教える方が楽しいし、学ぶものが多い。企業や行政にあっても多様性のあるチームが組織化されてプロジェクトに挑めば、新しい発想が次々と出てくると思う。「日本っていいじゃないか、素晴らしい国だ」と思うことは大前提だけれど、多様性を高めれば「もっとよくなる」という視点が大事だと思う。

稲垣：日本には素晴らしいベースがあるんだから、さらにアドオンしたらもっとダイナミックな社会を創造できるという論法ですね。外国籍の方を受け入れるのがうまい国になるために、企業に必要なことはなんでしょうか。

米倉：僕が思うのは、頭で考えずに多様性をまず受け入れることだと思う。

稲垣：頭で考えるより、まずやってみる、ということですね。

米倉：そう、それが先。「日本や日本企業の受け入れ体制が整ってから受け入れましょう」ではおそらく整わないし、間に合わない。二〇二四年の輸送ドライバー問題、二五年の団塊世代総後期高齢化問題など人手不足・後継者不足は明らかだし、そうした事態では単なる労働力の受け入れだけでなく、より高度な技能者の受け入れが必要となる。先程のＨＥＮＮＧＥのエンジニア、大学の高度研究・教育人材、医療における高度医療・介護人材、さらに進展するグローバル化に対応する国際弁護士などなどの受け入れが必然的に必要となる。まず、一定のガイダンスを決めたら受け入れをどんどん増やすことが重要だと思う。「わからないことをわかるためには、やってみるしかない」、これはシリコンバレーの鉄則だ。そんな乱暴な受け入れだと日本の良さが失われるという人もいるが、僕はむしろ逆で**日本の良さに自覚的になる**と思う。多様性人材や思考法が入ってくると我々は日本のアイデンティティをより深く考えなきゃいけなくなる。守るところは何なのか、変えるべきところは何なのかが見えてくる。それを自分たちだけで見つけようとしても、結局独りよがりになると思う。

稲垣：多様性を高めることで、いままでやらなくてよかったこと、やっていなかったことを考える幅が広がりますね。イスラム教徒の方を受け入れた会社が「お祈り」という行為を勉強するのと同じですね。

米倉：日本のGoogle本社に行ってその多様性重視にはびっくりした。イスラム教の祈祷室があるのはもちろんだけど、なんと搾乳室があった。

稲垣：なるほど、赤ちゃんのいる女性のために作っているんですか。

米倉：そう、母乳で育てたい社員のためだと聞いて驚いたなあ。休み時間に搾乳室で絞った母乳を保管庫に入れておく。就業後に持ち帰って、温かくして子どもに飲ませる。えー、そこまでするかと思った。でも、そこまでするのがGoogleのカルチャー。より良い人材を集める二十一世紀の企業理念だと思った。

稲垣：徹底したこだわりですね。

米倉：日本企業が成長、とくに持続的成長を望むのであれば、無理やりにでも多様性を受け入れる必要がある。そして、多様性を受け入れた分の結果を出していかなきゃいけない。多様性を受け入れたらすむという話にはしてほしくない。必ず反動がくるから。外見的に多様性を高めても結果が出せなければ、結局多様性など無駄ということになる。**多様な意見があることによって、より良い成果が出せるという結果にはこだわってほしいと思う。**

資産形成をし、同質化から解放されて経済を回す

稲垣：自分に子どもができて感じたことでもありますが、親の考え方も大切だと思います。いかがでしょうか。

米倉：とても重要ですね。まず親が異質な人・考え方を受け入れる姿勢を持つことが大切。世の中にはいろいろな生き方、価値観、正義があるということを学んでほしい。映像作家の佐々木芽生さんが言っていたけど、「正義の反対側は『悪』ではなく、『もう一つの正義』」だと。極端な言い方をすれば、「プーチンは悪だ、習近平は酷い」という前に「彼らの正義とは何なのか」を考える思考力が大事だと思う。とくに、小国日本の考え方としては重要な視点。

また、これまでの日本人エリート層の意識を変えないといけない。これまでエリートと称された大企業所属の親御さんあるいはそれに憧れる親御さんが、幼稚園から何としても有名私立に入れなきゃいけないとか、大企業に入社できる大学とか高校じゃなきゃいかんとかにまだ躍起になっている。それが自分たちの歩んできた栄光の道のりだったからだろうが、これは不幸だと思う。

稲垣：それはいまもあまり変わっていませんか？

米倉：うーん、世界の大きな変動に比べれば、まだあまり変わっていない。このゆがんだエリート意識は、子どもたちの選択肢を狭めるだけでなく、結局豊かさを矮小化してしまう。世の中にはいろいろな生き方があり、企業人だけじゃなく、職人や芸人、農林水産業、教師、旅人などさまざまなチョイスがある社会が面白いという認識が大事。豊かさというのは、高級フレンチが食べられるということではなく、フレンチはもちろん日本食、ラーメン、たこ焼きといったチョイスが多いことだと思う。**選択肢の狭い世界で生きていると、子どもたちの自己肯定感が低くなっていく。**早い段階で選抜が始まってしまうからだ。

また、子どもたちに多様な選択肢を与える考え方と同時に大事なのは親が自由な選択肢を持つことだと思う。その選択肢形成にとって重要なのが資産形成と技能形成だ。四十歳くらいまでに、ある程度しっかりした資産と技能の形成とができていないと、社畜になってしまう。日米の違いでわかりやすいのは、家計金融資産の持ち方の違いだ。一九九五年比の少し古いデータだが、日本の金融資産は五十一・七％が現預金であるのに対して、米国は四十六・二％が株式・投資信託。この結果、日本の過去二十年間に家計に占める金融資産の伸び率が約一・五倍だったのに対して、米国では約三・三倍に増えている※。ほとんど金利のつかなかった銀行預金や日本企業の株価低迷の結果だ。

※ https://www.fsa.go.jp/news/29/20171025.html

伊藤邦雄さんが「伊藤レポート」で指摘したように、日本企業の資本収益率が低すぎた結果だ。一方、批判も多いが、アメリカ企業は株価至上主義で、資本収益率にこだわり続けてきたともいえるわけだ。

稲垣：アメリカ社会では、企業がこだわる株価に個人が投資し、資産を増やすことで結果、会社に依存せず挑戦心を高める国民を生んできたということですね。

米倉：そう。例えばいまから二十年前にアメリカ株を百万円買っていたらいま二千万円くらい、二十倍になっている。もしGoogleやAppleを買っていたらもっとすごいことになっている。そういう意味では、株価に対するアメリカの資本主義の執着が、アメリカ国民の資産形成をした。資産形成ができると二ついいことがあって、その一つが先ほど言った通り、社畜からの解放。資産形成が三十代でなされていないと、社員の多くが定年までのローンを抱えて首の紐が会社にくくりつけられる。株でもマンションでもなんでも、給料以外で資産形成をしていけば、会社に対して上司に対して「退職する」という、イグジットという選択肢が持てる。それがないから、歳や社歴を重ねれば重ねるほど、会社に縛られてチャレンジができなくなり、右向け右になってしまう。

稲垣：なるほど、資産効果が同質化を防ぐわけですね。

米倉：資産が形成されないと同質化と社畜化が始まる。日本のエリートと呼ばれている人たちは、まだまだ自分たちは勝ち組だと思っている。しかし、資産もなく、チャレンジすること、一本道から外れることが怖くなって保守的に生きているという現実に気づいていない。アウトを怖がっていたらフルスイングできないし、盗塁もできない。さらに、ＯＥＣＤの世界の生産性では、日本はイタリアに時給で十ドル以上の差をつけられ、平均賃金の比較では韓国にもイタリアにも抜かれている。その現実に気づいてほしいと思う。この日本の給与水準だと若い段階での資産形成が難しいので、「戦略的な共稼ぎ」による資産形成という考え方も重要だ。

ただ、資産形成だけで自由になっても選択肢が増えるわけではないので、持ち運びできるポータブルな技能形成も大切。若いうちからどの会社に行っても使える技能形成も準備しておく必要がある。

稲垣：確かにポータブルな技能は大切です。「戦略的共稼ぎ」か。なるほどダブル・インカムによって夫婦で自由になる道を探すのですね。さて、資産形成のもう一つの効果は何ですか？

米倉：もう一つは経済がよく回るということ。GDPのなかで消費は六十％もある。我々の経済を支えているのは、我々が飲んだり、食べたり、洋服を買ったり旅行に行ったりすること。不思議なことに、資産価値が上がると人は消費するんだね。たとえば、自分が持っているマンションや株式の価値が増えると、別にそれらを売るわけでもないのに、消費が増えるといわれる。まあ、気が大きくなるってやつかな（笑）。

稲垣：資産形成が日本経済を回すということですね。学校では、経済と紐づいた教育も大切と言われ出していますね。

米倉：確かに、教育現場では金融知識を高める教育を行い始めているね。日本ではあまりにその部分が手薄だったから重要かもしれない。しかし、僕がより重要と思うのは、探求学習が普及し始めたことだと思う。先生が一方的に教えるのではなく、生徒が自分で課題設定をして、情報収集や分析をして、いろんな人とディスカッション・協力して解決に向けて取り組む。

与えられた問いから正解を探すのではなく、自分で問いを立てて自分なりの解を探求するという手法だ。ほぼ全員がポケットに携帯という名の高性能コンピュータを持っているZ世代に詰め込み型の教育や正解のある問題を解かせるのは時間の無駄。

こうした先駆的な探究学習を始めたのは、盟友宮地勘司くんが始めた「教育と探求社」で、二〇年ほど前に高校生に富士通やNEC、吉野家やクレディセゾン、テレビ東京や日経新聞などの大企業から探究課題を出してもらい、それに対して高校生が独自の解を導き出すというプログラムだった。加えていまは、さらに進化した「エンジン」というプログラムを始めている。これは各地域で地元の課題を地元企業と中高生が共に解決策を探究するというもの。

稲垣：地域に根差した小売店や中小企業ということですか？

米倉：そう。地元の企業や地元のパン屋、地元の蕎麦屋さんなどと一緒に考える。こうした企業やお店がなくなると、どういう風景が二十一世紀に出現するかというと、全部イオン、スターバックスやドトールコーヒー、サイゼリアやガストといった画一的な地方都市がひしめくことになってしまう。あの洗濯屋があるからいいんじゃないとか、あの親父のラーメンが食いたいとか、地元の電気屋だと困ったときに来てくれるという、地域特性がなくなってしまう。全部大型チェーン店やスーパーになっていいのかっていうことを前提に、子どもたちがその地域の経済を考え出す。これこそ地域創生への布石だと思う。

稲垣：確かに、日本のほとんどは中小企業だということですね。

米倉：日本企業二百五十万社のうち、大企業はわずか〇・三%。そこが引っ張れるものなんて限られている。九十九・七%の中小企業を活性化させなければいけない。そこが活性化すればもっと日本は面白くなるよね。例えばトヨタを支える何万社という中小企業群が、ティア一、ティア二、ティア三を支え、小さいねじを作ってる町工場を含めて日本なんだ。

稲垣：これは日本特有の経済文化なんですね。**資産形成をし、同質化から解放されて経済を回す。これが一つのカギですね。**

自己肯定感と八つの知性

米倉：もう一つ大事なのが自己肯定感だと思う。二〇二四年の「幸福度ランキング」では我が国は五十一位ととても低い。アメリカは二十三位だ。

稲垣：先生の講演やお話を聞くと、いつもオプティミスト（楽観主義）でいこうと感じさせていただけますが、現実は厳しいですね。

米倉：自己肯定感においては、I'm OK!（自分は大丈夫、生きていけるさ！）の感覚がすごく大事なんだ。日本は小さいときから選択肢をすごく狭くしているから、自己肯定感が低くなると思う。勉強の偏差値が高くないといけない、いい学校に入らないといけない。そこから外れちゃうと、もう落ちこぼれって言われてしまう。

インテリジェンスがあって、それぞれの可能性を引き出せばいいという考え方だ。

稲垣：社会において、対人知能などはとても大切ですよね。

米倉：そう、いろいろな人とうまく付き合えることは、ある意味算数のテストで百点を取るよりはるかに重要。しかしそれをインテリジェンスに含まないのが日本の教育。面白いのは博物学的知能や内省的知能。虫が好きとか植物が好きとか、必ずクラスのなかにはいた。また、あまり外交的ではないけれど、じっと自分のことや周りのことを内省してる子。これらは全部大事な能力だよね。このセオリーのいいところは、どこの知性の窓から入っていってもいい。その子はその子の得意な窓から伸ばしてやると、子どもは全ての方面で開花するんだというところなんだ。

幸福度ランキング

順位	国名
1位	フィンランド
2位	デンマーク
3位	アイスランド
4位	スウェーデン
5位	イスラエル
｜	｜
23位	アメリカ
｜	｜
51位	日本

日本でインテリジェンスを測るのは論理・数的知能、言語知能の二つだけのように見えるが、ハーバード大学のハワード・ガードナー先生は、インテリジェンスには「八つの知性の窓」があると言っている。前述の論理・数的知能（Logic Smart）と言語知能（Word Smart）に加えて、運動感覚知能（Body Smart）、音楽・リズム知能（Music Smart）、空間知能（Picture Smart）、博物学的知能（Nature Smart）、対人知能（People Smart）、内省的知能（Self Smart）など、八つの

稲垣：二つの窓しか認めないという教育よりも、八つの窓から良いところを探す。それは自己肯定感が高まりますね。

米倉：僕の好きなアメリカでの話があります。すごく乱暴な子が小学校から中学に上がってきた。学校で対策を考えたときに、彼を抑えつけても仕方がないからボクシング部を作ったという。毎日喧嘩して、乱暴だ野蛮だと言われていたのに、人を殴って初めて褒められた。彼は生まれて初めて自己承認を得たんだ。その結果、彼はハイスクールを卒業するときに最も優秀な生徒の一人になったという話。ボクシングはBody Smartへの入り口だったんだ。

　足が速い子、絵がうまい子、きちんと掃除のできる子は、その窓を入口にして自己肯定感を高めてやると他の知性も伸びていくという信頼感なんだよね。日本の教育はその信頼感を早々と切っちゃって、英・数・国ができる子が頭が良くて、他が得意な子は評価しない。鶴亀算でつまずいたら、もうだめだという図式じゃ人は育たないね。

稲垣：同じレールに乗せるのではなく、教育

米倉教授の法政大学大学院教授退官記念ベントの講演
（二〇二四年三月末日）

現場ではより一人ひとりを細かく見ていくことが求められますね。

米倉：その通り。しかし、先生が三十人、四十人の生徒一人ひとりを見れるわけがない。これからの時代、一人ひとりの個性や進捗状況を学習できるＡＩがそこを解決してくれる。これまで、本当は可能性のある子たちは二つくらいの窓で切り捨てられてきた。でもＡＩはそれを探せる可能性がある。ここは、教育分野での新しいイノベーションに期待したいところです。

稲垣：確かに。そう考えると先生の役割は変わりますね。いままでの、限られた知性をインプットし評価する役割から、ＡＩが見つけたさまざまな知性を承認する役割に代わるんだと思います。

米倉：そうだね。そのためには、先生たちをはじめ、日本人が「縦の意識」から「横の意識」を持つことが大事です。最近になってようやく一部の人が、技術の専門性を高める高専が大事だと言い始めた。しかし、多くの日本人は学校に序列をつくって縦で考える。大学があって専門学校があってその下に高専があるとか。僕がある高専に教えに行ったときに、「僕たちは大学に行けなかったからここにいる」という意識の生徒が大半だった。縦で考えているからだ。僕は、「違うだろう。君たちは、大学四年間の教養学部をすっ飛ばし、機械やロボットやＡＩだけやるという選択として高専を選んだんだ。大学よりもっと自分に合った面白い道を選んだんだという自信を持ってほしい」と言った。

稲垣：大学と比較して縦の劣等感を感じるのではなく、横に並べた選択のなかから、自分の道を決めたというわけですね。

米倉：そう。人生は有名な学校・企業に行くことが目的ではなく、**自分らしく幸せに生きることが目的。**さまざまな知性の窓口から自分のインテリジェンスを高め、日本社会で自分に合った道を選択する。蕎麦打ちだって、地元の企業だって面白い。そういう考え方が、九十九・七％の企業を生かすわけだ。大企業中心とか、縦の序列とか、東京一極集中は短期的には合理的に見える。だけど、いろんなチームのなかで多様性がある社会のほうが、長期的には遠くまで行くにはいい。

　日本は短期的な成功をしてきた。しかし、日本が世界からすごいと言われたのはせいぜい一九〇〇年頃あるいは一九五〇年から九二年ぐらいまでの、百年足らず。そして、失われた二十年、三十年とか見なされているけれど、人類や世界の歴史から見るとごく短い期間だと言える。だから日本はこれからなんだよね。何度も言うけれど、そのきっかけになるのは、多様性から入ろうということ。日本の教育システムでは落ちこぼれたように見える子供たちも、女性も、リタイアしたシニアも、文化の違う外国人も、車いすの障がい者も、性的志向が特徴的なＬＧＢＴＱも、否定することはない。**見方を変えれば可能性は大きいんだよ。**特に、海外からやってくる彼ら彼女らを生かせるＣＱがすごく大事なんだと思う。

稲垣：まだまだ未来は明るいですね。

米倉：明るい、明るい。そして明るくしなきゃいかんね。失敗を恐れず、躊躇《ちゅうちょ》せずにどん

どんどんやってみること。人生無駄なことはない。

おわりに

筆者の会社、株式会社エイムソウルのミッションは「すべての人に、生きがいを」である。もともとは研修会社であるため、受講生はじめさまざまな方々の生きがいを強めるきっかけになりたいという想いでこのミッションを設定した。

さて、本書は外国人との異文化コミュニケーションが主題であるが、書き進めていくうちに、このミッションへとつながり、また、私が幼少のころから感じていた「自分とは何者か」という問いへのヒントにもつながってきて、いま不思議な感覚を覚えている。

スイスの心理学者ユングによると、人間の心の構造は「自我」と「自己」の両方が深くかかわっているという。「自我」は意識の中心であり、「〇〇社の私」や「〇〇が好きな僕」というさまざまな観念で認識している自分自身だ。一方、「自己」はより広範な概念で、意識的な自我だけでなく、無意識の要素も含む人格の完全なる集合体だ。自我と自己が乖離しすぎると、無意識の欲求や直感と、実際の行動や思考とが矛盾して、心のバランスを崩してしまう。その状態で日々に疲弊し精神的な不安定さやストレスを抱えたりしすぎると、心の病気に陥ることもある。一方、内面的な成長をしていくと、自我と自己が重なり統合する。これが統合的人格とかアイデンティティの確立と呼ばれる状態で、この状態になると、内面の矛盾や葛藤が解消して心が安定し、幸福感や生きがいにつながる。

ここで大切なことは、「内面的な成長」だ。どうすればそれをなしえるのか。

本書のテーマにつながるが、私が持っている答えの一つは「さまざまな人と出会うこと」だ。自分とは異なる文化を持つ相手を通して、自分という輪郭が見えてくる。それまで気づかなかった無意識の自己に気づき内面的成長が促されるというプロセスを進む。

本書は、外国人との異文化コミュニケーションがテーマであるが、よくよく考えると国籍は自我が認識する、単なるラベルでしかない。縦ではなく横の意識で俯瞰して世の中を見ると、すべての人は、年齢も趣向も育ちも経験も何もかも違い、七十億人みんなが自分と異なる存在だということに気づく。

「グローバル人材」という言葉がよく使われるが、そもそもグローバル（世界）は小さなローカル（地域）の集合体であるわけだから、国境を超えた人がグローバル人材だということではなく、自分の安全圏（コンフォートゾーン）を出て、世界観を広げられる人を指すのであろう。

やはり、大事なのは「さまざまな人」との出会いや対話である。

自分の半生を「人」というキーワードで振り返ると、つくづく幸運だったなと思う。とても人に恵まれていた。

学生時代も社会人になってからも、魅力的な友人、先輩、上司、同僚、部下、お客様、仕事仲間とたくさん出会えた。インドネシアをはじめとする海外でも、家族や友人とのコミュニティでも、いろいろな人が自分の内面的成長を刺激してくれた。

もちろん、思い出すと胸のあたりが「キュッ」となる苦い思い出もある。しかしそのときの、人や出来事に対する感情も、自己を形成する一部分であり、自分にとってはとても大事な経験だ。もう二度と繰り返したくはないが（笑）。

本書を書き始めたときには思いもしなかったが、幼少のころから抱いていた「自分とは何者か」の答えを出す方法が見つけられたと思う。しかし、あくまでもわかったのは見つけ方だ。答えはこれからの人生でじっくり出していきたい。いずれは何者でもない自分を受け入れられるときが来るのかもしれない。

ぜひ読者の皆さんも、海外でも国内でも、さまざまな人と出会い対話をし、共感や感謝を通じて新たな自分、本当の自分を発見してほしい。これが幸福感や生きがいを強くすると私は信じている。

出版の案は、ＣＱＩ事業部のメンバーの一言で始まった。米倉先生にご相談に行ったら「やってみろ！」と強く優しく背中を押された。本書が世に出るまで企画を練磨し、研究を重ね、取材や対談、編集を何度も繰り返した。小野君、加藤さんをはじめとするプロジェクトメンバーには多大なる労があった。

この企画を採用いただき、思いもよらず長編となった本書が完成するまでの長い間、三修社の編集・製作の方々には惜しみないご協力をいただいた。また、本編にご登場いただいた仕事仲間やクライアントの方々、この執筆を応援してくれたすべての方々に、この場を借りて御礼申し上げたい。

そして、エイムソウルのみんな一人ひとりへ、いまもあの時もいつも支えてくれていることに心から感謝を伝えたい。

最後に、いつも慌ただしくも楽しい人生を過ごせるのは、家族や友人のお陰である。ありがとう。

稲垣隆司

著者紹介

稲垣隆司（いながき　たかし）

株式会社エイムソウル代表取締役社長。

同志社大学卒業。急成長したベンチャー企業で人事部責任者を務め、年間600名の新卒採用の仕組みを作る。2005年株式会社エイムソウルを設立し、700社を超える顧客の採用や教育などをサポートする。2014年インドネシアに進出し現地に人事コンサルティング会社を設立。海外に進出した日系企業に特化して人事コンサルティングを行う。2020年に異文化適応力検査（CQI）を開発し特許を取得。集まったビッグデータを基に日本のグローバル化を促進させるべく課題解決に取り組む。

写真提供
著者提供（第一章）p. 11, 15,（第三章）p. 106
永平寺町立永平寺中学校提供（第三章）p. 84
[写真撮影]
丹保太郎（第六章）第一節 pp. 217-228
浅野里美（第六章）第二節 pp. 229-242, 第四節 pp. 253-264, 第八節 pp. 304-315, 第十一節 pp. 350-365
細川隆行（第六章）第三節 pp. 243-252
秋葉智之（第六章）第五節 pp. 265-267, 第六節 pp. 277-290, 第七節 pp. 291-303, 第九節 pp. 316-336, 第十節 pp. 337-349

★本書掲載の図版（上記写真ならびに該当箇所にとくに記載があるもの以外）はすべて株式会社エイムソウル提供

なぜ外国人《がいこくじん》に「ちゃんと」が伝《つた》わらないのか

ー日本企業《にほんきぎょう》で外国籍人材《がいこくせきじんざい》に力《ちから》を発揮《はっき》してもらうためにー

2024 年 9 月 20 日　第 1 刷発行

著　者　稲垣隆司

発行者　前田俊秀

発行所　株式会社 三修社

〒 150-0001 東京都渋谷区神宮前 2-2-22

TEL 03-3405-4511　FAX 03-3405-4522

振替 00190-9-72758

https://www.sanshusha.co.jp

編集担当 三井るり子

印刷製本 日経印刷株式会社

ISBN978-4-384-06127-7 C0036

カバーデザイン　山内宏一郎
本文デザイン＆DTP　落合雅之